Modern Society & Culture

현대 사회와
문화

현대 사회는 과학 기술과 교통·통신의 발달로 인해 변동의 속도가 점점 빨라지고 있으며 범위도 점차 넓어지고 있다. 특히 20세기 중반 컴퓨터의 발전이 가져온 '정보혁명'이라는 사회변동의 영향으로 정보화와 세계화가 급격히 진행되고 있다.

오늘날 현대사회의 핵심 화두는 이른바 '제4차 산업혁명'으로 대변되는 급격한 변화의 물결일 것이다. 실제 AI, 로봇, 3D 프린터, 사물인터넷(IoT) 등 첨단기술이 활용되면 더 새롭고 다양한 형태의 제품, 서비스, 비즈니스는 우리 눈앞에 있다. 4차 산업혁명이 미래의 일이 아니라 이미 시작된 것이다.

일각에서는 4차 산업혁명이란 개념의 실체에 대한 논란은 분분하지만, 제조업과 서비스 산업, 온라인과 오프라인의 구분이 사라지고 전 세계가 하나의 흐름 속에 놓이는 시대적 변화를 부정할 수는 없는 것이다.

과거 조선 시대 사람이 살아나서 지금의 우리 모습을 경험한다면 아마 큰 충격을 받을 것이 분명하다. 파란 눈의 외국인들이 서울 시내를 활보하고 다니고, 비행기를 타고 지구 반대편의 나라로 여행을 떠나며, 전화기로 외국의 친구들과 통화를 하는 현 시대는 아마 상상조차 할 수 없는 모습인 것이다.

이처럼 오늘날 전 세계는 교통·통신의 발달로 지역적인 공간과 시간을 극복하고 세계가 마치 하나의 사회처럼 긴밀하게 연결되는 '세계화' 현상이 나타나고 있다. 세계화로 인해 개인과 국가의 활동 영역이 전 세계로 확대되고 개인 및 국가 간의 교류가 많아지고 상호 의존이 심화되고 있는 것이다. 또한 정치, 경제, 문화 등의 다양한 요소들이 자유롭게 교류되면서 세계가 마치 하나의 촌락처럼 느껴지는 '지구촌 사회'가 형성되고 있다. 현대사회를 살아가고 있는 우리는 가족, 친구, 동료 등 다양한 구성원과 함께 더불어 살아가고 있다. 같은 문화를 공유하기도 하지만 또 다른 한편에서는 서로 다른 문화를 이해하고 배워가며 살아가기도 한다. 어쩌면 우리의 삶 자체가 문화의 한 일부일수도 있을 것이다.

본 저서는 보다 다양한 전공자들이 쉽게 접근하고 이해할 수 있도록 쉽고 친근한 주제를 중심으로 구성하였다. 현대사회를 살아가는 우리의 일상을 담고자 노력하였고, 흥미롭게 받아들일 수 있는 교양서적으로 활용 될 수 있도록 노력하였다.

본서는 총 6개의 장으로 구성하였다.

제1장은 현대사회와 문화의 총론으로 현대사회의 특성과 관련하여 환경과 자원문제, 인구지형의 변화, 4차 산업혁명, 라이프스타일과 가치관, 도시문제 등을 다루었고, 문화적 측면에서 기본적인 개념과 속성, 그리고 문화충격 등의 내용을 중심으로 구성하였다.

제2장은 현대사회와 SNS문화에 대한 내용으로 소셜미디어의 개념과 특성, 소셜미디어의 분류와 변화추이, 소셜미디어의 순기능과 역기능 그리고 문화산업의 소셜미디어 활용 사례를 중심으로 구성하였다.

제3장은 현대사회와 음식문화에 대한 내용으로 한국음식의 개요와 특징, 분류 등을 다루었으며, 한국의 지역별 음식문화를 각 권역별로 구성하였고, 더불어 한국의 음식문화 예절에 대해 구성하였다.

제4장은 현대사회와 대중문화에 대한 내용으로 대중문화의 중심 한류를 중심으로 구성하였으며 방송, 음악, 음식, 관광 등 다양한 영역의 한류에 대해 구성하였다.

제5장은 현대사회의 연애결혼문화에 대한 내용으로 현대사회의 세대에 대한 구분을 논하고, 현대인의 연애결혼문화에 대한 다양한 특성들, 특히 20대의 연애결혼에 대한 내용을 중심으로 구성하였다.

제6장은 현대사회의 여가여행문화에 대한 내용으로 여가의 개념과 특성, 현대사회 국민 여가활동에 대해 살펴보았으며, 더불어 현대인의 여행문화에 대한 내용을 함께 구성하였다.

본서를 출간하면서 초판의 부족함 점과 오류가 최소화하기 위해 많은 노력을 기울였지만, 여전히 많은 부분에서 아쉬움이 남는 것이 사실이다. 향후 지속적인 보완을 통해 보다 완성도 높은 모습으로 찾아뵐 것을 약속드린다. 끝으로 본서가 출판될 수 있도록 많은 도움을 주신 한올출판사 관계자분들께 진심으로 감사의 마음을 전한다.

2019년 2월
저자 드림

Contents

Contents

Chapter

1

현대사회와 문화의 개요

제1절 현대사회와 환경의 변화

1. 환경과 자원문제

오늘날, 우리 현대사회의 최고 화두 중에 하나는 환경오염과 기후변화에 관한 것일 것이다. 지구 온난화 문제에서부터 자원의 고갈, 생물 다양성의 위협 등에 이르기까지 환경 문제는 점점 더 심각해지고 있다. 또한, 계속되는 인구의 증가와 경제 규모의 확대, 그리고 글로벌화가 진행되는 가운데 환경은 인류의 생존기반 지속에도 큰 영향을 미칠 가능성이 지적되고 있다.

환경을 훼손하며 성장하던 과거 경제성장 패러다임에 대하여 대전환을 요구하는 목소리가 더욱 높아질 것이다. 자연이 주는 혜택을 극대화하면서 자연을 보전할 수 있는 사회를 구현하는 다양한 대안들이 관심을 받을 전망이다. 에너지와 자원문제를 해결하고, 환경오염 문제와 지구 온난화 등에 대비할 수 있는 저탄소 녹색성장은 더욱 중요해질 것이다.

환경오염과 기후변화는 인류생존의 문제이다. 경제·산업적 관점뿐만 아니라 생태적인 관점에서도 에너지 확보와 자원활용에 대한 새로운 대안 마련은 지구환경보호를 위해 더욱 중요해질 것이다. 또한 사회가 발전을 거듭할수록 삶의 질 향상에 대한 요구도 더욱 높아질 것이다. 즉 건강하고 쾌적한 삶을 위해 깨끗한 공기와 물 및 푸른 숲 등에 대한 수요가 증가할 것이다. 이와 함께 안정적인 에너지사용에 관한 문제를 해결하는 방안에 대한 관심도 더욱 높아질 것이다. 본 서에서는 이러한 환경과 자원문제에 대해 지구온난화와 기후변화, 환경오염과 자원문제를 중심으로 살펴보고자 한다.

1) 지구온난화와 기후변화

인류가 지구환경 속에서 쾌적하게 살아갈 수 있는 이유는 대기 중 온실가스가 온실의 유리처럼 작용하여 지구표면의 온도를 평균 15℃로 일정하게 유지하기 때문으로 만약 온실효과가 없다면 지구는 영하18℃의 얼음행성으로 변하게 된다. 그러나 산업혁명이후 급속한 산업활동으로 인해 대기 중 온실가스 농도가 급격히 증가되어 온실효과가 비정상적으로 커져 지구온난화현상이 초래되고 있다.

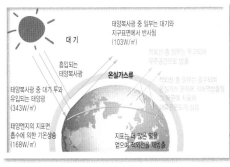

온실효과 메커니즘

미국 뉴올리언스를 강타한 카트리나

자료: 교육과학기술부(2012) 더워지는 지구 그 원인과 대책

Fig 지구 온난화

🔆 온실효과 메커니즘

태양에서 지구로 오는 빛에너지 중에서 약 34%는 구름이나 먼지 등에 의해 반사되고, 지표면에는 44% 정도만 도달하게 된다. 지구는 태양으로부터 받은 이 에너지를 파장이 긴 적외선으로 방출하는데 이산화탄소 등의 온실가스가 적외선 파장의 일부를 흡수하게 된다. 적외선을 흡수한 이산화탄소 내의 탄소분자는 들뜬 상태가 되고, 안정상태를 유지하기 위해 에너지를 방출하는데 이 에너지로 인해 지구가 따뜻하게 되는 것이다.

전 세계가 지금과 같은 경제성장방식을 유지한다면 온실가스에 의한 지구 온난화속도는 더욱 빨라질 전망이다. 특히 세계가 지금처럼 화석연료를 사용한다면, 2030년 에너지관련 온실가스 배출량은 현재보다 50% 이상 늘어날 전망이다. 최악의 경우 2100년 무렵 지구의 평균온도는 지금보다 최고 6.4℃까지 상승할 우려도 있다. 평균기온이 2~3℃만 올라도 생물종의 30%가 멸종하고, 자연재해가 크게 증가하여 인류의 생존이 크게 위협받는다.

전 세계적으로 지구 온난화로 인한 홍수 · 폭우 · 태풍을 포함한 극한현상이 나타나고 있으며, 특히 열대와 아열대 지역에서 심각하게 나타나고 있다. 최근 50년간의 많은 통계자료에서 열파와 한파의 경향 역시 변하여 한파와 서리의 빈도는 감소한 반면, 열파와 열대야의 빈도는 증가하는 경향을 보이고 있다. 1970년대 이래의 관측자료에 의하면 북대서양에서의 강한 열대성 태풍활동이 활발해진 것이 분명하며, 다른 지역에서의 활동 역시 증가하고 있는 것으로 보고 있다.

미국 뉴올리언스를 강타한 카트리나

이러한 이상기후현상의 증가는 각국에서 나타나고 있는 2003년 유럽에서 발생한 살인적 폭염은 프랑스 40.0℃, 영국 38.1℃, 스위스 41.5℃로 프랑스는 1873년 이래, 스위스는 139년 만에 최고치를 경신한 이래적인 현상이었다. 이러한 폭염으로 인해 프랑스 14,802명, 독일 7,000명, 스페인 4,230명, 이탈리아 4,175명 등의 사망자가 발생하기도 했다. 또한 2006년 필리핀에서 발생한 폭우로 인한 산사태가 발생하여 1,700여명 이상이 실종되거나 사망하였으며, 한국과 일본 중국 등에서도 이러한 홍수로 인해 약900여명이 사망하였다.

미국의 경우 지난 2005년 카트리나 재해로 인해 이재민 약 110만명, 사망 · 실종자 2,541명, 재산피해 1,080억달러, 복구비용 약 1,000억 달러 등의 피해를 입는 등 이렇듯 지구온난화로 인한 기후변화는 재해를 넘어 인류의 목숨까지 앗아가고 있다.

2) 기후 변화협약

1992년 6월 브라질의 리우환경회의에서 지구온난화에 따른 이상기후 현상을 예방하기 위한 목적으로 "기후변화에 관한 국제연합 기본협약"(UNFCCC : United National Framework Convention on Climate Change)이 채택되었다. 이 협약은 인류에 의해 발생되는 위험하고 인위적인 요소들이 기후 시스템에 영향을 미치지 않도록 대기 중 온실가스의 농도를 안정화 시키는 것을 궁

극적인 목적으로 하고 있다.

협약채택당시 도서국가 연합 및 EU 등은 구속력 있는 감축의무를 추가 규정할 것을 주장하였으나 미국 등 여타선진국들이 반대하여 단순한 노력사항으로 규정되었다.

회의참가국 178개국 중 우리나라를 포함한 154개국이 기후변화협약에 서명하여 '94년 3월에 공식적으로 발효되었다.

기후변화에 관한 정부간 협의체(IPCC : Intergovernmental Panel on Climate Change)

1988년에 세계기상기구(WMO: World Meteorological Organization)와 유엔환경계획(UNEP)에 의해 설립

IPCC의 목표는 인위적인기후 변화에 관련된 과학적 · 기술적 사실에 대한 평가를 제공하고 사회 · 경제적 영향을 예측 · 전망하는 것이다.

60개국의 기후변화 전문가들과 환경 사회 경제학자들은 기후변화와 그 영향에 대한 과학적 이해를 위해 정기보고서를 준비한다. 또한 IPCC는 기상학과 관련한 연구를 진행하고, 기후변화협약의 부속기구에 과학자문의 역할을 수행한다.

가. 기본원칙

기후변화 협약에서는 다음의 기본원칙을 협약서제조에서 규정하고 있다.

① 공통의 차별화된 책임 및 능력에 입각한 의무부담의 원칙: 온실가스 배출에 역사적인 책임과 기술 · 재정 능력이 있는 선진국의 선도적 역할을 강조
② 개발도상국의 특수사정 배려의 원칙
③ 기후변화의 예측 방지를 위한 예방적 조치시행의 원칙
④ 모든 국가의 지속가능한 성장 보장 원칙

나. 의무부담원칙

기후변화 협약에 규정된 의무부담원칙은 모든 당사국이 부담하는 공통 의무사항과 일부 회원국만이 부담하는 특정의무사항으로 협약서제조에서 규정하고 있다.

① 공통의무사항

온실가스 배출감축을 위한 국가전략을 자체적 수립 · 시행하고 공개
온실가스 배출량 및 흡수량에 대한 국가통계와 정책이행에 관한 국가보고서 작성 및 당사국 총회에 제출

② 특정의무사항

공통·차별화 원칙에 따라 협약당사국을 Annex I , Annex II 및 Non-Annex I 국가로 구분, 각기 다른 의무를 부담토록 규정

Table   기후변화 협약의 주요 내용

구 분	조 항	주요 내용	
목적	2	• 지구 온난화를 방지 할 수 있는 수준으로 대기 중 온실가스농도 안정화	
원칙	3	• 형평성: 공통의 차별화 된 책임, 국가별 특수사정 고려 • 효율성: 예방의원칙, 정책 및 조치, 대상 온실가스의 포괄성 공동이행 • 경제발전: 지속가능한 개발의 촉진, 개방적 국제경제체제 촉진	
의무 사항	4조	선진국	• 기후변화 완화 정책의 도입 및 시행 • 2000년까지 온실가스 배출량을 1990년 수준으로 감축하기 위한 정책과 수단 강구 • 개도국으로의 자금 및 기술지원 • 온실가스 배출과 흡수에 관한 목록 작성
		모든 당사국	• 온실가스 배출원 및 흡수원 목록을 포함한 국가보고서작성 및 제출 • 기후변화 완화 프로그램채택 • 에너지 분야에서의 기술 개발 • 산림 등 온실가스 흡수원의 보존 및 확충 • 연구·조사·관측 등의 국제협력
주요 기구	7~10조	• 당사국총회(COP : Conference of Parties) : 기후변화 협약의 최고 의결기구로 당사국의 의무 및 제도에 대해 정기적으로 검토 • 과학기술자문보조기구(SBSTA : Subsidiary Body for Scientific and Technological Advice) • 이행보조기구(SBI : Subsidiary Body for Implementation)	

3) 기후변화 관리를 위한 노력

온실가스 배출 증대에 의한 지구 온난화 현상이 전 세계적 이슈가 되며, 국제사회는 환경적으로 지속가능한 발전을 의제로 설정하고 국제적 협력을 모색하고 있다. 최근에는 지구환경보호 및 생물다양성 보존을 위한 '지속가능한 소비 및 생산(Sustainable Consumption and Production : SCP)'을 위한 각 국가들의 협력이 강화되고 있다.

2015년 뉴욕에서 개최된 유엔정상회담에서 각국 정부에 대해 향후 15년을 위한 '포스트 2015 개발 의제(Post 2015 Development)'를 채택할 것을 촉구한 후, 2016년부터는 광범위한 이해관계자들의 합의를 바탕으로 수립된 17개의 목표와 169개의 세부목표를 달성하기 위해 노

력하고 있다. 또한, 유엔지속가능개발회의(2012/Rio+20)에서 각국 정상들은 지속가능한 소비 및 생산 패턴의 추구가 지속가능한 발전을 위한 3대 주요 목표이자 필수 요건임을 재확인하고 '지속가능한 소비 및 생산프로그램 10개년 계획(10YFP)'을 채택하였다. 2017년에도 각국 정부들은 관광을 비롯한 공공조달, 생활방식 및 교육, 식량 등 각 분과별로 지속가능한 발전을 달성하기 위한 세부 사업의 이행을 추진하였다.

전 세계 탄소배출의 약 5%를 차지하고 있는 관광산업부문도 지구온난화 및 수질오염 등으로 부터 자유로울 수 없는데, 유엔세계관광기구(UNWTO)는 현재와 같은 관광행태가 지속되는 경우 2050년까지 에너지소비는 154%, 온실가스 배출은 131%, 물 소비는 152%, 고형폐기물은 251% 증가할 것으로 전망하였다.

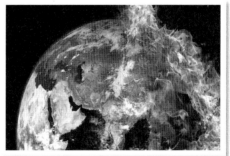

Fig 기후변화와 환경오염

우리나라는 이산화탄소 배출 및 에너지 소비의 지속적 증가, 기온상승, 극한기상, 해수면 상승 등 한반도 기후변화 영향 심화에 의한 사회적 비용이 증가, 유해화학물질 및 초미세먼지 등으로 인한 건강피해 위험 증가 등 기후변화, 자원사용, 환경보건 문제 악화에 대응할 목적으로 「저탄소 녹색성장 기본법」 제 50조에 근거하여 「지속가능발전 기본계획」을 수립하고 있다. 본 계획은 지속가능한 발전 관련 국제적 합의를 이행하고 국가의 지속가능발전을 촉진하기 위해 20년 계획 기간으로 5년 마다 수립하는데, 2016년에는 「제3차 지속가능발전 기본계획(2016-2035)」을 마련하였다.

범정부부처가 참여하는 제3차 기본계획은 UN 지속가능발전목표(SDGs)의 국내 여건에 대한 반영을 전제로, 환경·사회·경제의 조화로운 발전이라는 비전하에 건강한 국토환경, 통합된 안심사회, 포용적 혁신경제, 글로벌 책임국가 등 4대 목표, 부문별 14개 전략, 50개 이행과제로 구성되었다. 본 계획을 통해 쾌적한 생활환경 조성과 건강한 자연생태계 유지,

불평등 및 차변 완화, 국민건강 및 안전 증진, 포용적 성장기반 구축, 친환경적 경제체제 확립, 글로벌 파트너쉽 확대, 기후변화 대응체계 확립 등과 같은 효과들을 예상했다.

한편, 유엔(UN)은 2017년을 '지속가능한 관광의 해(The International Year of Sustainable Tourism for Development)'로 지정하였다. 이를 계기로 국내에서는 유엔환경계획(UNEP), 유엔세계관광기구(UNWTO), 지속가능관광위원회(GSTC) 등을 포함하여 국내외 전문가들이 '자원 효율적 저탄소 관광 산업 증진 방안' 등에 대해 논의되기도 했다.

또한, 서울에서 '2017 서울 공정관광 국제포럼'을 개최하여 공정하고 지속가능한 도시 의제를 주제로 논의하였으며, 서울시와 바르셀로나시는 공정하고 지속가능한 관광 공동캠페인을 펼치기로 협약했다. 한편, 이와 관련하여 지속가능발전목표(SDGs: Sustainable Development Goals)에서는 관광의 역할 강화를 위하여 공개적 지지와 인식제고, 지식 창출과 배포, 정책 결정, 역량 형성과 교육의 네 가지 영역에서 가이드라인을 제시하였다. 이에 2030년 아젠다와 SDGs 목표에 기여하는 관광정책 및 교육 프로그램 개발 등에 대해 다양한 이해관계자간 협력을 추진하고 있다.

4) 환경오염과 자원문제

환경이란 광의로는 "전 우주를 형성하는 요소들의 총체"라 정의할 수 있다. 환경은 자연환경, 생활환경, 사회적 환경, 경제적 환경으로 구분하기도 하지만 우리 환경정책기본법에서는 그 범위를 자연환경과 생활환경으로 국한하여 정의하였다. 여기서 "자연환경"이라 함은 지하, 지표(해양물 포함) 및 지상의 모든 생물과 이들을 둘러싸고 있는 비생물적인 것을 포함한 자연의 상태를 말하며, "생활환경"이라 함은 대기, 물, 폐기물, 소음·진동 등 사람의 일상생활과 관련되는 환경을 말한다.

이러한 자연환경과 생활환경은 모든 인간활동, 즉 생산활동과 소비생활에 의하여 필연적으로 오염되며 특히 공업화에 의하여 가속되었다. 다시 환경정책기본법을 인용하면 "환경오염"을 대기오염, 수질오염, 토양오염, 해양오염, 방사능오염, 소음·진동, 악취 등 사람의 건강이나 환경에 피해를 주는 상태로 규정하고 있다. 그러나 환경오염의 개념은 유동적인 문제로서 파악하여야 하며, 인간생활이 보다 다양화됨에 따라서는 그 개념도 보다 포괄적으로 확장되어야 하는데 예를 들어 최근에 문제가 되는 전자파 장애도 넓은 의미의 환경오염에 포함이 되어야 할 것이다.

인간사회는 광물, 에너지, 수자원 등 여러 가지 자연자원을 채굴·이용하고 또한 온실가스, 폐수, 폐기물 등 다양한 종류의 오염물질을 자연으로 배출함으로써 환경에 압력을 가한다. 그리고 이 과정에서 대기나 하천이 오염되고 자연생태계가 파괴되기도 한다. 21세기에는 환경이 국가경쟁력의 주요 요소로 부각되어 자연환경 파괴와 자원고갈의 가속화에 대응하여 지구 차원의 환경협력이 강화되고 환경보존의 중요성에 대한 인식과 관심이 더욱 증대될 전망이다.

Fig 오폐수로 인한 환경오염

앞서 언급한 바와 같이 21세기 인류가 직면한 문제 가운데 가장 풀기 어려운 문제 가운데 하나가 바로 환경오염 문제임에도 불구하고 전 세계 곳곳에서 악화되고 있는 환경오염은 이제 지구생태계를 파괴하고 인류의 지속적인 생존마저 위협하는 상황이 됐다.

환경오염이 인류 건강에 영향을 미치는 정도는 어느 정도나 될까? '랜싯 환경오염·보건위원회(The Lancet Commission on pollution and health)'는 최근 환경오염이 인류 건강에 미치는 영향에 대한 보고서를 최고 의학저널인 랜싯(The Lancet)에 발표했다. 전 세계 내로라하는 보건과 환경전문가 47명이 참가한 랜싯 위원회는 유럽연합과 미국 정부 등의 지원을 받아 2년간의 조사를 실시했다.

🔘 2015년, 환경오염으로 세계에서 900만 명 조기사망…미세먼지가 가장 큰 문제

[SBS 뉴스 취재파일 2017. 10. 25]

전 세계 환경오염이 인류 건강에 미치는 영향과 환경오염 때문에 발생하는 비용을 종합적으로 분석하고 환경 정의 문제까지 함께 논의한 것은 이번이 처음이다. 조사결과에 따르면 2015년 전 세계에서 환경오염으로 인해 당초 주어진 수명만큼 살지 못하고 조기에 사망한 사람이 900만 명이나 되는 것으로 나타났다. 2015년 전 세계 사망자 6명 가운데 1명꼴인 16%가 환경오염 때문에 조기에 사망했다는 것이다. 이 같은 수치는 에이즈와 결핵, 말라리아로 사망하는 사람을 모두 합한 것보다 3배 이상이나 많고 전 세계에서 모든 전쟁이나 폭력으로 희생되는 사람보다는 15배 이상, 또한 흡연이나 기아, 재해로 인해 사망하는 사람보다도 많은 것으로 위원회는 분석했다.

조기 사망자가 가장 많이 발생하는 공기오염의 주범은 바로 초미세먼지(PM2.5)다. 위원회는 대기 중 초미세먼지로 인한 실외 공기오염으로 전 세계에서 2015년 한 해 동안 420만의 조기 사망자가 발생한 것으로 분석했다. 전체 환경오염으로 인해 발생하는 조기 사망자 900만 명의 47%에 해당하는 수치다.

문제는 이 같은 환경오염으로 인한 조기 사망자는 가난한 지역이나 국가 그리고 취약계층에서 집중적으로 발생

한다는 사실이다. 위원회는 환경오염으로 인한 조기 사망자의 약 92%가 소득이 낮거나 중간인 국가에서 발생하는 것으로 분석했다. 대표적인 예로 중국과 인도를 비롯한 아시아, 동유럽, 아프리카 중남부 지역에서 조기 사망자가 많은 것으로 분석됐다.

환경오염이 인류의 건강과 경제, 환경에 미치는 영향이 이렇게 막대함에도 불구하고 여전히 무시되는 경우가 많다. 특히 소득이 낮은 국가나 중간 정도인 국가에서는 환경오염의 영향이 과소평가되고 있는 것으로 보고 있다.

오염 물질은 우리가 원치는 않지만 인간활동으로 인해 지구 환경으로 들어오는 물질을 말한다. 줄이려는 시도를 하고 있지만 상황은 더 악화되는 경우가 많다. 증가하는 에너지 소비, 새로운 물질과 기술, 급격하게 성장하는 도시와 산업, 이 모든 것이 한편으로는 생활수준을 끌어올리기도 하지만 다른 한편으로는 환경오염을 불러오고 있다. 특히 개발이나 성장이 급한 개인이나 지역, 국가일수록 환경오염에 대한 문제는 간과되기 일쑤다.

환경오염은 이제 인류의 지속적인 생존까지 위협하고 있다. 특히 사회경제적으로 어려운 국가나 지역, 자신이 어렵다는 말조차 하기 힘든 취약계층부터 희생양으로 몰고 가고 있다. 지금과 같은 상황이 이어지고 새로운 오염물질까지 등장할 경우 세계적으로 한 해 동안 발생하는 조기 사망자가 1,000만을 넘는 것은 시간문제일 가능성도 있다. 고소득 국가든 저소득 국가든 취약계층이든 아니든 인류 공동체와 지구 생태계가 함께 살아남기 위해서는 환경오염에 대한 보다 적극적인 관심이 절실하다.

이러한 환경오염에는 쓰레기 문제도 심각한데, 전 세계 언어가 쓰인 포장지들, 음식물이 묻은 채로 악취를 풍기는 플라스틱 용기들, 주사기나 약병 같은 의료 폐기물이 군데군데 섞인 플라스틱 산더미에서 쓰레기들을 종류별로 분류하고 세척하고 녹여서 재활용이 가능한 펠릿(pellet)으로 가공하는 과정에는 구정물과 매연이 가득하다. 가정집과 맞붙어 있는 플라스틱 재활용 공장에서 일하는 어른과 어린이들에게서 마스크나 장갑을 착용한 모습을 보기 어렵다. 쓰레기 재활용 산업은 마을의 풍경조차 바꾸어 놓았다. 수입된 쓰레기 더미는 산을 이루고 붉게 물들어버린 강에는 플라스틱과 함께 물고기들이 허연 배를 내밀고 둥둥 떠 있다. '친환경'적 재활용은 누군가의 건강과 어느 도시의 환경을 파괴할 때 비로소 가능한 것이다. 이 마을에서 쓰레기는 자원이자 위험이다.

우리가 경험하고 있는 재활용 쓰레기 문제는 분명 국제적 환경 문제이다. 그렇다고 해서 개인과 공동체, 그리고 개별 국가가 져야 할 책임을 잊을 수는 없다. 결국 재활용 쓰레기 문제는 개인이 무심코 소비하는 페트병이나, 편리함을 중시하는 일회용품 사용 문화, 그리고 조금씩 느슨해진 규제 제도가 모여서 발생한 것이기 때문이다. 소위 '중국 탓'을 하는 입장은 문제의 원인을 외부에서 찾음으로써, 사회 구성원의 적극적인 행동 변화를 요구하지 않는다는 점에서 중요한 한계점을 갖는다. 더욱이 이러한 입장에서는 국제적 환경 문제에 대한 책임 의식은 찾아볼 수 없다. 재활용을 세계적 위험 산업의 관점에서 바라봐야 한다는 주장은 국제적 환경 문제에 대한 우리의 책임을 강조하기 위함이다. 국경을 넘는 쓰레기의 흐름 속에서, 그리고 최적의 환경을 찾아 이동하는 위험 산업으로서 재활용을 바라볼 때, 나와 세계가 쓰레기로 연결되어 있음을 인식할 수 있다. 단지 넘쳐나는 쓰레기를 어디에서 어떻게 처리할 것인가를 묻는 것이 아니라, 우리가 쓰레기를 생산하고 처리하는 방식에 근본적인 문제점은 없는지 질문을 제기하는 것이 필요하다. 쓰레기와 책임, 위험의 분배가 얼마나 공정하게 이루어지고 있는지 고민하는 것은 매일 쓰레기를 버리는 우리 모두의 몫이 되어야 한다.

Fig 다큐멘터리 플라스틱 차이나

필리핀의 한국산 쓰레기 5,100t… **"흉측하고 역겨워"** [경향신문. 2018. 12.10]

필리핀으로 수입된 한국산 쓰레기 5100t이 아직까지 한국으로 반송되지 않고 있다. 한국 정부에서 지난달 21일 폐기물 반입을 위한 행정 절차를 시작했지만, 필리핀에선 논란이 계속되고 있다.

이미 한국산 쓰레기는 국제 문제가 됐다 지난달 15일 필리핀 환경단체 에코웨이스트 콜리션(Eco-waste Coalition)

은 플라스틱 쓰레기 불법 수출을 규탄하며 마닐라의 한국대사관 앞에서 시위를 벌였다. 지난달 28일에도 마닐라 케손시의 관세청 앞에서 플라스틱 쓰레기를 올해 크리스마스 이전에 한국으로 돌려보내라며 가두행진을 벌이기도 했다.

올해 필리핀에 도착한 한국발 플라스틱 쓰레기는 총 6500t으로 파악됐다. 필리핀 남부 민다나오 섬에 있는 수입업체 베르데소코의 쓰레기 하치장에 5100t, 나머지 1400t은 미사미스 오리엔탈 터미널에 있는 컨테이너 51개에 분산 보관되어 있다.

필리핀 관세청에서 쓰레기 더미를 조사하면서 한국으로 반송 절차를 밟고 있으며, 이미 현지 언론에 여러 차례 고발하는 뉴스가 보도되기도 했다.

논란이 커지면서 한국 환경부는 지난달 21일 관세청, 외교부 등 관계부처와 공조해 필리핀 불법 수출 폐기물 반입을 위한 행정 명령 절차를 시작했다.

10일 그린피스는 이번 사태 해결을 촉구하면서 현지 환경운동가가 취재한 한국산 쓰레기가 쌓여 있는 현장 상황을 전해왔다.

2. 인구지형의 변화

식생활 개선과 보건의료기술의 발전 등은 세계 인구를 지속적으로 증가시켰다. 이에 따라 2018년 현재 약 76억 명인 세계인구는 2050년경 90억 명을 넘어설 전망이다. 향후 인구 증가의 97%는 개발도상국에서 발생하지만, 인구성장추세는 지역에 따라 매우 달라질 가능성이 높다. 특히 아프리카는 2050년경 현재 인구의 두 배가 될 전망이다. 또한 아시아에서 전 세계 신생아의 60%가 태어나 아시아가 향후 전 세계의 인구성장을 주도할 전망이다.

향후 세계의 인구구조는 선진국의 고령화와 개도국(단, 중국 제외)의 청년화라는 상반된 트렌드가 나타날 전망이다. 대부분의 선진국에서는 자녀교육비용의 증가, 여성의 독립과 자기계발, 유아사망률 감소로 출산율 저하현상이 더욱 강화될 것이다. 결국 고령화와 출산율 저조는 장기적으로 경제활동인구를 감소시키고, 잠재성장률의 저하를 불러올 수 있다. 한편 개도국에서는 생산가능인구가 많아지는 청년화 현상이 나타날 것인데, 이는 보건위생조건이 개선되고 삶의 질이 올라가면서 평균기대수명이 크게 늘기 때문이다.

인구와 사회변화의 특성은 시간적·경제적 여유와 여가에 대한 수요증대 경향이라고 볼 수 있다. 소득수준 향상과 의학기술 발달 및 국민의 라이프스타일 변화로 인해 소자녀화, 핵가족화, 고령화 현상 등 우리 사회의 인구구조변화가 가속화되고 있는데, 이는 여가문화와 형태에 있어서도 많은 영향을 미치고 있다.

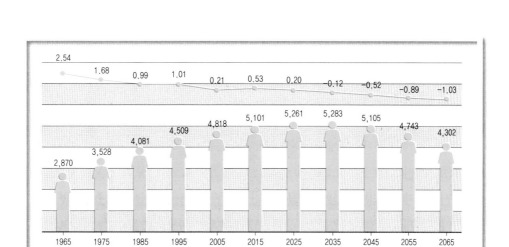

자료: 통계청(2019)

Fig 총인구와 인구성장률

Table 총인구와 인구성장률

구 분	1965	1975	1985	1995	2005	2015	2025	2035	2045	2055	2065
총인구 (만명)	2,870	3,528	4,081	4,509	4,818	5,101	5,261	5,283	5,105	4,743	4,302
인구성장률 (%)	2.54	1.68	0.99	1.01	0.21	0.53	0.20	-0.12	-0.52	-0.89	-1

자료: 통계청(2019)

　　대한민국의 총인구는 2015년 5,101만명에서 2031년에 5,296만명까지 증가한 후 감소하여 2065년에는 1990년 수준인 4,302만명에 이를 전망이다.

　　인구가 변동하는 요인에는 출생, 사망, 국제이동이 있다. 저출생·고령화의 심화에 따라 사망자수가 출생아수보다 많아지는 인구의 자연감소는 2029년부터 시작되나, 이민·귀화 등 사회적 증가(국제 순유입)로 인해 실제 인구가 줄어드는 시점은 2032년부터로 3년 늦을 것으로 전망된다.

　　한편, 연령계층별 인구구성비는 다음과 같다.

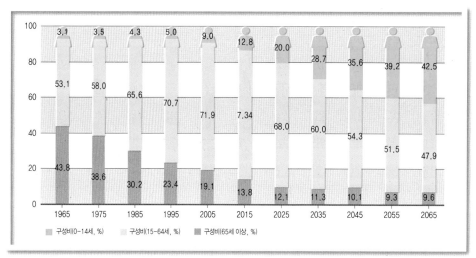

자료: 통계청(2019)

Fig 연령계층별 인구구성비

Table   기연구계층별 인구 현황

구 분	1965	1975	1985	1995	2005	2015	2025	2035	2045	2055	2065
인구 (0-14세, 만명)	1,258	1,361	1,230	1,054	922	703	635	598	515	443	413
인구 (15-64세, 만명)	1,525	2,045	2,676	3,190	3,464	3,744	3,576	3,168	2,772	2,442	2,062
인구 (65세 이상, 만명)	88	122	174	266	432	654	1,051	1,518	1,818	1,857	1,827
구성비 (0-14세, %)	43.8	38.6	30.2	23.4	19.1	13.8	12.1	11.3	10.1	9.3	9.6
구성비 (15-64세, %)	53.1	58.0	65.6	70.7	71.9	73.4	68.0	60.0	54.3	51.5	47.9
구성비 (65세 이상, %)	3.1	3.5	4.3	5.9	9.0	12.8	20.0	28.7	35.6	39.2	42.5

자료: 통계청(2019)

2015년 기준 대한민국 인구를 연령계층별로 보면 15-64세 생산가능인구가 대한민국 인구의 73.4%^(3,744만명)이고, 65세 이상 고령인구가 12.8%^(654만명), 0-14세 유소년인구가 13.8%^(703만명)를 차지하고 있다.

출산율의 감소와 평균수명의 증가에 따라 생산가능인구는 2016년 3,763만명을 정점으로 가파르게 감소하여 2065년에는 2,062만명(47.9%)으로 줄어들 전망이며, 반대로 고령인구는 2065년 1,827만명(42.5%)으로 2015년 대비 2.8배 증가, 유소년인구는 2065년 413만명(9.6%)으로 2015년 대비 59% 수준으로 감소할 것으로 예측된다.

이와 같은 통계결과에서 볼 수 있듯이 우리나라의 인구규모는 점차 감소할 것으로 예상되며, 출산율의 저하와 급속한 고령화는 우리나라의 인구증가율에 큰 영향을 주어 급락을 가속시킬 것으로 예상하고 있다.

1) 저출산과 교육문제

출산율 감소는 향후 큰 국가적 문제가 될 것으로 예상된다. 우리나라 합계출산율(가임여성 1명이 평생 낳을 수 있는 평균자녀수)은 2000년 1.47명이었다가 2009년 OECD국가 중 최저수준인 1.15명으로 빠르게 하락하는 추세이다. 이에 출산율 증대를 위한 적극적인 노력과 함께 육아 및 교육비용의 감소를 위하여 다양한 사회경제적 접근과 기술적 돌파구를 마련하는 것 또한 중요해질 전망이다.

출산율은 유럽 사회에서 가장 먼저 떨어지기 시작하였다. 이들 국가를 포함한 OECD 국가들 중 초저출산 현상을 한 번이라도 경험한 국가는 13개 국가이다. 이들 중 10년 이상 초저출산 현상이 지속된 국가는 체코, 그리스, 이탈리아, 슬로베니아, 스페인 5개국이며, 대부분은 현재 초저출산 현상에서 벗어났다. 그러나 한국 사회의 경우, 2001년부터 시작된 초저출산 현상이 현재까지 15년간 지속되고 있다. 게다가 최근의 인구학적 지표들을 감안해보면 적어도 가까운 미래에 출산율이 반등할 것이라는 기대가 어려운 실정이다. 초저출산 현상의 장기 지속은 미래 한국 사회 전반에 걸쳐 심각한 부정적인 영향을 미칠 것이다. 경제적으로는 노동력 부족, 내수 시장 위축, 경제 성장 둔화 등을, 그리고 사회적으로는 사회 보장 지출 증가, 병력 자원 부족 등을 야기할 것이다. 이러한 이유로 국내에서는 물론 세계적으로도 한국의 출산율 변동 추이에 대해 지대한 관심을 보이고 있다.

Fig 결혼과 출산

📢 Table   출산 영향요인

출산 영향요인				
교육	근로(직장)	주택	보육	가족가치관

출산에 영향을 미치는 관련 요인으로는 매우 다양한 요인들이 있겠지만 일반적으로 교육, 근로(또는 직장), 주택, 보육 등이 많은 연구들에서 거론되고 있다.

인구변동요인들 중 사망이나 이동은 어느 정도 예측이 가능하나, 출산의 경우 복합적인 의사결정 구조의 산물로서 그 변화를 예측하는 것이 매우 어렵다.

출산 행위는 개인 또는 부부가 본래부터 가지고 있던 가치관뿐만 아니라 가족 상황(부부관계, 소득수준, 기존 자녀와 부모의 상황, 경제활동 등), 지역 환경, 사회구조(교육, 사회보장 등), 경제상황(경기, 고용안정성 등), 정치(정책) 등 제반 상황들이 명시적이든 암묵적이든 복합적으로 연계되어 결정되기 때문이다.

2) 고령화와 노인문제

우리나라 인구는 고령자 급증으로 초고령 사회에 진입하고 있다. 2017년 우리나라 65세 이상 인구는 707만 6천명으로 전체 인구의 13.8%를 차지하고 있는데, 가구별로는 5가구 중 1가구가 고령자가구이며, 그 중 33.5%는 고령자 1인 가구로 나타났다. 전체 인구 중 65세 이상 고령인구 비중이 2040년에는 32.7%, 2060년에는 41%까지 증가할 것으로 전망되었다.

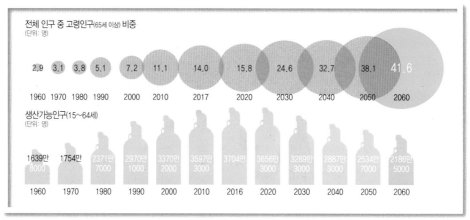

자료: 통계청(2019)

Fig 고령인구 비중

우리나라는 현재 세계에서 가장 빠른 속도로 고령화가 진행되고 있다. 한국은 2000년 65세 이상 고령자비율이 7.2%로 이미 고령화사회에 접어들었다. 2018년에는 고령인구가 전체 인구의 14.3% 이상인 고령사회로, 2026년에는 20.8% 이상이 되면서 초고령사회에 진입할 것으로 전망된다. OECD에서 2010년에 전망한 예측자료에 따르면, 2050년에는 80세 이상 고령인구가 전체 인구의 13%, 65세 이상은 34%에 이를 것으로 전망한다.

Fig 고령사회와 노인문제

따라서 우리나라의 노동시장 또한 향후 큰 변화가 예상된다. 이미 생산의 주축인 30~40대는 2006년부터 감소하기 시작했다. 이에 장기적으로 생산 가능인구 감소에 대비한 다각적인 대책 마련이 필요할 전망이다.

고령화 충격은 경제의 활력 저하, 시장소비 패턴의 변화, 고용시장의 변화, 노인복지 및 연금부담에 따른 재정악화, 정치구조 변화 등 사회 전반에 다양한 영향을 미칠 전망이다. 특히 고령층의 경제활동 참여를 유도하는 대책이 중요해질 것이며, 또한 건강한 노년생활 보장과 사회적 의료보장의 비용감소를 위해 한국형 헬스케어 기술과 서비스에 대한 준비도 필요할 것이다.

Table 한국과 일본의 고령사회 변화 시기

단 계	진 입 시 기	
	한 국	일 본
고령화사회	2000년	1970년
고려사회	2017년	1994년
초고령화사회	2025년 전망	2007년

자료: 김혜인 · 김연진(2018). 2020 문화예술 트렌드 분석 및 전망. 문화관광연구원

한편 한국은 이미 2000년 고령화사회에 진입하였고, 2017년 고령인구가 14%를 넘어서면서 UN이 제시한 기준3)에 따라 고령사회로 진입하였으며, 2000년 고령화사회로 확정된 이

후 17년 만에 고령사회로 넘어갔다. 이는 1970년 고령화사회에 진입하고 1994년 고령사회가 되어 24년이 걸린 일본보다 빠른 속도이다. 이후 일본은 2007년 초고령화사회에 진입 하였으며, 한국은 불과 7년 후인 2025년 초고령사회로 진입할 것으로 예상된다.

고령층의 규모 증가와 잠재 소비시장으로서의 가능성이 확대되며, 은퇴 이후 적극적으로 소비하고 여가생활을 즐기는 액티브 시니어 시장이 블루오션으로 부상하고 있다. 액티브 시니어는 자기 자신에 대한 투자와 문화생활에 대한 소비에 적극적인 특징을 나타낸다. 우리나라 시니어 관련 산업 규모는 2012년 약 27조원에서 2020년 약 78조원으로 매년 약 13% 성장할 것으로 전망되어 주요 성장산업으로 기대되고 있다. 또한, 2016년 통계청의 조사결과에 의하면, 65세 이상 응답자의 51%가 향후 하고 싶은 여가 활동으로 '여가^(관광) 활동'을 꼽아 잠재 여가^(관광)수요가 높은 편으로 분석되었다.

3) 1인 가구와 결혼이민자

우리 사회의 4가구 중 1가구는 1인가구로 전통적인 3인 혹은 4인 가구가 아닌 혼자 사는 1인가구가 대세를 이루고 있는 가운데, 앞으로 더욱 빠르게 증가될 전망이다. 1인 가구 비율은 2015년부터 27.2%로 가장 높은 가구 구성 비율을 차지하기 시작하였으며, 2016년에는 27.9%, 2018년에는 28.6%, 2025년이면 31.3%에 이를 것으로 전망된다.

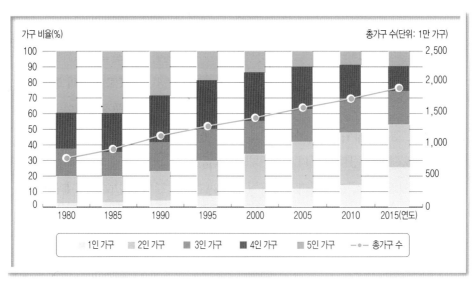

자료: 이여봉(2017), 1인 가구의 현황과 정책과제, 보건복지포럼, 한국보건사회연구원.

Fig 가구 구성의 추세(1980~2015년)

　　1인가구의 증가 원인은 자발적 1인가구의 경우, 가족관계에 대한 사회적 인식 변화와 경제적 어려움으로 인한 연애, 결혼, 출산의 포기 등이고 비자발적 1인가구는 이혼 및 고령화로 인한 경우로 볼 수 있다.

　　1인 가구는 20대부터 70대까지 연령층별 고르게 분포하고 있는데, 30대는 엘리트 싱글이, 50대는 불안한 독신이, 60대는 빈곤한 독거노인이 많은 것으로 분석되었다. 특히 30대 1인 가구는 동년배 다인 가구보다 소득이 더 높지만, 다른 연령들은 모두 1인 가구의 소득이 다인 가구보다 낮으며 이는 연령층이 높아질수록 격차가 더 커져 60대 1인 가구는 동년배 다인 가구에 비해 소득이 절반 수준에 머물러 정서적 고독감과 경제적 취약함이 복합적인 문제로 나타나고 있다.

Table 연령별 1인 가구 수

구 분	1인 가구수 (명)	구성비(%)
19세 이하	71,808	1.3
20대	1,003,019	17.5
30대	956,758	16.7
40대	894,851	15.6
50대	961,122	16.7
60대	790,643	13.8
70대 이상	1,060,730	18.6
합 계	5,738,931	100.0

자료: 통계청(2018), 가구주의 연령/가구유형별 추계가구

　　1인가구의 증가와 함께 결혼이민 및 귀화 등에 의한 다문화 가구도 꾸준하게 증가하는 추세이다. 2002년 이후 매년 28% 이상의 높은 증가율을 보이던 결혼이민자는 2014년 4월 국제결혼 건전화를 위한 결혼이민 사증발급심사 강화 및 국제결혼 안내프로그램 이수 의무화조치 등으로 인하여 최근 3년간 평균 증가율은 0.96%였다.

Fig 증가하고 있는 국제결혼

2017년에는 155,457명으로 전년대비 2% 증가하였다. 결혼이민자의 경우 1990년까지는 일본여성이 다수를 차지하고 있었으나, 2000년대 초부터 중국 및 필리핀 등의 국적 결혼이민자의 증가가 두드러졌으며, 베트남, 캄보디아, 몽골, 태국 등으로 다양화 되고 있다. 2017년 결혼 이민자는 국적별로 살펴보면 중국이 37.1%로 가장 많은 비중을 차지하고 있으며, 베트남 27.1%, 일본 8.6%, 필리핀 7.6% 순으로 나타났다. 성별로는 여성이 130,227명으로 전체의 83.8%를 차지하고 있으며, 남성은 25,230명으로 16.2%이다. 2017년도 기준으로 우리나라로 귀화한 외국인은 전년 대비 0.2% 감소한 총 10,086명으로 나타났는데, 중국인이 47.4%로 가장 많은 비중을 차지하며, 다음으로 베트남이 37.1%이다. 귀화자 중 중국 및 베트남의 비중이 상대적으로 높은 것은 한국인과의 혼인을 통한 간이귀화 비율이 높기 때문이다.

4) 저출산 · 고령화 현상의 원인

세계적으로 저출산 · 고령화로 상징되는 인구구조 변화는 우리나라에서도 큰 문제점으로 지적되고 있다. 출생아 수 감소와 의류기술 발달 등에 따른 수명 연장 등의 원인으로 생산 가능 인구가 감소하여 노동력 부족 현상이 나타난다. 이러한 고령화 이슈가 심화된다면 구매력이 감소하고 저성장의 장기 침체 등 복합된 상황들이 반영되어 국가 경쟁력의 약화로 이어질 수 있다.

경제적요인, 라이프스타일의 변화에 따른 가치관 요인, 의학 기술의 발달로 나누어 볼 수 있다. 경제적 요인은 자녀 양육에 따르는 경제적 부담과 여성의 경제활동을 시작함으로써 나타나는 출산 기피 현상이다. 라이프스타일의 변화에 따른 가치관 요인은 현대인들 당사자의 삶의 질을 높이고 부부 중심 가족생활을 선호하는 가치관으로 변화하면서 딩크족이 등장하였고, 과거 결혼을 반드시 해야 한다는 인식에서 결혼은 '선택'이라는 인식이 더 확산되면서 1인 가구가 증가하였기 때문이다. 1인 가구 증가는 젊은 세대의 결혼관 변화에 따른 만혼 증가, 개인주의 확산, 노동시장의 경쟁구조나 일자리 문제 등과 관련된 청년 세대의 경제적 어려움, 이혼 증가, 고령화, 노인 독거세대 증가 등 여러 사회경제적 요인과 맞물려 있는 것으로 인식되고 있다. 마지막으로 의학기술이 발달되면서 불치병이라 여겨졌던 병들의 치료사례가 늘어나고 인간 평균 수명이 연장되었으며 '웰빙(Well-being)'과 같이 건강한 삶을 영위하는 데에 많은 관심을 가지게 되었기 때문이다.

3. 현대사회와 4차 산업혁명

과학기술은 인류의 역사에서 사회 전반의 변화와 문명의 진보를 가져왔다. 18˜19세기에 등장한 증기기관과 철도는 산업혁명을 이끌었고, 20세기 초반의 전기와 철강은 제2차 산업혁명을 유도했다. 나아가 20세기 후반의 컴퓨터와 인터넷은 정보화시대를 열었다. 이러한 과학기술의 진보는 21세기에 더욱 속도를 내면서 인류와 세계의 대변혁을 주도할 것이다.

특히 정보통신기술의 발전은 인류의 지식생산력을 월등히 높여 새로운 경제적 성과를 창출하는 데 중요한 밑거름 역할을 할 것으로 전망된다. 생명공학의 발전 역시 인간 육체의 물리적 한계를 극복하며 인류의 삶에 근본적인 변화를 가져올 것으로 예상된다. 나노기술 또한 기존의 과학기술 발전에 새로운 돌파구를 열며 다양한 산업분야에서 근본적인 혁신을 가져올 것으로 기대된다.

1) 4차 산업혁명의 개념

4차 산업혁명이라는 용어는 본래 2010년 발표된 독일의 「High-techStrategy 2020」의 10대 프로젝트 중 하나인 「Industry 4.0」에서 제조업과 정보통신이 융합되는 단계를 의미했다. 「Industry 4.0」은 독일의 강점인 제조업에 ICT 기술을 융합하여 생산성과 효율성을 극대화하는 스마트팩토리 중심의 산업혁신과 이를 통한 새로운 성장 동력을 만들기 위한 국가전략이었다.

Fig 산업혁명의 추이

이후 다보스 포럼(WEF: World Economic Forum)에서 '제4차 산업혁명의 이해'를 주제로 논의하면서 세계적으로 주요 화두로 등장하기 시작했고, 보스 포럼 회장인 클라우스 슈밥은 4차 산업혁명을 '디지털 · 물리적 · 생물학적 영역의 경계가 희석되면서 기술이 융합되는, 인류가 경험하지 못한 새로운 시대'로 정의하고, 인간과 기계의 잠재력을 획기적으로 향상시키는 사이버물리시스템(CSP)가 4차 산업혁명의 근간이 될 것이라고 하였다.

이때, 4차 산업혁명은 3차 산업혁명을 기반으로 한 디지털, 생물학, 물리학 등의 경계가 없어지고, 융합되는 기술혁명을 의미한다. 1차는 동력, 2차는 자동화, 3차는 디지털로 인해 산업혁명이 촉발되었는데, 4차 산업혁명에서는 여러 분야의 기술이 '융합'되어 새로운 기술혁신이 일어날 것으로 기대된다는 것이다.

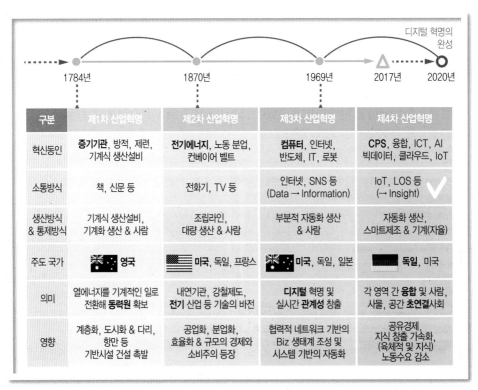

자료: 딜로이트 애널리시스; 김승택(2018) 제4차 산업혁명 도래에 대한 시각 재인용.

Fig 산업혁명의 세부 발전단계

제1차 산업혁명은 18세기 말 영국을 거점으로 방적기, 증기기관, 그리고 제련 기술이 등장해 발생한 변혁이라 볼 수 있다. 제1차 산업혁명의 핵심은 활용할 수 있는 동력(force)을 만들어낸 것이며, 이는 이전에 수력, 풍력, 인력에 의존하던 작업의 한계가 극복되었음을 의미한다. 즉, 필요한 시점과 장소에서 조절 가능한 힘을 사용하는 환경이 조성 되어, 공장이 들어서게 되는 요인이 마련되었다고 볼 수 있다.

제2차 산업혁명은 19세기 말 미국을 거점으로 전기에너지, 컨베이어 벨트가 등장해 발생한 변혁이라 볼 수 있다. 제2차 산업혁명의 핵심은 동력을 저장하고 필요 시 사용할 수 있는 에너지를 만들어낸 것이며, 이는 동력의 사용 방식을 보다 다양하게 하는 기반이 조성되었음을 의미한다. 동력의 용이한 사용 여건은 컨베이어 벨트와 함께 대량 생산을 가능하게 함으로써 공업화 시대를 여는 요인이 되었다.

제3차 산업혁명은 20세기 말 미국을 거점으로 컴퓨터, 인터넷으로 대표되는 IT 기술이 등장해 발생한 변혁이라 볼 수 있다. 제3차 산업혁명의 핵심은 전기를 단순한 에너지원에서 계산 등의 기능 영역으로 확장한 것이며, 이러한 확장은 0과 1로 표현되는 디지털 시대를 여는 요인이 되었다. 전기의 관점에서 재료를 보면 전기가 통하는지 여부에 따라 도체와 부도체로 구분되며 이러한 재료의 조합은 결국 도체와 부도체의 조합인 1과 0의 디지털 표현으로 볼 수 있다. 그런데 실제재료로 조합을 구성하기보다 반도체의 성질을 이용해 조합을 만들어내는 반도체 기술(집적 기술포함)이 등장해 디지털 시대를 촉진하게 되었다.

산업혁명은 기술혁신과 그로 인해 일어난 사회, 경제 등의 큰 변혁을 말한다. 여기서 기술혁신은 한 순간에 나타난 격변적인 현상이 아니라 그 이전부터 진행되어 온 점진적이고 연속적인 과정의 결과라고 할 수 있다.

4차 산업혁명은 '초연결성', '초지능화' 및 '융합화'에 기반을 두어 '모든 것이 상호 연결되고 보다 지능화된 사회로의 변화'한다는 특성이 존재한다.

📢 Table 4차 산업혁명의 주요 특징

기 술	내 용
초연결성	• ICT 기반 IoT의 진화, 모든 디바이스의 디지털화
초지능화	• AI와 빅데이터의 결합·연계, 기술 및 산업구조의 초지능화
대융합	• 산업 영역과 경계의 융합(Big Convergence)

자료 : 손병호 외(2017) 4차 산업혁명 대응을 위한 주요 과학기술혁신 정책과제, KISTEP ISSUE PAPER

2) 4차 산업혁명과 정부정책

2017년 11월 대통령직속 4차 산업혁명위원회는 「혁신성장을 위한 사람 중심의 4차 산업혁명 대응계획」을 발표하여, 4차 산업혁명 대응을 위한 기본적인 정책방향 및 향후 목표치 수립 등 세부적인 로드맵을 발표하였다.

이 계획은 '사람 중심의 4차 산업혁명' 추진하기 위해서 이후 5년간 기술 · 산업 · 사회 정책을 연계하여 ① 지능화 혁신 프로젝트 추진, ② 성장 동력 기술력 확보, ③ 산업 인프라 · 생태계 조성, ④ 미래사회 변화 대응 등 4대 분야를 중점적으로 세부 과제를 추진할 계획으로 구성 되었다.

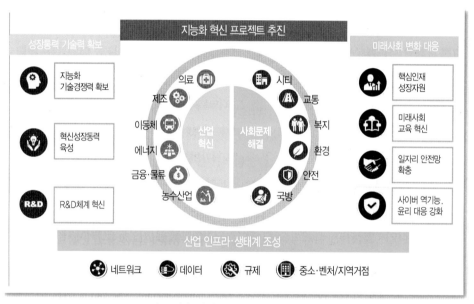

자료: 관계부처 합동(2017), 혁신성장을 위한 사람 중심의 「4차 산업혁명 대응계획」

Fig 4차 산업혁명 대응계획

이러한 정부 방향은 현 경제상황을 극복하고 성장을 경제 성장을 도모하기 위함이다. 오늘날 현 상황은 저성장 고착화와 일자리 문제의 심화(예: 청년실업)라는 구조적 · 복합적 위기상황에 직면하고 있고, 이에 따라 성장활력 제고와 미래 대비를 위해, 4차 산업혁명을 위기가 아닌 기회로 삼을 필요가 있는 것이다. 이를 통해 경제 성장의 과실을 모든 국민이 함께 누리는 '사람중심 경제'로의 도약을 한걸음 앞당길 필요에 의해 범정부적인 차원에서 생산성 중심의 산업 체질개선을 통한 경제성장과 고용 증가 및 삶의 질 향상을 통한 사회문제 해결을 동시 달성하는 '사람 중심의 4차 산업혁명'을 추진하고 있는 것이다.

3) 4차 산업혁명의 주요 테마 및 기술

4차 산업혁명과 관련된 첨단 기술은 학자에 따라 다양하게 나타나고 있으며, IT기술혁신, 생산기술 혁신 등 그 분야 또한 다양하다. 그러나 이러한 다양성 속에서도 신기술이라는 공통된 특징이 있다.

4차 산업혁명에서 3D 프린팅, 사물인터넷(IoT), 바이오 공학 등이 부상하며, 이들 주요 기술이 융합되어 새로운 기술을 창출할 것으로 예상된다. 물리학적 기술에서는 무인 운송수단, 3D 프린팅, 로봇 공학 등, 디지털 기술에서는 사물인터넷(IoT), 빅데이터 등, 생물학적 기술에서는 유전공학 등이 부상할 것이다. 특히, 3D프린팅과 유전공학이 결합하여 생체조직 프린팅이 발명되고, 물리학적, 디지털, 생물학적 기술이 사이버물리시스템으로 연결되면서 새로운 부가가치를 창출할 전망이다.

또한 인공지능(AI), 사물인터넷(IoT), 빅데이터(Big Data) 등 4차 산업혁명을 주도하는 신기술(emerging technologies)에 따른 인간의 삶과 사회 구조 변화가 나타날 것으로 보인다. 4차 산업혁명으로 인해 사회는 디지털 사회의 특징인 연결과 플랫폼이 유지되면서 컴퓨터의 인공지능이 중심적인 역할을 하는 사회가 될 것이다. 사회의 핵심적 변화는 첫째, 자원장비의 최소화(예: 우버와 에어비앤비), 둘째, 소비자들의 맞춤형 소비, 셋째, 육체노동이건 지식노동이건 인공지능과 로봇으로 대체, 마지막으로 지식창출이 가속화될 것이다.

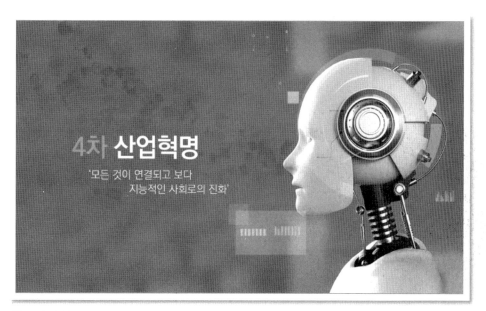

Fig 4차 산업혁명

이러한 변화는 생산 규모와 방식의 변화를 가져올 것이라 평가된다. 기술 발전에 따라 소품종 대량 생산에서 소비 취향 변화에 맞춘 다품종소량 생산, 맞춤형 생산으로 전환되며, 기술 발전은 소비자에게 생산자의 지위^(컨슈머)를 부여하기도 한다는 것이다.

또한 산업 구조의 진화와 개편 역시 기대된다. 기존 산업 간 경계가 흐려지고 융합되는 동시에 새로운 산업이 꾸준히 등장하는 진화가 일어나는 것이다. 기존의 방식대로 제품을 판매하며 서비스가 덧붙는 경우에서부터 제품이 플랫폼화 되어 서비스가 주력 비즈니스가 되는 모델까지, 산업구조는 매우 유연하게 변화하고 있다. 이른바 파괴적 혁신^(disruptive innovation)이 빈번하게 발생하여 산업 구조의 급격한 개편이 이루어지기도 하는 것이다. 4차 산업혁명으로 '자동화' '노동대체 기술의 발전', 'On-Demand 플랫폼 비즈니스 확대' 등 산업 구조적인 패러다임 변화도 빠르게 진행되고 있다. 이는 일자리 지형인 고용구조 변화로 이어질 것으로 보인다. 적시수요^(On-Demand)경제의 부상은 거래에 당사자들이 제품과 서비스를 소유하지 않고 이용할 수 있으며, 디지털플랫폼이 거래의 중개인 역할을 담당하는 것으로 대표적인 사례가 우버택시^(자동차의 빈자리), 에어비앤비^(집의 남는 방)이며, 최근에는 배달, 청소 등 단순노동 서비스와 법무 및 컨설팅 등 전문인력 서비스 분야에도 적용되고 있다.

4. 라이프스타일과 가치관의 변화

라이프스타일과 가치관의 변화는 우리 사회의 발전과정에서 불거진 문제를 비롯하여 사회문화, 경제, 정치 기술 환경의 변화가 맞물리며 문화정책과 밀접히 관련되는 이슈이다.

라이프스타일과 가치관 변화의 세부 이슈로는 노동시간의 감소, 라이프스타일의 변화, 삶의 가치관의 변화, 과로사회화, 기술발전 적응이 있다.

1) 노동시간의 감소

2003년 9월 국회를 통과한 근로기준법 개정에 근거하여 금융·보험업과 공기업 및 1,000명 이상 사업장에서는 주5일 근무제가, 공무원의 경우 월2회 토요휴무제가 시행되기 시작한 이래, 2018년 7월 1일 부로 기존 최장 68시간의 근로시간에서 16시간이 줄어 든 주 52시간 근무 상한제가 시행되었다. 개정 근로기준법에 따라 300인 이상 사업장, 공공기관을 2018년 7월 1일부로 50~300인 미만은 1년 6개월 이후^(2020년 1월), 5~50인 미만 사업장은 2021년 7월부터 순차적으로 근무체제를 바꾸게 된다.

시간구조의 변화가 실제 국민들의 삶을 변화시키는지 알아보기 위해 지난 9월 조사된 조사 자료(한국문화관광연구원, 2018)에 의하면, 노동시간 단축 대상 기업 직원들은 노동시간이 줄었다는 응답을 보였다.

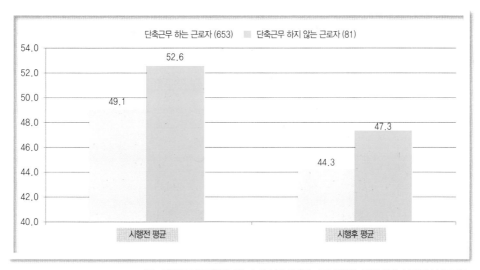

자료: 문화관광연구원(2018). 노동시간 단축에 따른 문화여가생활 변화 실태조사 보도자료

Fig 주 52시간 근무제 도입과 노동시간

이러한 노동시간의 단축은 삶의 중심축이 노동과 생산성으로부터 여가와 삶의 질로 옮겨가는 경향을 한층 강화할 것이다. 주5일 근무제가 사회적 이슈로 등장한 이후 가족 중심의 여가생활이 큰 관심을 끌고 있는데, 이는 충실한 가족여가가 삶의 질과 직결되기 때문이다.

가족단위 여가생활이 가족의 응집성 및 의사 소통성을 높이고, 부부간의 결혼 안정성과 자녀에 대한 교육적 효과를 높이는 등 긍정적 기능이 많다는 점에서 가족여가에 대한 높은 기대는 바람직한 현상으로 보인다.

2) 라이프스타일의 변화

현대 사회의 라이프스타일의 변화는 여가 수요와 취향의 변화와 1인 가구 증가와 가족형태의 변화가 대표적이다. 주 5일제 근무 시행으로 인한 국민 여가시간이 증가되고 각박한 현대인의 생활 속에서 건강과 여유로운 삶에 대한 관심이 높아지면서 그에 따른 다양한 여가활동이 인기를 끌고 있다.

또한 1인 가구가 증가하였고 가족형태에 변화가 일어났다. 딩크족(DINK : Double Income, No Kids)은 정상적인 부부 생활을 영위하면서, 의도적으로 자녀를 두지 않는 부부를 말한다. 이들은 사회적인 제도나 분위기에 따른 자녀양육에 대한 부담을 줄이고, 서로의 배우자의 자유를 존중하며 자신의 일로부터 보람을 찾고자 한다. 통크족은(TONK : Two Only, No Kids)는 전통사회에 추구되던 부모 부양 역할의 변화를 보여준다. 노년이 된 부부가 자녀에게 부양 받는 것을 꺼리고 부부끼리 독립적으로 생활하는 노인세대를 말한다. 이를 위해 노후대비를 하기 시작한 부부들이 늘어나고 이후 부부만의 생활을 추구하고 경제력 향상에 기반을 두고 있다.

3) 삶의 가치관 변화

현대인의 삶의 가치관의 변화는 자연과의 공존을 모색하고 삶의 질과 행복을 중시하는 가치관이 확산되며 장기불황시대의 자발적 가난, 사회적 경제와 공유경제로 나타난다.

자연과의 공존모색은 환경오염과 기후변화, 자원부족을 극복하기위해 자연과 공존을 중시하며 지속가능한 개발을 모색하는 경향과 관련되어있다.

삶의 질과 행복을 중시하는 가치관은 여가에 대한 수요가 증가하고 삶의 질, 일과 삶의 균형을 추구하는 라이프스타일이 확대되는 경향 등을 반영한 이슈이다. 이런 경향이 반영된 라이프스타일은 YOLO(You Only Live Once) 즉, '인생은 한번 뿐이다'의 영어 철자를 딴 용어이다. 미래 또는 남을 위해 희생하지 않고, 현재 자신의 행복을 위해 소비하는 라이프 스타일이다. 장기 불황 시대의 자발적인 가난은 미니멀 라이프 등으로 상징되는 소박함을 중시하는 가치관의 확산과 관련되는 이슈이다. 미니멀 라이프란 빈곤한 삶이 아니라 소유를 포기한 대신 최소한의 거슬로 여유롭고 당당하게 삶의 질을 추구하는 방식을 말한다. 이를 반영한 라이프 스타일로 '소확행'은 작지만 확실한 행복을 의미한다. 장기적인 경제 불황으로 오랜 시간 노력해야하는 내 집 마련과 취업, 결혼 등 미래의 큰 행복에 대한 확신이 감소하였다. 그에 비해 소확행은 적은 비용으로 행복을 극대화해 만족을 느낄 수 있으므로 현대인들의 공감을 이끌어 내고 있다.

사회적 경제와 공유경제는 공존, 공유 등 가치 지향적 삶을 추구하는 가치관이 확산되면서 새로운 경제 형태가 부상되는 상황을 반영한 이슈이다.

 '나의 정의'에 거침없는 '소피커의 시대' ※1+Speaker

공동체 질서의 발전적 해체일까, 포장된 개인주의일까 [아이뉴스24. 2019. 2. 09]

젊은 세대를 지칭하는 키워드는 많다. 그 만큼 사회 변화의 중심에 있다는 얘기다. 그중 '소피커'가 특히 눈길을 끈다. '나의 정의' 혹은 '나의 가치'를 거침없이 말하는 그들이 지향하는 우리 사회는 어떤 모습일까. 소피커는 '자신의 소신을 거리낌 없이 말하는 사람'을 뜻한다. 연구소에 따르면 과거에는 소신이 보편적인 정의 혹은 대의와 관련이 깊었다면 이들 세대에게 소신이란 곧 '나의 정의'로 통한다. 아무리 작은 사안일지라도 자신이 생각하는 가치를 스스럼없이 전하는 이들이 곧 소피커다.

#1. 미혼인 홍진영(28·가명) 씨는 벌써부터 자녀를 두지 않는 부부를 일컫는 '딩크족'을 자처한다. 홍 씨는 결혼과 출산은 여전히 분리가 어려운 사안이고 또 자식을 둬야 이후의 삶이 적적하지 않다는 주위의 숱한 반응에도 굴하지 않는다. 그는 "출산과 양육에 뒤따를 일들은 전적으로 내가 책임질 문제"라면서 "결혼해서도 딩크족으로 살아갈 수 있다는 내 소신이 다른 사람들의 시선에 가려져야 할 이유는 없다고"고 강조했다.

#2. 이지연(28) 씨의 소신은 '나를 위해 살자'다. 결혼에 대한 거부감이 없었던 이 씨는 이제 '비혼'을 저울질한다. 그는 "갈수록 불안정한 사회에서 내 가족을 꾸려 부양해야 한다는 것에 부담을 느낀다"며 "스스로가 바로 서고 내 생활에 만족과 행복을 느끼기 전까지는 결혼하지 않을 생각"이라고 말했다. 이어 이 씨는 "취업을 준비하는 동안 '나'를 들여다볼 시간이 많아졌고 자기 자신에게 솔직해져도 좋다는 결론을 내린 다음부터는 이런 소신을 드러내기 시작했다"고 설명했다.

#3. 송준호(32·가명) 씨는 '내 기준대로 산다'는 확고한 소신을 갖고 있다. 송 씨는 "누군가가 내 나름의 기준을 넘어서면 가차 없는 편인데 이를테면 기본 예의를 간과하는 사람들은 상대하지 않는다"고 말했다. 또한 "내 생각에 어떤 이들도 야유나 질타를 보낼 자격은 없다고 본다"고 덧붙였다. 그에게도 지난한 취업 준비 과정은 스스로의 신념을 다잡는 변곡점으로 작용했다. 송 씨는 "구직이란 '나'를 판매하는 과정이라고 한 어떤 강사의 말을 계기로 스스로를 돌아보며 주관을 정립하게 됐는데 자연스레 내 소신을 숨길 필요 역시 사라졌다"고 전했다.

4) 과로 사회화

한국의 연간 노동시간은 1986년 2911시간이었다. 당시 경제협력개발기구(OECD) 회원국 평균보다 연간 1,000시간 가까이 더 오래 일했다. 약 150년 전 프랑스의 연간 노동시간과 맞

먹는 수준이었다. OECD에 가입한 1996년 2,637시간으로 줄긴 했지만 OECD 국가 중 노동 시간 1위라는 그다지 달갑지 않은 자리는 2008년에야 멕시코에 내줬다. 그럼에도 여전히 지난해 OECD 회원국 평균(1763시간)보다 300여시간 길고 가장 노동시간이 짧은 독일(1363시간)에 비해서는 700시간이나 더 일한다.

이제 노동시간을 줄이지 않으면 '과로사회'라는 오명을 버리기가 쉽지 않게 됐고, 이에 따라 노동시간 단축은 문재인 정부의 주요 과제로 부각됐다.

2018년 7월1일부터 300인 이상 기업에 주 52시간 근무가 본격 시행된 것에 대해 외신들은 '한국이 과로 사회에서 탈출했다'고 보도했다. 직장인 만성 피로, 출산율 저하, 높은 자살률 등 사회적 문제가 해결될 수 있다는 해석이다. 다만, 일각에서는 한국의 눈치 문화와 과도한 충성을 요구하는 고용주 때문에 법정 근로시간 단축의 실효성이 없을 것이라고 내다봤다.

과로 사회화는 경쟁의 심화와 물질주의적 가치관이 팽배하고, 과도한 노동시간 등 경제, 사회문화적 환경이 개선되지 못한 채 사회적 스트레스가 증가하는 현상을 말한다.

이로 인해 사회에 나타나는 현상은 경쟁·급화·서열화 경향 및 승자독식구조가 심화되고, 삶의 가치가 물질주의 가치관으로 획일화되며 삶의 속도 증가로 인한 피로감과 스트레스 증가한다. 또한 소외의 심화, 삶의 주도권 및 자유의 상실을 초래할 수 있다.

이러한 사회 환경에 따라 현대인들이 워라밸(Work Life Balance)의 삶의 방식을 추구하게 되었다. 단어 뜻 그대로 일과 삶의 균형을 추구하고자 하는 형태의 줄임말로 1인당 평균 근로시간이 비교적 높게 나타나는 우리 사회에서 새롭게 나타난 라이프스타일이다.

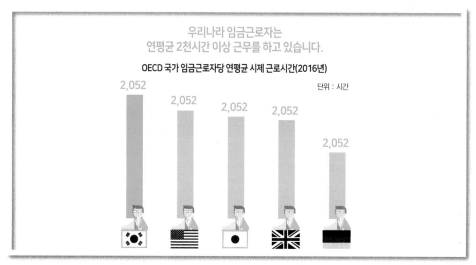

[그림출처 : 통계청]

밀레니얼 신입사원… "자기중심적이고 '워라밸' 중시" [이투데이. 2019. 1. 28]

워라밸이나 소확행을 중시하는 등 이전 세대와는 확연히 다른 성향을 가진 '밀레니얼' 세대가 기업의 '젊은 피'로 입사하고 있다. 과연 기업 인사 담당자들은 요즘 밀레니얼 세대 신입사원들에 대해 어떤 평가를 내리고 있을까. 구인구직 매칭플랫폼 사람인이 기업 인사담당자 479명을 대상으로 '밀레니얼 세대 신입사원의 특징'을 조사해 28일 발표했다.

조사 결과 신입사원의 가장 큰 특징으로 '회사보다 자신을 중심으로 생각한다'(42%)가 절반에 가까운 비중을 차지하며 1위에 올랐다. 다음으로 '워라밸 중시'(26.3%), '의사표현이 솔직하고 적극적'(15.9%), '모바일 활용 및 SNS 소통 중시'(4.6%), '자신을 위한 투자에 아낌없음'(3.8%), '격식, 규범보다 효율성 중시'(2.9%) 등의 순이었다.

[그림출처: 사람인]

5. 도시문제와 사회적 갈등의 확산

1) 도시문제와 지역문제

도시문제와 지역문제는 인구지형의 변화와 밀접한 관련을 맺으며, 지역의 재생을 위해서 추진되는 다양한 사업에서 문화의 역할에 대한 관심 증가와도 관련된다.

이에 대한 세부 이슈로는 지역문화 자치, 쇠퇴지역의 증가, 도시재생과 젠트리피케이션 등을 들 수 있다.

지역 문화 자치의 주요이슈로는 지방 분권의 자치역량 강화로 꼽고 있다. 지방분권 강화라는 정책기조 뿐만 아니라 지속적으로 제기되어 온 문화자치의 필요성을 반영한 이슈이다.

도시화의 진행과 지방쇠퇴 심화는 도시화가 계속되는 상황에서 수도권 집중도는 심화되고, 인구 감소 등으로 인해 쇠퇴지역이 증가하며 소멸 위험에 처한 지역이 발생하는 현상을 반영한 이슈이다. 쇠퇴 지역의 문화 서비스 체계 변화의 필요성은 쇠퇴지역 증가로 성장지향의 기존 도시 정책이 한계점에 도달하면서 문화시설의 역할이나 문화 서비스 체계 변화가 필요해지는 상황을 반영한 이슈이다. 마지막으로 지역 문화 자산의 소실이 우려되는 점은 소멸위험 지역 증가에 따라 지역 문화 자산 소멸 위험도 함께 증가하는 상황을 반영한 이슈이다.

젠트리피케이션이란, 본래 낙후됐던 구도심이 번성해 사람들이 몰리고 새로운 상업시설과 주거지역이 형성되지만, 주거비용이나 임대료가 상승하면서 원주민이 쫓겨나는 현상을 말하며 둥지 내몰림 또는 도시 회춘화 현상이라고도 한다.

특히 한국에서는 상업지역의 재활성화와 함께 급격한 임대료 상승에 따른 기존 소규모 임차인의 비자발적인 이동과 함께 대형 프랜차이즈의 잠식현상이 발생하고, 상업 젠트리피케이션(commercial gentrification)으로 확장되고 있다. 이런 상업 젠트리피케이션은 관광 젠트리피케이션(tourism gentrification)의 성격을 가미하기도 한다. 상업지역의 젠트리피케이션은 대중소비보다는 개인화된 소비로 상업시설의 고급화를 촉진하게 된다. 이러한 과정 속에서 기존 상가의 정체성과 고유성을 가진 상점들이 감소하게 되고 장소성의 변형이 나타나게 된다. 반대로 미국에서는 상업지역이 대규모 주택단지로 변하는 현상이 발생하고 있다.

국내 젠트리피케이션의 대표적인 사례는 이태원의 '경리단길', 삼청동 한옥마을, 망원동의 '망리단길' 등이 있다.

Fig ① 경리단길 - ② 삼청동 - ③ 망리단길

2) 사회적 갈등의 확산_ me too 운동

사회적 갈등의 확산에서 양극화 심화와 계층 간의 갈등과 사회 전반의 갈등이 증가하는 것은 불평등, 양극화, 계층이동성의 저하, 세대, 이념, 성별 등 다양한 갈등의 증가를 반영한 이슈를 반영한 것이며, 새터민의 사회, 문화적 적응은 증가하는 북한 이탈주미의 정체성과 한국 사회 적응문제를 반영한 이슈이다.

양극화 심화와 계층 간의 대표적인 예로는 '#ME TOO'운동이 있다. 미투운동은 공동체 내에서 우월적 지위를 이용하여 묵인하고 자행되어 왔던, 성추행 및 성폭력을 고발하는 행위이다. SNS계정에서 '#Me Too #With You'라는 해시태그를 사용하여 가해자들의 잘못을 공론화 하고 상처를 공유함으로써, 성폭력은 피해자의 잘못이 아니라는 인식을 확산시키기 위해 일어난 시민운동이다.

Fig 사회적 갈등의 확산_ me too운동

'미투'의 외침은 이들의 생존 문제이며 인권 문제이기도 하다. 그리스신화에 나오는 정의의 여신은 디케(DIKE)다. 법과 정의의 여신은 오른손에는 칼, 왼손에는 저울을 들고 있는 것으로 묘사된다. 칼은 정확한 판정에 따라 정의가 실현되도록 하기 위함이요, 저울은 판단과 측정의 기준이며 객관성의 잣대다. 디케가 수건으로 얼굴을 가린 것은 판정에 있어 사사로움을 떠나 공평함을 유지해야 한다는 뜻을 담고 있다. 정의의 상징인 저울이 보이지 않는 손에 의해 공평하게 적용되지 않는다면 사회적 약자인 여성이나 힘없는 사람은 영원한 피해자로 남을 수밖에 없다. 성폭력 피해자의 용기 있는 외침이 헛되지 않기 위해서라도 '미투' 운동은 지속돼 정의와 공평함이 살아 있는 사회가 되어야 할 것이다.

제2절 현대사회와 문화

1. 문화의 개념

1) 문화의 어원

서양언어에서는 '문화'(kultur, culture)란 말은 'colere'(가꾸다, 키우다, 육성하다, 경작하다)라는 라틴어 동사에 어원적 뿌리를 두고 있는 말로, 그 명사형인 'cultura'가 바로 이 말의 원형이다. 그래서 처음에 이 말은 주로 '땅을 갈아 작물을 재배하고 키우는 일', 즉 '경작·재배'의 뜻으로 쓰여졌다. '농업'(culture agri), '포도재배'(cultura vitis) 등에서 그 예를 확인할 수 있다. 이후 교양, 예술 등의 뜻을 가지게 되었다. 다만 좁은 의미의 문화와 넓은 의미의 문화는 조금 차이가 있는데, 좁은 의미로는 교양과 발전된 의식 등을 의미하는 한편 넓은 의미로는 생활양식 전반을 지칭하는 말이다.

일반적으로 문화는

① 구미풍(歐美風)의 요소나 현대적 편리성(문화생활, 문화주택 등)

② 높은 교양과 깊은 지식, 세련된 생활, 우아함, 예술풍의 요소

③ 인류의 가치적 소산으로서의 철학, 종교, 예술, 과학 등

④ 미디어(음악, 책, 게임 등)

①과 ②의 경우는 문화가 없는 인류가 과거에 존재하였고, 현재도 존재하고 있다는 것이다. 따라서 이러한 의미의 문화는 좁은 의미의 문화이다. 그러나 현재의 사회과학, 특히 문화인류학계에서는 미개(未開)와 문명(文明: 高文化)을 가리지 않고, 모든 인류가 문화를 소유하며 인류만이 문화를 가진다고 본다. 여기에서 문화란 인류에서만 볼 수 있는 사유(思惟), 행동의 양식(생활방식) 중에서 유전에 의하는 것이 아니라 학습에 의해서 소속하는 사회(협동을 학습한 사람들의 집단)로부터 습득하고 전달받은 것 전체를 포괄하는 총칭이다. 또한 일정 공동체가 공유하여야 하기 때문에 지극히 개인적인 습성이나 선

Fig Culture

천적 요소 등은 문화의 범주에 포함되지 않는다. 다만 이러한 요인들도 생활양식에 영향을 주어 문화로 발전할 가능성은 있다.

2) 문화의 정의

오늘날의 문화는 크게 두 가지 의미로 사용된다. 하나는 교양 있고 세련되었으며, 예술적인 면을 가리키는 것으로 일반적으로 흔히 사용되는 개념이다. 교양 있고 세련된 사람을 두고 '문화인'이라 부르는 것이 여기에 해당된다. 또 다른 하나는 보다 광범위한 문화를 의미하는데, 인간에 의하여 이룩된 모든 것이 그 범주에 속한다. 문화인류학이 대상으로 다루는 것은 이 넓은 의미의 문화이다.

문화라는 개념은 오랜 역사성을 지니고 있으며 인간의 삶 전체 및 사회 전체와 연관되어 있는 광범위한 개념이기 때문에 학자들마다 각기 다양한 관점에서 다양한 정의를 내리고 있다.

영국의 인류학자 에드워드 버넷 타일러(1871)는 그의 저서에서 문화에 대해 "문화는 지식, 신앙, 예술, 도덕, 법률, 관습 등 인간이 사회의 구성원으로서 획득한 능력 또는 습관의 총체다". 라고 정의했다. 이러한 개념 정의는 50여 년 간 인류학계에 많은 영향을 끼쳤으나 이후 인류학의 발전과 함께 이러한 문화의 정의는 더욱 다양해지고 복잡해졌다.

우리나라의 문화기본법(제3조)에서는 "문화"를 문화예술, 생활양식, 공동체적 삶의 방식, 가치 체계, 전통 및 신념 등을 포함하는 사회나 사회 구성원의 고유한 정신적·물질적·지적·감성적 특성의 총체로 정의하고 있다.

즉 문화란 '지식, 신앙, 예술, 법률, 풍습 등 사회의 구성원으로서 인간에 의해서 학습되고 획득된 모든 능력과 습관을 포함한 복합체의 전체이며, 후천적·역사적으로 형성된 외면적이고 내면적인 생활양식의 체계인데, 한 집단 또는 특정한 일부 사람은 그 문화를 공유하게 된다. 그리고 인간은 문화를 가짐으로써 비로소 인간다움을 구분짓게 된다'고 정의할 수 있다.

결국 문화란 사회사상, 가치관, 행동양식 등의 차이에 따른 다양한 관점의 이론적 기반에 따라 여러 가지 개념적 접근이 가능하다. 인간이 주어진 자연환경을 변화시키고 본능을 적절히 조절하여 만들어낸 생활양식과 그에 따른 산물들을 모두 문화라고 부른다.

문화는 음악, 미술, 문학, 연극, 영화와 같은 예술분야에서 두드러지게 나타난다. 사람들은 상품의 하나로 대중문화, 유행가와 같은 것들을 소비함으로써 문화를 접하기도 한다.

문화의 일반적인 정의는 크게 어원적 관점, 문명론적 관점, 예술·교양론적 관점, 생활양식론적 관점에서 구분할 수 있으며, 세부적인 내용은 다음과 같다.

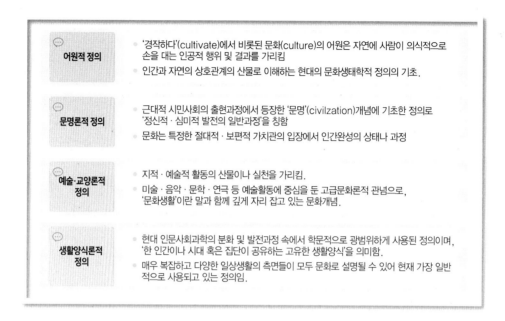

어원적 정의	• '경작하다'(cultivate)에서 비롯된 문화(culture)의 어원은 자연에 사람이 의식적으로 손을 대는 인공적 행위 및 결과를 가리킴 • 인간과 자연의 상호관계의 산물로 이해하는 현대의 문화생태학적 정의의 기초.
문명론적 정의	• 근대적 시민사회의 출현과정에서 등장한 '문명'(civilzation)개념에 기초한 정의로 '정신적·심미적 발전의 일반과정'을 칭함 • 문화는 특정한 절대적·보편적 가치관의 입장에서 인간완성의 상태나 과정
예술·교양론적 정의	• 지적·예술적 활동의 산물이나 실천을 가리킴. • 미술·음악·문학·연극 등 예술활동에 중심을 둔 고급문화론적 관념으로, '문화생활'이란 말과 함께 깊게 자리 잡고 있는 문화개념.
생활양식론적 정의	• 현대 인문사회과학의 문화 및 발전과정 속에서 학문적으로 광범위하게 사용된 정의이며, '한 인간이나 시대 혹은 집단이 공유하는 고유한 생활양식'을 의미함. • 매우 복잡하고 다양한 일상생활의 측면들이 모두 문화로 설명될 수 있어 현재 가장 일반적으로 사용되고 있는 정의임.

2. 문화의 속성

문화는 인간생활의 총체이고 아주 밀접한 관련성을 갖고 이어져 왔다. 문화의 영향은 흔히 당연한 것으로 받아들여지고, 문화는 그 사회 내에 있는 사람들의 욕구를 충족시키기 위해 존재하나, 이러한 문화는 인간에 의해서 공유되고, 반복적인 학습을 통해 전승되어 왔다. 보편적이고 다양하다. 문화의 속성은 크게 공유성, 학습성, 축적성, 변동성, 전체성으로 구분할 수 있다.

1) 공유성

공유성이란 한 사회의 구성원들이 그들만의 고유한 문화를 공유하는 것을 의미한다.
한 사회의 구성원들의 행동을 자세히 관찰하면 그 어느 사람도 꼭 같이 행동하지 않는다는 사실을 발견할 수가 있다. 어떤 사람은 매운 음식을 좋아하고 어떤 사람은 싫어하며, 어떤 사람들은 꽃 가꾸기를 좋아하는가 하면 또 어떤 사람들은 그런 것에 아무런 관심을 보이지 않는다. 이와 같이 사회의 구성원들 개개인은 나름대로의 독특한 취향 또는 버릇이 있을 수가 있다. 이러한 사회구성원 저마다의 다양한 취향이나 버릇은 문화가 아닌 개성에 속한다. 한 사회의 구성원들이 다른 사회와 구분되는 어떤 행위·관습·경향 등을 함께 공유할 때 그것이 비로소 문화가 되는 것이다.

하위문하가 대표적인 예인데 하위문화는 어떤 사회의 전체적인 문화, 또는 주요한 문화에 대비되는 개념으로 지역과 계층별로 나타나는 생활양식의 차이에 따라서 문화를 구분할 수 있다. 이때 우리는 하위문화(subculture)의 개념을 사용한다. 한 사회집단의 특수한 부분 또는 영역에서 다른 것과는 구분될 만큼 특이하게 나타나는 생활양식을 우리는 하위문화라고 한다. 예컨대 우리는 도시문화와 농촌문화를 이야기할 수도 있고, 연령집단에 따라 청소년문화와 노인문화, 특정 사회집단의 것인 대학문화, 지역적으로 도서문화, 산촌문화 등도 이야기할 수 있으며, 호남문화, 영남문화 등과 같은 특정지역의 문화를 거론하기도 한다.

그러므로 공통된 행동과 사고방식을 가진다. 예를 들자면 명절에 성묘하러 대규모 이동이 일어나는 것, 공유성은 이를 예측할 수 있게 해준다. 프랑스인과 인사할 때는 볼에 뽀뽀할 것이라고 생각하게 되지만 한국인과 인사할 때는 허리를 굽혀서 인사할 것이라고 예측하는 것이 그 예라 보겠다.

Fig 김치 문화

Fig 온돌 문화

2) 학습성

한 사회의 문화는 학습된다. 문화는 선천적인 것이 아니라 후천적으로 습득하는 특징이 있는데 이를 학습성이라고 한다.

우리는 또한 매일 식사를 하고 잠을 잔다. 그러나 식사하고 잠자는 것 그 자체를 우리는 문화라고 말하지는 않는다. 우리의 머리카락은 생물학적인 특성의 하나이고, 식사하고 잠자는 것은 본능적인 행동의 일부이다. 즉, 공유된 것이 모두 문화가 아니라 어떤 것이 문화적인 것으로 간주되기 위해서는 학습된(learned) 것이어야만 한다.

사람은 특정의 문화를 갖고 태어나는 것이 아니라, 단지 학습할 능력만을 갖고 태어난다. 그러한 능력으로 어떠한 문화를 학습할 것인지는 성장과정에서 접한 문화적인 환경에 의하여 좌우된다. 우리가 사용하는 언어는 이의 좋은 예가 될 수 있다. 한국 사람은 한국어를 가지고 태어나는 것이 아니라, 단지 후천적으로 한국어를 배워 익힌다. 간혹 우리는 고국을 방문한 재일 또는 재미동포 2세들이 한국어를 전혀 모르거나 극히 서투른 한국어로 의사소통에 불편을 느끼는 경우를 발견한다. 그들은 일본어 또는 영어를 사용하는 문화 속에서 성장하였고 그들이 한국어를 배울 기회는 극히 제한되었기 때문에, 우리가 그들에게 한국어를 완벽하게 구사할 것을 기대할 수는 없는 일이다.

더불어 젓가락을 사용하는 법, 연필을 잡는 법 모두 후천적으로 익히는 문화이므로 학습성의 예가 되겠다. 일란성 쌍둥이라도 다른 사회에서 성장하면 서로 다른 생활양식을 갖게 되는 것이 그 예가 될 것이다.

Fig 젓가락 문화

Fig 한글 문화

3) 축적성

인간의 지식은 한 세대에서 다음 세대로 전해지고 그 세대에 새로 이루어진 내용이 또 거기에 더해진다. 그 과정에서 새로운 지식, 기술이 축적되며 내용이 풍부해지고 더욱 발전하는 특징을 축적성이라고 한다.

인간은 기존의 문화내용에 새로운 내용을 첨가시킨다. 전 세대에서 물려받은 문화를 당세대는 학습하고, 학습한 문화의 내용에 그 세대가 만든 새로운 문화내용을 첨가하여 다음 세대에 물려주게 된다. 다음 세대는 전 세대가 물려준 문화의 창조과정을 되풀이

하여 또 그 다음 세대에 물려준다. 이렇게 하여 문화는 축적되고 그 내용이 점점 복잡하고 다양해져 가는 것이다.

오늘날 우리의 현대문화는 어느 날 갑자기 나타난 것이 아니라 그 전 시대로부터 이어져 오는 과정에서 지식과 기술이 축적된 하나의 결가물이다. 문화의 축적성은 인간의 탁월한 능력이며 문화의 중요한 속성 중 하나이다.

Fig 전통공예

Fig 인간문화재' 추용호 장인

4) 변동성

문화는 형성되고 안착하더라도 후에 그 문화가 지속될 것이라는 보장을 할 수 없다. 이 특성을 변동성이라고 하는데, 없어지기도 하고 수정되기도 하고 새로운 문화가 탄생되기도 한다. 문화가 변동되는 원인은 새로운 문화 요소의 발명이나 발견, 가치관의 변화, 지식의 축적 등에 의해 변화한다.

Fig 장례문화

Fig 제사문화

　　결국, 문화는 끝없는 변화생성의 과정을 겪게 되는데 외부로부터 한 사회로 유입된 문화는 그 사회의 배경과 문화접변^(文化接變)을 통하여 변한다. 또한 도입되었거나 새로 개발된 새로운 지식이 유용한 것으로 판명되면 사회 전반에 확산되어 혁신이 일어나기도 한다. 이러한 과정에서 기능을 상실한 낡은 문화요소들은 사라지고 강화된 기능의 문화들은 지속적으로 유지·변화 되는 것이다.

　　문화는 이처럼 정지된 상태로 존재하지 아니하고 부단히 진화 또는 퇴화의 과정을 겪는다. 문화인류학자들은 문화의 이러한 성격을 초유기체성^(初有機體性)이라 부르기도 한다. 한 사회의 문화를 이해하기 위해서는 이들 문화의 성격에 대한 바른 이해가 전제되어야 한다.

5) 전체성

　　문화의 요소는 매우 다양하고 상호 밀접한 관련성을 형성하고 있다. 이들 요소는 결코 홀로 존재하지 못한다. 그들은 서로 긴밀한 관계를 맺고 있으면서 하나의 체계를 구성하고 있다. 문화의 내용을 구성하고 있는 의식주의 양식·규범, 경제활동에 대한 규범 등은 각각의 독특한 양식과 규범으로 발전하는 것이 아니라 상호 영향을 주고받으며 조화를 이루면서 하나의 문화를 형성하는 것이다.

　　또한 도덕, 관습, 의식, 제도, 예술 등도 서로 관련성을 맺고 조화를 이루며 하나의 종합적인 문화를 형성한다. 유교사상이 강조되는 가치관에서는 가부장적인 권한이 극대화되고, 부계혈통을 중시하는 가족제도와 더불어 여성차별을 가져오는 등의 일련의 윤리관, 의식, 제도 등을 형성하는 것을 알 수 있다.

Fig 인류

Fig 하나의 전체

즉, 문화는 타일러의 정의에서도 확인한 바와 같이 지식, 신앙, 예술, 도덕, 법, 관습 등 수많은 부분들로 구성되어 있다. 그러나 한 사회의 문화를 구성하는 이런 부분들은 무작위로 또는 각기 독립적으로 존재하는 것이 아니라, 상호 긴밀한 관계를 유지하면서 하나의 전체(a whole) 또는 체계(system)를 이루고 있다.

3. 문화의 변화

1) 문화의 변동

한 사회집단의 문화를 구성하고 있는 많은 문화요소나 문화복합체들이 상호작용하여 이루어지는 과정에 기존의 요소들이 결합하거나 새로운 문화요소가 등장하여 새로운 형태·기능·의미를 갖는 문화가 될 때 이를 '문화변동'이라고 한다.

문화변동은 발명·발견·전파가 원인이 되어 발생한다. 발명은 기존가 없었던 문화요소를 새로 만들어내는 것이고, 발견은 이미 존재하고 있지만 아직 세상에 알려지지 않은 어떤 것을 찾아내거나 알아내는 행위이다.

전파는 한 사회의 문화 요소가 다른 사회로 전해져서 그 사회의 문화과정에 정착되는 현상을 말한다. 또 다른 내용의 문화와 접촉했을 때 그 차이가 너무 크거나 예상하지 못한 내용들이 있는 경우에는 혼란 또는 충격을 느낄 수가 있는데 이러한 현상을 '문화충격(culture shock)'이라고 한다. 이러한 현상은 평소 접하지 못한 다른 지역이나 또는 다른 나라를 방문했을 때 경험하는 경우가 많다.

2) 문화지체

문화변동 과정에서 물질문화는 발명과 발견, 전파의 과정을 통하여 쉽게 발전하는 반면 비물질 문화는 제도, 관념, 의식, 가치관 등을 포함하기 때문에 빠르게 발전하지 못한다. 이 때문에 물질문화의 변동이 앞서나가고 비물질 문화의 변동이 상대적으로 지체되는 현상이 발생한다. 즉, 물질문화와 비물질 문화 간의 변동속도 차이로 나타나는 부조화현상이라고 할 수 있다.

오그번(W. F. Ogburn)은 문화를 물질을 포함한 물질문화와 가치관·신념·규범·제도 및 사회적 상호작용 양식 등을 포함한 비물질적인 적응력 변화로 구분하고, 기술문화의 급속한 양적 누적으로 인해 비물질적문화의 변화와 적응은 항상 물질문화의 변화와 발달속도를 따라가지 못한다고 하는 문화지체이론을 제시하였다.

대표적인 사례로는 자동차가 급속히 보급되는 반면 교통안전에 대한 의식이 제대로 파급되지 않아 교통사고가 빈발하는 것이나 의학발달로 인한 인간의 평균수명연장으로 우리 사회에도 노인의 인구가 급속이 늘어났지만 노인들 개개인의 노후대책과 사회복지차원의 노인복지제도는 빠르게 늘어나는 노인 인구에 제대로 대응하지 못하고 있는 것 등이 문화지체의 한 예라고 할 수 있다.

3) 문화전파

한 사회의 문화를 구성하고 있는 요소들은 그 사회 안에서 발생한 것이 거의 대부분이지만, 다른 사회들로부터 문화요소들이 전해져 온 것들도 적지 않다. 한 사회의 문화요소들이 다른 사회로 전해져서 그 사회의 문화과정에 통합되어 정착하는 현상을 문화의 전파(diffusion)라고 한다. 이런 문화전파의 현상은 한 사회집단으로 하여금 문화발전의 단계를 뛰어넘게도 하고, 때로는 큰 오류를 범하게 하여 결국은 멸망의 길로 걷게도 한다.

전파는 사막·바다(3) 등의 물리적인 장애에 의한 사회문화적 체계의 고립 정도로부터 영향을 받는다. 고고학적인 증거를 통해서 호박이 발트해 연안해서 지중해 연안으로 전파되었으며, 초기의 금속화폐가 근동(近東) 지방으로부터 북유럽에 전파되었다는 사실이 밝혀졌다. 또한 종교적 관점에서도 기독교는 서구사회에서 전파된 것이고, 불교는 인도에서, 유교는 중국에서 기원된 것이며, 한자는 중국에서 개발된 것이다. 흔히 우리는 한 나라에서 순수하게 자생적인 문화요소만을 들어서 전통문화요소로 간주하는 경향이 있지만, 실은 전통문화 속에는 우리나라의 경우 유교, 불교, 한자들과 같이 외래적인 것도 많다. 그러나 이 모두가 이제 우리나라의 문화과정에 정착하여 각기 중요한 부분을 차지하고 있다. 이 밖에도 담배·옥수수·커피·고구마 등이 세계 도처에 분포해 있는 것은 문화전파의 대표적인 예라고 할 수 있다.

문화의 전파는 단지 특정 문화요소의 전파로만 끝나는 것이 아니라, 그것이 받아들여지는 사회의 문화과정에 등장하여 이미 존재하는 문화요소들과의 상호작용 과정에 들어가면서 새로운 혁신들을 유발시킨다. 이런 점에서 전파는 문화변동의 중요한 자극제가 된다. 예컨대 한자가 우리나라에 전파되면서 우리의 조상들은 우리의 역사와 문물을 기록으로 남길 수가 있었고, 이것은 지식의 축적과 정확한 전승을 가능케 해줌으로써 문화의 가속적인 발전을 위한 길을 열어 주었다

이러한 문화전파는 직·간접 전파와 자극전파로 구분할 수 있다.

문화의 전파는 이웃하고 있는 두 문화 간의 직접적인 전파에 의한 경우도 있고, 제3자에 의한 간접적인 경우도 있다. 직접적 접촉은 예컨대 교역으로 새 물질이나 새로운 지식을 전하거나, 부족간의 통혼으로 풍속이나 제도를 수용하는 것, 부족간의 의례적인 방문으로 노래와 춤 등을 전파하는 것이나, 이웃하고 있는 중국으로부터 유교와 한자가 전파된 것은 직접전파의 사례이다. 또 직접접촉의 하나로 정복을 들 수 있다. 정복을 한 민족이나 국가가 피정복민에게 문화를 강요하게 되면 피정복민의 문화에는 많은 변화가 생길 수밖에 없다. 인도네시아가 힌두교를 받아들였고, 그 후 회교를 받아들인 것, 스페인에 정복당한 멕시코 인디언들이 천주교를 받아들인 것 등이 이에 해당한다.

다음으로 교역자들이나 선교사들, 또는 제3국의 사람들과 같은 중개인들, 교육자, 여행자 등에 의해서 한 문화의 요소들이 다른 문화에 옮겨지는 것은 간접전파에 속한다.

때로는 전파와 발명이 복합되어서 '자극전파(stimulus diffusion)'가 일어나기도 한다. 이것은 문화의 구체적인 내용이 전해지지 않고 일반적인 개념만 전파되어 발명을 자극하는 것이다. 즉, 한 문화의 어떤 요소가 다른 문화에 알려지면서, 후자에게 새로운 발명이 일어나도록 자극한 경우를 말한다. 이런 자극전파의 한 고전적인 예로 북미주의 체로키(Cherokee) 인디언족의 문자발명을 들 수 있다. 체로키족은 백인들과 접촉하기 전까지는 고유의 문자를 갖지 못했다.

이 부족의 한 인디언이 백인들과 접촉하면서 영어에서 아이디어를 얻어 결국 체로키문자를 고안해 냈다. 그는 영어에서 극히 일부의 알파벳을 따 왔고, 다른 것들은 변형시켰다. 그는 심지어 영어를 쓸 줄도 몰랐지만 이것들로 체로키의 알파벳을 만들어 냈고, 그의 부족은 결국 '세쿼야(sequoya)'라고 부르는 체로키 문자를 만들어냈다. 그들은 영어에서 아이디어를 얻어, 그것에 체로키의 형식을 부여했던 것이다. 이 경우 자극은 유럽의 백인들로부터 온 것이고, 그 결과는 체로키문자로 나타났다.

4) 문화접변

문화접변이란 2개의 상이한 문화가 접촉하는 과정에서 문화요소들이 변화하는 과정을 가리킨다.

문화접변은 문화변동과는 구분되어야 할 것이다. 즉, 문화변동은 훨씬 포괄적인 개념이며, 문화접변은 문화변동의 한 측면에 불과하다. 또한 문화접변은 위에서 살펴본 전파와도 구분된다. 물론 문화접변의 모든 상황에서 전파는 일어나지만, 전파는 상이한 문화의 사람들이 직접적으로 접촉하지 않고도 일어날 수 있다는 점에서 문화접변 과정의 한 가지 측면으로 간주될 수 있다.

문화접변은 반드시 강제적일 필요는 없다. 두 개 또는 그 이상의 이웃하고 있는 문화들 간에 자발적인 접변현상이 일어날 수도 있다. 그러나 문화접변은 정복이나 식민지현상에서 가장 흔히 볼 수 있다. 한 사회집단이 어떤 강력한 지배적인 사회와 거의 전면적인 접촉관계에 들어갈 때, 종속적인 위치에 있는 집단은 광범위한 문화변동을 경험하게 되는 경우가 많다.

전파의 경우와 같이 문화접변도 하나의 선택적인 과정(a selective process)이다. 즉 받는 측에서는 전파되어 온 요소들을 모두 다 받아들이는 것도 아니고, 전파된 것이 다른 사회에서 모두 살아남는 것도 아니다. 다만 받아들이는 쪽의 생활조건에 맞는 것만이 살아남는 등 선택적이다. 문화전파의 경우에도 한 사회가 다른 문화의 모든 것을 받아들이는 것이 아니라, 극히 선택적으로 반응한다. 예컨대 기술적인 혁신의 경우에는 비교적 쉽게 받아들여지지만, 종교나 사회조직에서의 변화에는 흔히 거부반응을 보이기도 한다.

스페인문화와 토착 인디언의 문화가 융합되어 그 어느 것도 아닌 제3의 멕시코문화가 형성되었다. 문화의 동화는 한 문화가 다른 문화의 방향으로 접근하는 것이며, 어떤 의미에서는 일방적인 흡수라고 볼 수도 있다. 완전한 형태의 동화는 찾아보기 힘들지만, 융합의 경우와 같이 동화의 개념도 문화접변을 이해하는 데에 중요한 분석도구로 사용되고 있다. 한 가지 첨언한다면 대체로 사회학자들은 동화를 강조하는 반면에 인류학자들은 융합을 더 강조하는 경향이 있다.

5) 문화진화

인류의 문화가 원시상태에서 현대문명의 단계에까지 도달하는 데에는 수십만 년이 걸렸다. 이와 같이 장기간에 걸쳐서 하나의 유형에서 다른 유형으로 문화가 단계적으로 변해 나가는 것을 우리는 문화의 진화(cultural evolution)라고 부른다.

즉 시간적인 형태의 진화가 이루어지는 것이다. 그림문자는 전파라는 수단만으로는 알파벳 문자체계를 만들어낼 수 없다.

진화는 대체로 생물학에서 특정 생물체의 계통발생을 따지는 데에 사용되는 개념으로 알려져 있지만, 문화의 발전 과정에도 적용될 수가 있다. 인류가 어떤 식으로 식량을 획득하여 왔는지를 생각해 보자. 인류의 진화과정에서 초기 인류들은 수백만 년에 걸쳐 수렵과 채취 단계에 머물렀다. 그 후 그들은 원시농경의 단계에 이르러 화전민생활을 하였지만, 아직 동물의 힘을 이용하지는 못했다. 농기구들이 점차 개선되고 동물의 끄는 힘이 농사에 이용되는 등 경험들이 축적되어 결국 지금으로부터 약 1만 년 전경에 인류는 자연에만 의존하는 경제에서 탈피하고 생산경제 단계에 도달하였다. 이런 단계적인 변화에는 수백만 년이 걸렸고, 각 단계는 이전의 단계를 기초로 해서 발전된 것일 뿐만 아니라 다음 단계에 나타난 문화 형태의 기초가 되었다는 점에서 이런 변화를 우리는 문화의 진화현상으로 규정할 수 있다.

4. 문화충격

'로마에 가면 로마의 법을 따르라'라는 말이 있듯이, 각 나라마다 고유한 문화가 있다. 세계 여러 나라에는, 우리나라와 비슷한 문화가 있는가 하면 전혀 다른 문화도 존재한다.

이 용어는 1954년에 인류학자 칼레르보 오베르그(Kalervo Oberg)가 처음 소개한 것으로, 문화 충격(culture shock)이란 사람들이 완전히 다른 문화 환경이나 사회 환경에 있을 때 느끼는 감정의 불안을 서술하기 위해 쓰이는 용어이다. 새로운 문화를 소화하는 데 어려움을 겪을 수 있다. 다시 말해, 무엇이 올바르고 무엇이 올바르지 않은지를 알기가 어려워 혼란스러워진다. 새롭거나 다른 문화의 어떠한 양상에 대해 강력한 혐오(도덕 또는 미학)를 느끼기도 하는 현상을 의미한다.

교환학생 프로그램이나 해외여행 등으로 지리상 먼 타국이나 문명권을 처음 방문하는 외국인들이 경험하는 경우가 일반적이나 근본적으로 경험과 익숙함의 문제이기 때문에 바로 인접한 국가라 할지라도 접점이 없었으면 성립하며, 심지어 아래 예시와 같이 한 사회라 할지라도 발생할 수 있다.

연구자들에 따르면 문화충격 현상을 겪는 경우 일반적으로 네 가지 반응패턴이 나오게 된다고 한다. '자신의 문화를 유지하느냐 버리느냐', '상대방 문화를 수용하느냐 거부하느냐'의 두 가지 기준에 따른 것이다.

1. 자신의 문화를 버리고 상대방 문화에 완전히 흡수되는 '동화'
2. 자신의 문화를 유지하면서 상대방의 문화에 적응하는 '통합'

3. 자신의 문화에 천착하면서 상대방 문화에 적응하기를 거부하는 '분리'

4. 자신의 문화도 잃고 상대방 문화에 적응하는 것도 실패하는 '주변화'로 나뉜다.

다만 주변화의 경우 매우 보기 드물다. 현지문화 적응에 실패하여 사회의 낙오자가 된다는 사례 자체는 많지만 그들이 자기 문화조차 잃어버리게 된다고 보는 것은 지나치다.

 '어서와 한국은 처음이지?' 스웨덴 3인방, 컬쳐쇼크 PC방 체험기…

한국 신세계 문화 영접   [한국일보. 2019. 1. 10]

'어서와 한국은 처음이지?' 스웨덴 3인방이 인생 처음으로 PC방을 방문했다.

MBC에브리원 '어서와 한국은 처음이지?'에서는 스웨덴 4인방의 컬처쇼크 PC방 방문기가 공개된다. 이날 방송에서 한국 여행 마지막 날 밤 제이콥과 재회한 스웨덴 3인방이 향한 곳은 PC방이었다. 스웨덴 4인방이 PC방을 간 이유는 평소 게임에 관심이 많은 빅터 때문이었다.

빅터는 "한국은 e스포츠 최강국이야", "한국 선수 중에 페이커라는 사람이 있는데 즐라탄보다 유명해"라고 말하며 한국 게임 문화에 대한 빠삭한 지식을 자랑한 바 있었다. 또한 빅터는 "PC방이 스웨덴에는 없으니까 한국의 거대한 PC방 문화를 알고 싶어요"라고 말해 한국 PC방 방문에 대한 기대감을 드러냈다.

한편, PC방에 입장한 스웨덴 3인방은 자신들이 생각한 PC방과는 전혀 다른 분위기에 깜짝 놀랐다. 쾌적한 내부에 쭉 늘어선 최신식 컴퓨터를 보자 패트릭은 "이건 최고 수준이잖아"라고 말하며 한국 PC방에 충격을 감추지 못했다.

스웨덴 3인방을 놀라게 한 건 여기서 끝이 아니었다. PC방 좌석의 편안한 의자, 컴퓨터로 음식을 주문하면 자리로 배달해주는 시스템에 친구들은 2차 충격을 받았다.

"의자가 정말 좋네", "정말 스웨덴에는 없는 것들이야"라고 말하며 한국 PC방을 극찬했다.

PC방 의자에 감탄 중인 시골 청년들

음식을 컴퓨터로 주문한다고?

현대에서는 세계화가 진행됨에 따라 컬처쇼크가 줄어들고 있다. 몇십년 전에는 인터넷 등 다른 문화를 접할 기회가 없어서 컬처쇼크를 겪었다면, 요즘 시대에는 다른 문화를 많이 접하고 들을 수 있어 컬처쇼크를 겪는 경우가 줄거나 그 충격이 약해지고 있다.

외국이나 이질적인 집단에 오래 머무르면서 지속적으로 이 컬처쇼크에 노출되면 이에 적응, 동화되어 충격이 점차 덜해지지만 이를 극복하지 못하면 향수병 등으로 발전할 수 있다. 처음 받는 충격은 어쩔 수 없을지 몰라도 상대를 이해하려는 노력 없이 계속 자신들만 우월하다 주장하는 것은 편견이니 주의해야 한다.

BLOG

2

 # 현대사회와 SNS문화

제1절 소셜미디어의 개념과 특성

1. 소셜미디어의 개념

1) 소셜미디어의 정의

트위터나 페이스북 같은 사회연결망 기반의 사이트가 전 지구적인 소셜미디어로 인기를 끌며 사람들에 의해 빠르게 채택될 무렵, 그리고 본격적으로 스마트폰이 도입되어 이러한 소셜미디어가 모바일 커뮤니케이션 환경에서 이용가능 해 질 무렵 언론이나 학계에서는 모두 이 새로운 서비스가 가져 올 일상의 혁명, 그리고 사회변화의 가능성에 열광하였다. 마치 십여 년 전의 동창 찾기 열풍처럼 국내에서도 연락이 끊어진 친구들과의 새로운 연결망으로, 또 인터넷 홈페이지를 유지하는 것만으로는 한계가 많았던 기업의 모바일 홍보전략으로, 정부의 대국민 소통창구로 소셜미디어의 가능성이 언급되었고 또 몇몇은 큰 성공을 거두기도 했다. 국내의 경우 스마트폰 도입이후 벌써 4년이 지난 지금 소셜미디어의 열기는 조금 수그러든 대신 그 변화의 크기나 방향에 대한 논란은 가속화되고 있다.

소셜미디어는 전자적 기반위에서 일반인들이 콘텐츠를 생산하고 출판하게 해주는 플랫폼으로 한국위키피디어는 SNS를 '관심이나 활동을 공유하는 사람들 사이의 사회적 연결망 혹은 사회적 관계를 구축하거나 반영하는데 초점을 맞추는 서비스, 플랫폼, 사이트'라고 정의하고 있다.

소셜미디어라는 용어를 처음 쓴 사람은 가이드와 이어그룹의 창업자인 크리스 쉬플리 (Chris Shipley)로 사람들이 자신의 생각과 의견, 경험, 관점 등을 서로 공유하고 참여하기 위해 사용하는 개방화 된 온라인 툴과 미디어 플랫폼이라는 의미를 담았다. 소셜미디어를 매스미디어와 구별 짓는 가장 큰 차이는 소비와 생산의 일반적인 메커니즘이 작동하지 않으며, 양방향성을 활용하여 사람들이 참여하고 정보를 공유하며 사용자들이 만들어나가는 미디어라는 점이다. 요컨대, 소셜미디어는 접근이 매우 용이하고 확장 가능한 출판기법을 사용하여, 사회적 상호작용을 통하여 배포될 수 있도록 설계된 미디어라고 정의 될 수 있다. 이에 비해 SNS는 전형적으로 각각의 이용자의 프로파일을 포함하는 공통의 형식과 수단을 공유하며 한 사람의 다양한 사회적 연결망들 내부에서 그리고 그것들 사이에 혁신적인 온라인커뮤니케이션을 가능하게 하는 웹 사이트와 그로부터 유래한 어플리케이션을 총칭한다.

요컨대 소셜미디어가 좀 더 공개적 출판에 가까운 미디어적 특성과 플랫폼으로서의 성격을 가진다면 SNS는 보다 사교적 특성을 가지며 소셜미디어가 플랫폼에 가깝다면 SNS는 웹 사이트에 가깝다고 하겠다. 하드웨어나 콘텐츠의 변화와 함께 이용자들의 변화도 주목할 필요가 있다. 일상의 다양한 차원에서 활용되고 있는 스마트미디어와 서비스의 측면에서는 SNS의 이용이 활발해지면서 '사회적인 것' 즉, 소셜의 의미가 부각되고 있다. 흔히 SNS는 1인 미디어라 불리며 개인들에게 정보생산의 주요 근거지로 활용된다. 아이러니컬하게도 1인 미디어의 확산과 함께 오히려 복수의 대상을 전제로 하는 소셜의 의미가 부각되고 있다. '소셜'은 사회적이라는 일반적인 의미와 함께, 사회적이라는 상황적 함의가 내포하고 있는 관계의 차원도 다층적으로 활용되고 있다. 여기에서 말하는'소셜'의 개념은 사회 속에서, 사회를 구성하고 있는 인간의 새로운 커뮤니케이션과 상호작용양식을 포괄적인 대상으로 하고 있다는 점이다.

현대사회는 매개커뮤니케이션(mediated communication)이 개인간 그리고 집단간 상호작용에 있어서 지배적인 양식이자 필수적인 형태로 빠르게 자리 잡아 가는 사회다. 근대 이후 매스커뮤니케이션과 대인커뮤니케이션을 매개하는 커뮤니케이션테크놀로지가 지속적으로 발전하기는 했지만, 현재와 같이 개인들간의 커뮤니케이션이 지금 과 같이 미시적 수준으로까지 보편화 된 적은 없었다.

소셜미디어의 활용은 개인들의 관계적 측면에서의 이용뿐만 아니라 개인의 일상기록을 포함하여 정보 축적의 기반으로도 활발히 활용되고 있다. 소셜미디어를 통해 개인들은 이전에 비해 훨씬 쉬운 방식으로 각자의 경험과 인식을 기록하며 콘텐츠를 생산하고 있다. 일상 기록을 통한 콘텐츠의 생산은 개인의 입장에서는 기억의 현재화를 가능하게 하고, 사회적으로는 이러한 일상기록을 통해 다양한 문화적 요소와 그 근거를 발견 할 수 있다는 점에서 의미를 갖는다. 즉, 문화가 갖는 다의성(多義性)만큼 이나 개인들의 다양한 생활 모습들이 소셜미디어에는 존재한다는 것이다.

문화의 소비 차원 뿐만아니라 문화의 생산과 유통에 있어서도 소셜플랫폼의 활용은다양한 차원에서의 참여와 영역의 변화를 가능케 하고 있다. 소셜플랫폼을 기반으로 하여 보다 많은 사람들에게 생산과 유통의 참여의 기회를 제공하는 열린 생태계 확산은 기존의 거대 조직과 전문가 중심의 폐쇄적인 콘텐츠제작과 유통체계를 콘텐츠중심의 개방형 생태계로 변화시키면서 창조성의 지평을 넓히게 되었다. 이런 환경에서는 거대한 자금과 인력에 기반을 둔 기존의 조직을 넘어서는, 창조적인 개인들이 출현가능해지고, 달라진 환경과 새로운 생산방식은 연쇄적인 시장에서의 변화와 기회를 제공하게 된다. 개방적인 환경은 개발자뿐 아니라 콘텐츠를 소비하는 이용자들마저 콘텐츠 생산에 참여하는 동인이 되고 있다. 즉, 이용자가 과거처럼 수동적으로 콘텐츠를 소비하는데 그치는 것이 아니라 소비행위자체가 콘텐츠를 생산하는 효과도 유발시키는 차원으로의 변화가 나타나고 있는 것이다.

2) 소셜서비스의 유형

가. SNS

Social Networking Service의 약자. 온라인에서 사람과 사람의 연결관계에 초점을 둔 인맥관리 서비스로 좁은 의미를 가지고 있다.

나. 소셜플랫홈

연결망을 통해 교류하고 '콘텐츠 공유'를 강조하며 미디어 기능을 수행하는 사회연결망을 기초로 다양한 사회적 활동을 지원하는 시스템이 강조된 개념

다. 소셜플랫폼

소셜미디어 연결망에서 이용자들의 연결 관계와 사회활동 등에 대한 데이터를 분석해 새로운 서비스 및 상품을 창출해 제공한다.

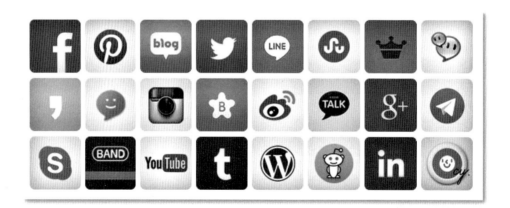

2. 소셜미디어의 특징

1) 공유(Sharing)

대부분의 SNS 이용자들은 다른 이용자를 통해 스스로를 인식하거나 확인하게 되는 자기표현적 속성이 강한 편이며 주변 사람들 또는 익명의 온라인 이용자들에게 자신의 일상생

활에서부터 취미, 취향 등을 공유와 공감이라는 목적으로 표현하고자 하는 동기가 강한 편이기 때문에 자신의 존재를 확인할 뿐만 아니라 새로운 모습을 추가하기 위해 다양한 수단들을 활용하게 된다.

사진이나 동영상 등 개인의 사적 활동을 담은 콘텐츠에서부터 시, 수필, 소설 등 자아 표현적 작품들, 기타 일상생활들의 측면들을 기술한 메모 등을 포함한다.

SNS를 통해 자아표현을 강화하기 위해 사진이나 동영상 등의 콘텐츠 생산이 연계되는 독특한 결합이 이루어진다. SNS를 통해 스스로를 확인하기 위한 도구적 목적을 갖고 있는 만큼 이는 단순히 SNS 개별 플랫폼으로만 구성되는 것은 아닌 것이다. 대신에 다양한 모바일, 인터넷 블로그, 미니홈피 등이 결합된 복합적인 플랫폼 레퍼토리를 구성하는 것이 일반적이다.

누구나 쉽게 콘텐츠를 제작할 수 있고, 서비스를 제공할 수 있는 도구가 다양하기 때문에 자신이 만들어낸 콘텐츠를 소속 그룹에 공유가 가능하다. 개인의 컨셉과 주제를 담은 콘텐츠를 제공하여 이용자들에게 공유하고 그에 따른 수익도 창출해 낸다. 이와 관련된 예가 You Tube라는 동영상 공유 매체이서 활동하는 사람들(유투버)을 말할 수 있다. 대표적인 인물로 다양한 뷰티 관련 정보와 메이크업 방식을 사람들에게 공유하고 있는 뷰티 크리에이터 '이사배'와 다양한 음식을 먹는 영상을 촬영하여 대중들의 대리만족을 이루어주어 인기를 끄는 '밴쯔'등이 이러한 특징을 잘 보여주고 있다.

Fig 유투버 이사배

Fig 유투버 밴쯔

2) 상호작용(Interactive)

기존의 전화 및 이동전화, 인터넷 등과 같이 양방향적 커뮤니케이션이 이루어질 때 연결망의 가치는 단일 방향보다 제곱의 가치로 증가한다는 것을 의미하며 이와 같은 접근 방법이 경제적 접근을 반영하기는 하지만 사회문화적으로 소통의 범위와 속도가 매우 넓고 빠르게 이루어진다는 것을 나타낸다. 가입자가 증가하는 것은 개인 단일의 표현수단이 아니라 커뮤니케이션이 양방향적으로 이루어지면서 표현의 형태가 개방적이면서 공개적으로 이루어진다는 특성을 의미하는 것으로 폐쇄적으로 이루어지는 커뮤니케이션이 프라이버시의 보호라는 장점을 갖는 반면 소통의 정도를 제한시킨다는 단점을 야기한다.

개방적으로 이루어지는 커뮤니케이션은 소통의 정도와 범위가 확대될 수 있는 가능성이 높은 반면 개인의 프라이버시가 침해될 가능성 역시 동시에 증가하는 단점을 갖게 된다.

최근 들어 정치인이나 기업의 SNS활동은 이러한 특징을 이용한 것으로 볼 수 있다. 연예인들보다 교류가 어려운 정치계 인물들이 SNS를 이용하여 국민들과 소통하는 것으로 지지를 이끌어내기도 하고 선거유세에 활용되기도 한다. 또한 기업의 경우 대표적으로 제주항공이 고객들과 소통하기 위해 자체적으로 콘텐츠를 제작하여 고객들의 궁금증을 풀어주고 적극적으로 소통하려 노력하고 있다.

3) 집단지성(Collecitve Intelligent)

관계를 형성하고 정보를 공유하기 위해 소셜 미디어 그룹이 조직되고 이는 집단지성으로 발전한다. 개인들이 서로 협력하거나 경쟁을 통하여 얻게 되는 정보를 커뮤니티를 통해 개방적인 분위기에서 지속적으로 축적하고 발전시킴으로써 거대한 지성을 이룬다.

긍정적인 예로 페이스북의 '여행에 미치다'라는 페이지는 여행을 좋아하는 사람들이 모여 여행명소나 맛집 등 여행관련 정보를 공유하고, 공감하는 커뮤니티로 유용한 정보들을 제공하는데 이바지한다.

부정적인 예로는 SNS '안아키'커뮤니티가 있다. 개인들은 자유롭게 정보를 얻고 공유할 수 있으므로 때로는 잘못된 정보를 받아들이고 제공하는 과정에서 아동학대로 이어질 수 있는 커뮤니티에 동참하게 되기도 한다.

약 안쓰고 우리 아이 키우기

약 **안**.쓰고 **아**.이 **키**.우기

Fig 안아키 홈페이지

4) 실시간성

트위터와 같은 SNS는 이용자들의 즉각적인 반응이 이루어지는 편이므로 특정 쟁점이나 논제에 대해 이용자들의 접근 및 확인이 즉각적으로 이루어지는 한편 의견 개진 역시 빠른 속도로 이루어 지는 편이다.

즉각성은 특정 쟁점이 사회 쟁점으로 확대되기도 하며 영향력이 증가할 가능성이 높지만 모든 SNS가 즉각성을 기반으로 하는 것은 아닌 것이다.

트위터의 경우에는 뉴스의 전달이나 확산 측면에서 유리하지만 소셜 마케팅이나 페이스북과 같은 경우에는 뉴스 전달과는 다른 차원의 기능성을 확보하고 있다. 소셜 마케팅은 상품 판매와 연결망의 속성을 결합한 형태인 반면 페이스북은 싸이월드와 같이 미니 홈피적 속성을 공유하는 특성을 갖고 있다.

정보제공자와 소비자를 실시간으로 연결 가능하며, 이는 전통적인 매스미니어보다 빠르게 확산이 가능하다. 빠른 시간에 많은 사람들에게 전달되는 만큼 그 정보의 파급력 또한 크다. 일상에서 일어나는 다양한 사건들을 SNS를 통해 빠르게 전파되어 사회적인 파장을 일으킨다.

광주 집단 폭행 사건

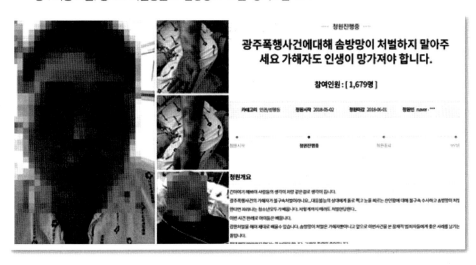

광주폭행 사건, 청와대 국민청원서 '솜방망이' 아닌 '강력처벌' 요구

광주에서 한 남성이 집단 폭행을 당한 것에 대해 각종 커뮤니티와 SNS를 통해 퍼지는 가운데 청와대 국민 청원까지 진행 중이다.

지난 2일 각종 온라인 커뮤니티와 SNS에서는 광주에서 발생한 집단폭행 사건의 피해자 가족이 폭행 가담자의 전원에 대한 처벌을 요구 하는 글과 사진이 퍼졌다.

이날 자신을 36세 가장이라고 소개한 A 씨는 2일 오후 페이스북을 통해 "광주의 안타까운 소식을 전한다"며 자신의 친 동생 B 씨[33]가 조직 폭력배가 낀 무리에게 집단 폭행을 당해 의식을 잃은 상태라고 밝혔다.

A 씨에 따르면 B 씨는 지난달 30일 광주광역시 광산구 수완동의 한 주점에서 지인들과 술을 마셨다. 그 중 일행이 집에 가기위해 택시를 잡는 과정에서 20~30대 남성 7명과 여성 3명이 있는 무리와 시비가 붙었다.

택시를 잡으려던 일행은 폭행을 당했고, B 씨가 이를 말리려 했으나 싸움에 같이 휘말린 것. A 씨는 B 씨가 처음에는 일대일로 싸웠으나 힘으로 되지 않자 집단으로 폭행을 가했다고 주장했다. 또 상대 측 남성들이 B 씨를 풀숲에 쓰러뜨린 후 큰 돌로 수차례 머리를 가격했으며 나뭇가지로 눈을 찌르기도 했다고 주장했다.

B 씨는 현재 대학병원에서 치료를 받고 있으며 실명의 가능성도 있는 상태로 알려졌다. A 씨는 "동생이 발음도 안 되고 대소변도 가리기 힘들 정도로 심각한 상태"라며 "경찰은 3명에 대해서만 구속영장을 신청했지만 남자 7명 모두 폭행에 가담했고 죄명도 살인미수여야 한다고 생각한다"고 전했다.

이어 "광주 주민들을 통해 알아보니 가해자들은 한 조직의 폭력배라고 한다"고 덧붙였다.

광주 광산경찰서는 해당 사건을 접수하고 집단상해의 혐의로 3명에 대해 구속영장을 신청, 4명을 불구속 입건했다고 밝혔다. 그러나 조직폭력배 의혹에 대해서는 아닌 것으로 파악했다고 전했다.

경찰은 또 CCTV를 분석하고 피의자를 조사한 결과 피해자 측의 주장이 대부분 인정됐다며 주도한 이들을 향후 구속 수사할 방침이라고 덧붙였다.

디지털 타임스=백승훈기자 monedie@dt.co.kr

5) 연예인 등 공인들 접근성 증가

단순히 뉴스, 정보를 전달하는 수단만으로 SNS의 기능을 설명하려는 방식은 충분하지 않으며 일반 대중들은 스타들에 대한 호기심이 강하며 새로운 SNS를 통해 이들에게 접근할 수 있을 뿐만 아니라 다양한 피드백을 전달받을 수 있다는 점에서 매력적일 수 있다.

유명 스타들은 반대로 트위터와 페이스북을 통해 자신들에 대한 홍보와 마케팅 효과를 극대화하거나 기존 방식을 보완하는 방법으로 활용한다는 사실을 살펴볼 수 있다. 스타들에 대한 접근성이 확대된다는 측면에서 이용자들의 흥미를 높일 수 있으며 이와 같이 사회적 영향력이 늘어나면서 스타들은 홍보 및 자기 의견 표현의 방식으로 SNS를 활용한다는 것이다. 기존의 미니홈피에서도 스타들의 사진이나 의견 표현 등이 사회문화적으로 쟁점이 되기도 했지만 보다 즉각적으로 SNS를 통해 의견 소통의 속도가 빨라진다는 것으로 현실성에 기반을 둔 연결망이기 보다는 가상적 연결망을 통해 이용자들의 호기심과 만족도가 높아지는 장치로 이해할 수 있다.

스타와 유명 정치인들이 개인들에게 관심을 표현하고 있으며 양방향적으로 소통한다는 사실에서 개별 이용자들은 충분히 만족도를 느끼며 이들에 대한 관심의 연결망을 구축하게 된다는 것이다.

Fig 블랙핑크 리사   Fig 할리우드 배우 겸 가수 셀레나 고메즈

2019년 1월 기준 연예인 인스타그램 팔로워 1위는 블랙핑크의 '리사'가 차지했고, 약 1천 3백만명의 팔로워를 기록하고 있고, 할리우드의 배우 겸 가수 '셀레나 고메즈'의 경우 2017년 기준 이미 인스타그램 팔로워가 1억명을 훌쩍 넘길 정도로 인기를 끌고 있다. 특히 '셀레나 고메즈'의 경우 인스타그램에 사진 한 장 올리는데 6억원 규모의 수익을 창출할 정도로 파급력이 강하다.

6) 새로운 SNS 스타들을 양산

이들은 SNS를 통해 개인의 의견을 표현하거나 이와 같은 표현을 통해 사회적 논의를 구성하기도 하지만 쟁점이 되는 것은 일반 이용자들의 자발적이면서도 진지한 메시지 생산이나 담론 구성이 아니라 극히 단순한 형태의 정보 제공과 이에 기반을 둔 사회적 행동이 야기됨으로써 새로운 정보 왜곡 현상이 일어날 가능성도 적지 않다는 사실이다.

SNS를 통해 확산되는 단문 메시지는 정보 전달이라는 측면에서는 사회적 영향력이 적지 않지만 특정 쟁점에 대한 정확한 현실이나 맥락 파악 없이 이루어지는 정보 확산의 결과는 극단적인 의견의 분극화를 야기할 수도 있다는 사실로 신뢰할만한 정보와 이를 통한 숙의 과정이 생략되고 즉각적 정보 확산을 통한 사회적 동원 현상이 일어날 수도 있다는 것이다. 물론 최근의 아프리카 국가에서 나타난 민주화 운동에 있어서는 SNS의 역할이 적지 않았던 것으로 평가되고 있음. 이는 그만큼 신뢰할만한 정보원 자체가 차단되어 있는 조건에서는 SNS의 단순 메시지 접근 방식이 효율적일 수 있다는 것을 의미한다.

뉴스 제공의 다양성이 보장되어 있는 민주 국가에서는 트위터나 페이스북의 영향은 정보 전달보다는 스타 파워에 의존한 상업적 홍보 수단으로 그 가치가 결정되는 경향이 있다는 것이다.

7) 저렴한 비용, 대중 홍보

이는 정치인들이나 대중문화 인사들이 자신들의 이미지 포장이나 홍보 효율화를 위해 SNS를 활용하는 측면, 또는 일반 대기업이나 문화예술 단체들이 기업 신상품 홍보나 공연 정보 제공 등을 위해 SNS를 적극적으로 활용하는 것 등에서 그 실체를 파악할 수 있다.

다시 말해 SNS가 숙의적 민주주의를 위한 신뢰와 소통을 기반으로 하는 사회적 담론 구성 수단으로 활용되기 보다는 상업적 이윤 극대화를 위한 경제적 수단으로 평가되어 활용된다는 측면이 있다.

대부분의 트위터와 페이스북 이용자들은 크게 인간관계 유지를 위해 이용하는 동기와 이와 같은 홍보 목적으로 구분될 수 있다. 특히 홍보수단으로서의 SNS는 낮은 비용으로 비교적 폭넓은 접근권을 보장하기 때문에 효율적인 편이다.

뿐만 아니라 스타 시스템을 통해 양방향 소통이라는 목적으로 특정 스타들에 대한 접근이 활발하게 이루어지면서 일반 이용자들은 자연스럽게 SNS에 대한 의존도가 증가할 수 있다는 것이다.

제2절 소셜미디어의 분류와 변화추이

1. 소셜미디어의 분류

SNS 서비스는 크게 개방성SNS와 폐쇄성SNS으로 구분할 수 있다. 매개 사회 자본을 축적시켜 다양한 사회적 배경의 사람들과 정보를 주고받는 SNS는 그 이용 목적상 개방성의 특징을 뚜렷이 가지며, 가까운 지인들과의 일상 소통 수단으로 이용되는 SNS는 대체로 폐쇄형의 특징을 보인다.

폐쇄형 SNS가 주로 사적 영역에서 활용되는 소통 도구라면 개방형 SNS는 공적 영역으로도 열려 있는 유형으로 이 연결망을 근간으로 사회적 가치 창출을 기대해볼 수 있다.

카카오톡-카카오스토리 이용 부류는 자신이 직접 저장한 전화번호부 리스트 중심의 사람들과 주로 소통하는 폐쇄형 SNS로 분류되고, 특정한 지인들(전화번호부 등록자들)과의 폐쇄적 소통 채널을 확보한 동시에 전화번호부 리스트 이외의 사람들과도 연결 관계를 쉽게 확대할 수 있는 페이스북, 트위터 등이 개방적인 SNS로 분류된다.

개방형은 이용자 간 일대일 상호 동의가 아니라 팔로우(follow) 기능을 통해 일방향 연결이 이루어진다는 점이 가장 큰 특징이다. 대표적으로 트위터는 이용자가 가입 후 자신이 원하는 이용자에게 팔로우 신청을 한 후 바로 그들의 트윗을 받아볼 수 있다. 물론 '맞팔'로 통칭되는 서로의 일대일 상호적 팔로우 관계가 가능하나 상대의 동의 없이 연결관계가 가능하다는 점은 좀 더 자유롭게, 일방적인 관심이나 공감 여부에 따라 모르는 이와도 연결될 수 있다는 장점을 부여해 새로운 관계 확장에 유용한 SNS로 특징짓는다. 대표적으로 유명인과의 연결관계의 통로가 될 수 있다는 점이 있다. 이들과 친밀하게 소통하며 정보를 습득하고 싶은 이용자의 동기가 크게 작용한 것이다.

개방형 SNS 연결 관계를 통해 기대할 수 있는 사회가치로서는 공유 경제가 있다. SNS로 인한 사회관계 변화의 내용을 개인의 연결망 차원에서 보면, 공동체나 집단이 아닌 개인적 차원의 도구적·선택적 연결망의 확대 및 개인의 매개적 사회자본의 증가로 인한 다양한 개인 연결망의 활성화를 그 특징으로 한다.

폐쇄형 소셜미디어는 SNS나 마이크로 블로그보다 폐쇄적인 성격의 소셜미디어로는 메시지 송수신 중심의 모바일 메신저를 대표적으로 꼽을 수 있다. 모바일 메신저는 일대일, 일대다 채팅 기능뿐만 아니라 모바일 메신저 소통 대상이 이용자의 전화목록 리스트를 기초로 한다는 점에서 폐쇄형으로 분류된다. 즉, 채팅 '방'이라는 한정된 공간에서 소통이 이루어진다는 것과 친구리스트가 당사자만 볼 수 있는 연락처 중심으로 구성된다는 점에서 폐쇄형의 특성을 찾을 수 있다.

모바일 메신저의 커뮤니케이션 기능 외에 이를 보조적으로 돕는 부가 서비스 역시 이용자들이 해당 서비스를 사용하는 동기에 영향을 미친다. 카카오톡과 라인에서 특징적으로 나타나는 스티커 전송 기능은 이러한 친밀감 형성, 관계 유지의 이용 목적을 가장 잘 드러내는 예라 할 수 있다.

개방형 SNS	폐쇄형 SNS
페이스북, 인스타그램, 트위터, 웨이보 : 일상 공유 목적	카카오톡-카카오 스토리, 라인, 비트윈 : 주로 메시지 전달 목적

2. 소셜서비스의 변화 추이

현재 소셜미디어 시장은 끊임없이 변화중이다. 소셜미디어의 변화 모습은 크게 4가지로 융합, 경쟁, 소멸, 소셜 비즈니스로 나눌 수 있다.

1) 융합

시장융합은 기존 IT관련 회사들의 소셜 미디어 인수합병으로 살펴볼 수 있다.

관련 사례로 페이스북이 모바일 메신저 세계 1위의 가입자수를 보유한 '왓츠앱'과 사진 공유 기반의 애플리케이션 '인스타그램'을 인수하면서 서비스 범위와 규모를 확장시키고 있다. 이러한 인수방식은 광고매출 증대를 이끌어내고 페이스북의 기업 가치가 상승할 것이다.

2) 경쟁

기존 기업들의 사업확장과 더불어 신규 기업의 새로운 서비스 제공과 이로 인산 신규 시장의 개발 역시 현재 소셜미디어 시장에서 활발히 진행중이다. 특히 신규 서비스들은 기존 서비스와 차별성을 두는 데 주력하면서 시장에서 경쟁 체제를 구성하고 있다.

대표적인 사례로 카카오톡과 라인은 신규 시장을 개척하고 이후 이에 기반을 둔 연동 서비스를 개발하고 제공하면서 가입자를 늘리거나 기존 어플들과의 차이를 두며 경쟁구도를 형성하고 있다. 카카오톡의 경우, 국내 1위의 이용자수를 보유하고 있는데 사진 공유 기반의 새로운 형태의 소셜미디어인 '카카오 스토리'를 개발하여 카카오톡과 연동시켰다. 라인은 NHN에서 카카오톡과 유사한 형태의 애플리케이션을 출시하였는데 일본을 중심으로 아시아권에서 각광받고 있다. 라인콜, 라인플레이, 라인 카메라 등 2차 앱 개발로 연동서비스를 제공하며 확장해나가는 중이다.

또한 밴드와 행아웃은 온라인 커뮤니티를 형성해 커뮤니티 내 사람들과 교류 위주로 운영되는 새로운 방식의 대표적 소셜미디어로써 커뮤니티 내 사람들과 관심사를 쉽게 공유하고 특히 사적 커뮤니티를 온, 오프라인에서 교류할 수 있다는 점에서 공통점을 가지고 경쟁사로 놓여 있다.

소셜미디어는 지역의 특수성에 따라 새로운 형태의 소셜미디어가 경쟁하기도 하는데, 중국은 트위터와 페이스북이 차단되어있다는 지역적 특수성에 의해 마이크로 블로그인 '웨이보'가 널리 사용된다. 이용량으로 보았을 때, 시나 웨이보가 1위를 차지하였으나, 텅쉰의 모바일 메신저인 '위챗'과 게임을 함께 제공하는 정책을 펼침에 따라 빠르게 성장하여 그 뒤를 따라잡고 있다.

Fig 카카오톡과 라인

3) 소멸

변하는 환경에 발빠르게 대응하지 못했거나 경쟁에서 시장을 제대로 구축하지 못해 소멸하는 소셜미디어도 존재한다. 싸이월드와 네이트온은 서로 연동된 서비스로써 한 때 국민적인 사랑을 받았으나 미니홈피를 주로 운영되었던 싸이월드는 스마트폰으로 대두되는 모바일 환경에 적절히 대응하지 못해 침체하게 되었다. 또한, 트위터를 벤치마킹한 NHN사의 미투데이와 카카오톡을 따라잡기 위해 출시되었던 다음의 마이피플은 초반에 성장이 기대되었으나 기존에 이용되던 카카오톡과의 차별성을 어필하지 못하고 서비스 종료하게 되었다. 소셜미디어 시장은 누가 처음 시장을 개척하여 선점하느냐가 시장경쟁에서 중요함을 의미하며, 선두주자와의 차별성을 두지 못한 채 그대로 벤치마킹하면 결국 시장을 확립하지 못하고 손쉽게 소멸한다.

 네이트온, 싸이월드   Fig 미투데이, 마이피플

4) 소셜 비즈니스

소셜미디어에서의 활동들은 정보화해서 축적되고 있으며, 빅데이터 시대가 심화될수록 사회적 가치는 증대된다.

① 소셜TV: TV시청과 소셜미디어 연결망을 결합한 형태로 이용자가 TV프로그램을 시청하면서 동시에 소셜미디어에서 해당 프로그램에 대한 의견을 올리고 다른 이들과 공유하는 시청 활동이다.

② 소셜 게임: 소셜 미디어의 연결관계를 활용한 비즈니스 모델로 성공사례로 카카오톡의 소셜게임이 꼽힌다. 연동된 계정의 게임점수를 카카오톡 연결관계에 있는 지인들과 실제로 게임하는 느낌을 줌으로써 몰입도를 높혔고, 다른 부가서비스 앱을 설치하되 기존의 카카오톡 서비스와 연동시켜 사용자들의 교류 및 거래를 유도했다.

③ 핀테크(Fin Tech): 금융(Financial)과 기술(Technique)의 합성어이다. 소셜미디어와 금융을 결합시킨 서비스를 의미한다. 2017년 7월 오픈한 카카오 뱅크의 경우 어플로 손쉽게 가입하고 계좌 관리가 가능하다. 또한 연동서비스를 통해 손쉽게 송금이 가능하며, 이용자들이 연결망을 활용하는 비즈니스라는 점에서 주목할만한 서비스로 떠오르고 있다.

④ 소셜 광고: 인스타그램과 페이스북은 소셜미디어의 대표적인 광고매체이기도 하다. 인스타그램의 경우 광고 게시글에 따로 '브랜드광고(Sponsored)'라는 문구가 표시되며 # 뒤에 단어를 기입하면 관련된 내용을 한 군데 모아서 볼 수 있는 '해시태그'기능을 제공하여 빅데이터 시대에 유용한 기능으로 이용되고 있다. 페이스북의 경우 친구가 '좋아요'를 누르면 친구들의 뉴스피드에 광고가 자연스럽게 노출된다. 이는 '친구들이 이 페이지를 좋아합니다.'라는 메시지를 담아 지인들의 선호도를 표시할 수 있어 신뢰감을 준다.

제3절 소셜미디어의 순기능과 역기능

1. 사회관계 측면

1) 순기능

가. 사회적 관계의 새로운 형성과 다양성

개인의 소셜미디어 이용은 개인의 사회적 관계 형성을 늘리고, 결과적으로 그 관계로부터 긍정적 효과를 누릴 수 있다. 새로운 관계형성은 개인의 인적 네트워크가 다양해진다는 의미로써 새로운 정보를 얻거나 낯선 이들과의 소통에 자연스럽게 노출된다.

"SNS가 맺어준 인연으로 일본서 공연"

[강원일보. 2014-10-10]

"페이스북에서 맺은 인연으로 해외교류공연 떠나요."
40대주부부터 80대 할머니까지 단원으로 활동하고 있는 가고시마에서 교류공연을 펼친다.

이번 해외교류공연은 강릉내곡파인무용단의 지도교사인 양영희씨가 페이스북으로 맺은 인연에서 시작됐다. 양씨는 자신이 지도하는 강릉내곡파인무용단의 활동사진을 간간히 자신의 페이스북에 올렸다.

이 사진을 본 일본의 한 주부가 한국문화에 관심이 많다며 오는 18일 가고시마 국립 미나미 규슈병원에서 열리는 한국문화 체험 행사에 강릉내곡파인무용단을 초청하게 된 것이다.

Fig 일본 가고시마에서 교류공연

이 병원은 매년 한국문화 체험 행사를 열고 한국문화를 배우는 일본인들에게 다양한 한국문화를 소개하고 있으며 고(故) 박용하씨도 이곳에서 위문공연을 여러 번 펼친 바 있다.

강릉내곡파인무용단원들은 18일에는 규슈병원에서 한국무용 공연을 펼치고 이어 19일은 가고시마 가모쵸 후루사토 교류관에서 가모 한국어반과 사물놀이반 회원들과 함께 교류를 갖고 한국무용도 직접 가르쳐 줄 계획이다. 양영희씨는 "지금 한일관계가 좋은 상황은 아니지만 이런 때일수록 우리의 문화를 일본에 알려 서로 배려하고 이해하는 문화교류를 해야 한다는 생각에 교류공연을 결심하게 됐다"고 말했다.

나. 소셜미디어에서의 사회적 관계에 의한 심리적 안정과 지지

Fig 한국트위터 모임

다른 사람들과의 상호작용을 통해 개인의 자존감을 상승시킬 수 있다. 소셜미디어 내 사람들을 통해 얻는 감정적 안정, 사회적 지지는 개인 심리에 긍정적인 효과를 미친다.

관련 사례로 공통분모를 가진 이용자들끼리 상호작용하며 정보와 생각을 공유하는 SNS내의 커뮤니티가 그 순기능을 하고 있다고 볼 수 있다. 예를 들어 육아관련 정보를 공유하는 커뮤니티 등은 트위터를 통해 전문가들과 질의응답 시간 및 좌담회를 개최하는 활동도 가능하다.

2) 역기능

가. 개인의 사생활 침해

소셜미디어는 자발적으로 공유한 일상생활이 연결망을 통해 빠르게 전파되도록 지원하는 서비스이므로 사생활 침해가 발생할 확률이 그 어느 서비스보다 높다. 그로 인해 나타난 현상인 '맥락 분리'는 각 서비스의 비적극적인 사생활 보호 조치 때문에 이용자들은 다른 사람의 활동만을 지켜보는 소극적 이용자가 되거나 소셜 미디어 활동을 특정 사람들로만 한정하는 적극적 조치를 통해 해결하려는 현상이다.

나. 집단 괴롭힘과 사이버 따돌림

소셜미디어의 연결망은 24시간 내내 존속하므로 항상적 위협으로 나타난다. 그 이유로 희생자가 극단적 행동을 하는 등 사회적 피해가 크다. 주로 10대의 청소년들 사이에서 일어나는 사이버 따돌림은 소셜미디어 고유의 역기능이라고 보기는 어렵다. 이러한 문제점을 표현하는 용어인 '마녀사냥'은 불특정 다수가 특정인에게 집단적인 언어폭력이나 비난을 퍼부어 정상적인 소셜미디어 활동을 못하게 하거나 해당 소셜 미디어 계정 이용자의 사회적 평판을 저해하는 것으로 SNS이용의 큰 문제점으로 지적되고 있다.

 '왕따' 동영상 SNS에 퍼지자 목숨 끊은 소녀… 피해자 부모 "왕따 근절돼야…"

[국민일보 2017. 12. 03]

친구들에게 괴롭힘 당하는 영상이 온라인에 공개되자, 괴로워하던 소녀는 결국 스스로 목을 매달았다.

지난 1일(현지 시간) 미국 콜로라도 지역 방송 KDVR은 스스로 목을 맨 후 2주간 생명유지장치에 의존해 목숨을 연명하던 10살 소녀가 결국 부모의 동의로 기계를 제거했다고 보도했다.

지난 11월 미국 콜로라도에 사는 소녀 애션티 데이비스(Ashawnty Davis · 10)가 옷장 속에서 목을 맨 채 발견됐다.

애션티의 부모는 10살 어린 딸이 스스로 목을 맨 이유를 추적하다가 얼마 전 우연히 온라인에서 한 동영상을 발견했다.

'왕따'를 당하는 모습이 담긴 영상이 2주 전 온라인에 게재돼 또래 친구들 사이에 퍼지고 있었던 것이다.

영상에는 한 무리의 아이들이 모여서 혼자 있는 애션티를 향해 욕설을 퍼붓고 다그치고 있었다.

애션티는 그동안 괴롭힘당하면서도 홀로 버텼다. 그러나 학교의 모든 친구가 해당 영상을 보게 되자 수치스러움을 견딜 수 없었다.

티 없이 맑아야만 할 딸이 스스로 목을 맨 이유를 알게 된 애션티의 부모는 억장이 무너지는 듯했다.

엄마 라토시아(Lathoshia)는 "영상 속 딸은 겁에 질린 모습이었다"며 "우리 모두의 아이들을 위해 왕따는 근절돼야 한다"고 부모들을 향해 호소했다.

이에 학교 측은 공식 성명을 통해 "학교는 어떤 종류의 괴롭힘도 용납하지 않을 것이며 앞으로 포괄적인 왕따 예방 시스템을 운영할 것"이라는 방침을 전했다.

부모는 2주가 넘도록 딸의 가느다란 생명을 연장해줬던 생명 유지장치를 제거하는 데 결국 동의하며 눈물을 흘렸다.

아빠 앤서니(Anthony)는 "딸은 우리에게 항상 기쁨을 주는 존재였다"며 그리움을 전해 보는 이를 안타깝게 했다.

한편, 어린 소녀를 죽음으로 내몬 왕따 가해자들에게 어떤 조처가 취해질지는 밝혀지지 않았다.

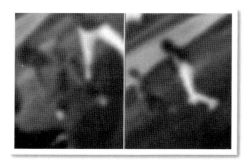 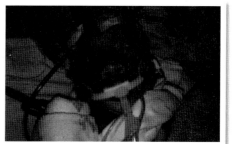

다. 사회자본의 불평등 및 다양성 저해

소셜미디어를 적극적으로 사용하는 계층과 사용하지 않는 계층 간의 불평등이 초래될 수 있으며, 또한 유유상종의 연결 관계로 인해 오히려 다양성을 저해하는 역기능이 잠재되어 있다. 소셜미디어의 장점으로 꼽혔던 사회자본의 다양성 확보는 그 안에 형성된 연결관계가 어떤 '관심사'로만 집중되었을 때, 오히려 개인화에 막혀 무력화될 수도 있다. 결과적으로 소셜미디어의 장점으로 꼽혔던 다양한 사람들의 교류가 오히려 차단당할 수 있을 것이다.

2. 정보유통 및 소통 측면

1) 순기능

가. 사회적 신뢰 및 투명성 확대

주로 공공기관이나 민간 기업이 시민들이나 소비자들과 쌍방향 소통을 이루면서 소비자들의 요구에 실시간으로 대응하고 정보를 공개하는 과정을 통해 투명성과 신뢰를 구축한다. 소셜미디어가 '협력, 참여, 권한 배분, 시간'의 네 가지 강점을 가지고 있기 때문에 가능하다.

대표 사례로 사우스웨스트 항공의 SNS를 활용한 소통경영을 꼽을 수 있다. 사상소유의 항공마비상태에 트위터에 올라온 고객의 불만에 실시간으로 댓글을 달며 응대한 결과 신뢰받는 항공사로 평가될 수 있었다.

🔍 소통 경영의 선두주자, 사우스웨스트 항공

사상 초유의 항공 마비 사태에도 고객의 칭찬을 받은 미국항공사가 있다. SNS를 활용한 소통경영으로 위기를 극복한 사우스웨스트 항공사이다. 사우스웨스트 항공은 항공대란 당시 트위터에 올라온 고객 불평에 일일이 댓글을 달며 응대하였다. 고객이 상황을 파악하고 예측할 수 있도록 대기시간 등 관련 정보를 실시간으로 제공하였다.

고객 : 벌써 2시간 째 대기 중. 사우스웨스트 항공, 이게 뭐니!

항공사 : 고객님, 불편을 드려 정말 죄송합니다. 최대한 신속하게 정상화하겠습니다. 000편 정상 운행까지 약 1시간 더 소요될 예정입니다.

이에 그치지 않고 고객이 트위터를 통해 배고픔을 호소하자, 공항에서 간식을 제공하는 등 SNS를 통한 빠른 피드백에 고객들에게 감동을 주었다는 후문이다.

2) 시민 참여의 확장

주로 시민활동이나 정치참여 또는 집합 행동에 소셜미디어가 기여한다. 소셜미디어 안의 개별적 소규모 토론이 표현의 정치가 구현되고 실제 여론으로까지 반영하는 기능을 하면서 거시적인 정치 참여에 영향을 미친다.

SNS를 통한 정치참여인 '카페트 정치'는 카카오톡, 페이스북, 트위터의 합성어이다. 청와대 국민 청원 뿐만 아니라 SNS이용자가 개인 계정으로 남기는 모든 정치적 토론, 견해를 이에 포함한다. 관련 사례로 사회적으로 큰 파장을 일으켰던 '미투운동'을 들 수 있다. 미국에서 시작된 해시태그 운동으로써 #Me Too 라는 해시태그를 달아 성추행 피해를 고발하여 근절하고자 일어난 시민행동이다. 대한민국에서는 2018년 1월 현직 검사 서지현이 JTBC〈뉴스룸〉에 출연하여 검찰 내의 성폭력 실상을 고발하면서 미투 운동을 촉발시켰다.

정 청와대 국민청원 홈페이지 화면

2) 역기능

가. 정보과잉

관계 유지에 대한 욕구를 충족시키기 위해 새로운 정보 탐색에 열중하기 때문에 나타나며, 유입되는 정보가 많은데 비해 관심과 시간이 한정적일 때도 발생한다. 대량의 많은 정보를 받아들이는 것은 관심의 분산을 일으키고 피로감을 일으킨다. 이를 SNS 피로증후군 이라고 한다. 스마트폰 중독과 같이 하루에도 몇 번이고 SNS를 확인하고 이용에 매달림으로써 비생산적으로 시간을 허비하게 되는 것 역시 정보과잉에 따른 결과이다.

나. 허위 정보 유통으로 인한 사회적 비용 증가

확인되지 않은 소문이나 유언비어가 검증절차를 거치지 않고 빠르게 유통됨으로써, 개인에게 감당할 수 없는 피해를 입히거나 사회적 혼란을 야기하곤 한다.

사례

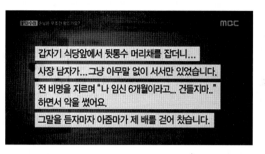

음식점인 채선당에서 불쾌한 경험을 했다며 자신이 임산부임에도 불구하고 종업원이 배를 찼다고 주장하여 트위터를 비롯한 소셜미디어를 통해 빠르게 채선당에 대한 비난이 폭주했으며 불매운동으로 번졌다.

특히 해당 채선당 지점은 평소에 불친절한 것으로 정평이 나 있어서 이러한 믿음을 더욱 강화시켰다. 그러나 경찰 수사결과 실제 폭력을 행사한 것은 임산부인 것으로 밝혀지는 반전이 나타났는데, 수사결과가 나오기까지 채선당은 피해를 감수해야만 했다.

제4절 문화 산업의 소셜미디어 활용 사례

소셜플랫폼의 글로벌화와 모바일화는 콘텐츠 서비스의 국경을 일거에 무너뜨렸다. 지난 몇 년 사이 페이스북이나 트위터는 한 번에 전 세계의 모든 유저에게 콘텐츠를 전달할 수 있는 네트워크를 구축해내는 발전을 이루었다. 소셜 미디어의 문화산업은 공연산업, 전시산업, 이벤트산업, 관광산업, 테마파크 산업 등을 포함하는 실연형 엔터테인먼트(Live Entertainment)와 영화산업, 음악산업, 방송산업, 게임산업, 모바일 컨텐츠 산업 등을 포함하는 미디어 의존형 엔터테인먼트(Media-dependent Entertainment)로 분류할 수 있다. 소셜 미디어 산업에서 다루는 컨텐츠는 미디어 의존형 엔터테인먼트 산업이 훨씬 더 친화적이라고 볼 수 있다.

1. 소셜플랫폼과 음악산업

최근 트위터, 페이스북, 마이스페이스 등 SNS업체들이 차례로 음악 스트리밍 사업에 진출하면서 음악 유통 시장에 새로운 변화의 바람이 불고 있다.

트위터 뮤직: 트위터는 음악을 찾는 새로운 경로를 제시하였다. 2013년 트위터 뮤직 (Twitter #music)을 시작하였다.

트위터 뮤직은 다음과 같이 구성되어 있다. '인기(Popular)'는 트위터 상의 '트렌딩'에 맞춰서 인기 가수 목록이 제시되는데, 자신이 팔로우하고 있는 사람들 사이에서 가장 트윗이 많이 된 노래를 보여준다. '신생(Emerging)' 카테고리의 각 섹션에는 음악가가 사각형으로 표시되며, 이 음악가들의 노래 중 하나를 재생하거나 이 음악가들이 어떤 음악가를 팔로우하고 있는지 보여준다. 트위터의 경우, 음원에도 '팔로잉' 기능을 활용하고 있는데, '추천(Suggested)'은 사용자가 트위터에서 어떤 음악가들을 팔로우하고 있으면, 이것에 기반해 비슷한 음악가들을 추천해 준다. 내가 좋아하는 뮤지션 혹은 팔로잉 하는 사람이 들은 음악을 공유할 수도 있고, 음악을 들으면서 궁금했던 정보도 트위터를 통해 쉽게 찾을 수 있다. #NowPlaying 섹션은 친구들이 듣고 있는 음악들을 표시해주는 것이다.

위의 내용과 같은 카테고리 별 트윗이 많이 된 노래를 보여주는 방식을 이용하였다. 노래 전곡을 듣는 것 보다 들을 노래를 발견하는 것에 초점을 두었다.

- 페이스북 뮤직: 오픈그래프를 통한 소셜 음악의 포털역할을 하고 있다. 페이스북이 직접 음악 서비스를 제공하지 않고 관련 파트너회사(ex.벅스)와 제휴를 통하여 페이프북 회원을 대상으로 하는 서비스를 제공하고 있다. 뉴스피드에 새롭게 도입되는 '티커'를 통해 친구가 어떤 음악을 듣고 있는지도 알 수 있다.
- 마이 스페이스 뮤직: 음악 관련 참여자들의 플랫폼 역할을 한다. 페이스북과의 경쟁에서 살아남기 위해 모든 화면에 광고를 없애는 것으로 차별점을 두었다. '연결'기능 즉 페이스북의 '좋아요'기능으로 다른 이들과 음악을 공유할 수 있다.

2. 소셜 출판

국내 · 외 출판 업계는 페이스북, 트위터와 같은 소셜미디어를 연계해 새로운 출판형태로 전환하거나, 자사 홍보, 광고 수익 등의 수단으로 소셜 미디어를 적극적으로 활용하고 있다.

플립보드의 맞춤형 잡지는 모바일 잡지 공유 서비스 Flipboard는 최근 나만의 잡지를 제작하고 공유할 수 있는 새로운 형태의 공유기능이 추가되어 맞춤형 잡지로 재탄생했다. 몇 가지 주제를 선택하면 바로 나만의 관심사가 담긴 잡지를 만들 수 있고, 이를 공유할 수도 있다.

월간 문예 평론지 The Atlantic은 광고 서비스를 자사 트위터 계정 팔로워를 상대로 게재

할 수 있다. 짧은 텍스트 형태로 게재되는 트위터 광고가 평범한 트윗처럼 인식되어 이용자들의 거부감을 해소시킬 수 있다.

인터넷 교보문고의 소셜 플랫폼인 소셜타운은 2013년 1월부터 '2013 리본(Re-born) 프로젝트'를 실시하였다. 리본 프로젝트란 SNS 계정으로 인터넷 교보문고를 이용할 수 있는 소셜타운으로 책을 미리보고 구매할 수 있는 '통합 미리보기'가 가능하고 항세균 방역 시스템을 도입한 '클린배송'이 가능한 프로젝트이다. 인터넷 교보문고 가입자들이 간편하게 소셜 미디어를 통해 친구나 팔로워 등을 통해 다양한 정보를 획득하고 교환이 가능하다.

3. 공연 및 전시 분야의 소셜 미디어 활용

공연 및 전시분야는 타 문화산업에 비해 대중성이 상대적으로 약한 분야였으나 최근 국내에서는 뮤지컬, 미술 전시회 등이 대중적으로 큰 관심을 받으며 급부상하고 있다. 상대적으로 대중매체에 대한 노출 기회가 적고 충성스럽지만 까다로운 관객들이 중심이 되는 산업인 공연 및 전시 분야의 경우, 홍보담당자들은 일반인들의 관심을 증대시키기 위해 소셜미디어를 매우 적극적으로 활용해 왔다.

공연 및 전시분야의 소셜미디어 활용 사례인 로얄 오페라하우스는 오페라 장르의 대중적 이해와 관심을 유도하기 위해 트위터로 최초의 온라인 오페라 대본을 작성했다. 사용자가 대본에 직접 참여하고 이를 공연화하면서 소셜미디어를 창작 플랫폼으로 활용했던 최초의 사례가 되었다.

브루클린 박물관은 SNS를 통해 전시정보를 제공하고, 지식공유, 작품평가 등의 활동을 SNS사용자와 진행하며 충성고객 확보와 유대관계를 이어나가고 있다. 브루클린 미술관은 커뮤니티와 관람자 경험을 특히 강조하며 한 가지가 아닌 다양한 SNS를 활용하고 있다.

대림 미술관은 국내외 스타 작가들의 전시는 물론 디자인, 패션, 컬렉션, 포토라는 4가지 테마관련 전시도 진행하고 있다. 국내에서 SNS활용 마케팅이 가장 활발하며 주 이용자인 젊은 층의 참여를 확대하기 위해 페이스북에선 패션과 디자인의 최신 트렌드를 빠르게 제공하고, 트위터에서는 미술관에서 발생하는 일들을 실시간으로 제공해주는 콘텐츠에 집중하고 있다.

이와 같이 문화산업에 SNS를 활용하는 문화 산업 기업들은 자신이 원하는 목적에 따라 차별화된 소셜미디어 활용 전략을 수립해야 한다.

 Table **문화산업의 소셜미디어 활용 사례 정리**

홍보 및 마케팅	유통채널 확대	광고 수익 창출	제작 참여
· 인터넷 교보문고 · 브루클린 박물관 · 대림 미술관	트위터, 페이스북, 마이스페이스 등 SNS 업체들의 음악 스트리밍 서비스	트위터와 연계해 광고 서비스를 확대중인 The Atlantic	트위터로 대본을 완성한 로얄 오페라 하우스의 미니 오페라

4. 웹툰산업과 소셜미디어의 결합

만화는 통상 만화책이나 만화잡지로 유통되던 '출판 만화(인쇄 만화)'로부터 이를 스캔하여 만든 '디지털 만화' 그리고 '인터넷 만화(온라인 만화)'를 거쳐 오늘날과 같은 웹툰으로 진화하면서 급속히 발전하는 디지털 매체 환경에 적응해왔다. 최근에는 스마트 기기(스마트폰, 스마트패드류)의 터치패드에 부응하는 UX(User Experience)를 제공하고 지하철이나 버스 같은 모바일 환경에서 즐길 수 있는 형식의 웹툰 콘텐츠가 인기를 얻고 있다.

현재 한국에서는 포털을 중심으로 무료 웹툰 사이트를 구축하고 모바일앱을 만들면서 수익은 광고를 통해 우회적으로 창출하는 플랫폼이 보편화됨에 따라 만화 상품은 '소유권'보다는 '접근권'에 기반한 수익 창출 모델이 대세를 이루고 있다. 최근에는 모바일을 중심으로 고퀄러티 유료 콘텐츠인 프리미엄(freemium)으로 승부하는 유료앱들도 점차 자리를 잡아가고 있다. 이는 인터넷 콘텐츠는 항상 무료라고 생각 해온 한국의 디지털 문화에서는 새로운 실험으로 그 성패에 따라 한국의 유료 콘텐츠 사업의 향방이 달려있다고 해도 과언이 아니다.

 '밤토끼·마루마루' 잡았지만… 갈길 먼 불법 웹툰 근절

[머니투데이 2019. 01 19]

· 불법 웹툰 · 만화 사이트 18곳 폐쇄… 불법복제 근절 위해선 종합 대책 세워야

불법 웹툰 · 만화 사이트에 대한 법적 제재가 잇따라 이뤄지면서 웹툰 업계가 반색하고 있다. 다만 100여곳에 달하는 불법 웹툰 사이트 단속을 위해선 상당한 시일이 걸릴 전망이다. 매년 수천억원의 피해를 입히는 불법 웹툰 유통을 근절하려면 정부 차원의 종합적인 대책 마련이 필요하다는 지적이 나온다.

· '밤토끼' 이어 '마루마루' 폐쇄… 18곳 단속 이뤄져

19일 관련 업계에 따르면 문화체육관광부 저작권 특별사법경찰은 최근 불법 만화 사이트 '마루마루'를 폐쇄하고, 운영진 2명을 저작권 위반 혐의로 입건했다. 이들은 불법복제물 4만2000여건을 유통하고 12억원이 넘는

광고수익을 챙긴 것으로 드러났다. 지난해부터 정부합동단속으로 폐쇄된 불법 웹툰·만화 사이트는 '마루마루'를 포함해 18곳이다. 6곳은 운영진 검거까지 이뤄졌다.

지난해 5월 폐쇄된 국내 최대 불법 웹툰 사이트 '밤토끼' 운영자 A씨는 2심에서도 징역형을 선고받았다. 부산지법 형사1부는 11일 A씨 항소심 선고에서 원심 형량인 징역 2년 6개월과 암호화폐 리플 31만개(2억3000만원 상당) 몰수를 그대로 유지했다. 밤토끼는 2016년 10월 개설 이후 폐쇄될 때까지 국내 웹툰 9만여건을 불법 유통했다. 사이트 폐쇄 직전까지 매달 3500만명이 접속한 국내 최대 불법 웹툰 사이트다. A씨는 네이버웹툰, 레진코믹스, 투믹스가 제기한 손해배상 청구 소송에서도 패소, 총 30억원의 배상 판결을 받았다.

한 웹툰 업체 관계자는 "불법 웹툰·만화 사이트 폐쇄와 운영진 처벌은 저작권 침해에 대한 사회적 경각심이 확산하는 계기가 될 수 있다"며 "독자들 스스로 불법 웹툰·만화를 배척하는 문화가 자리 잡아야 한다"고 말했다.

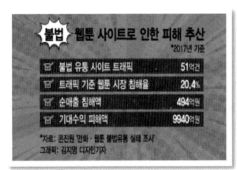

5) 소셜미디어와 영화산업의 결합

트위터나 페이스북과 같은 다양한 소셜 미디어가 확대되면서 이를 통한 영화 홍보와 관련 행사, 영화에 대한 다양한 소통도 활발히 이루어지고 있다. 많은 자본을 투입한 블록버스터 영화는 물론이고 독립영화들도 소셜미디어를 통해 영화를 소개하는 일에 앞장서고 있다. 티저 포스터나 영상이 공식 홈페이지를 통해 공개되면 이러한 내용이 SNS을 통해 흘러들어가 급속히 확대 전파되면서 영화에 대한 홍보가 자연스럽게 이루어진다. 또한 상영관에 대한 정보나 시사회 이벤트, 제작진의 무대인사, 영화평, 별점 등에 대한 내용 역시 소셜미디어 상에서 토론되어지고 영화 관람을 유도하는 중요한 콘텐츠로 취급되며 '좋아요', '리트윗', '친구 태그하기' 등과 같은 방법으로 많은 '공유' 행위를 유발한다. 또 영화마다 영화의 이름을 딴 새로운 SNS 계정을 만드는 홍보방법도 보편화되어가고 있다.

Chapter

3

현대사회와 음식문화

제1절 한국음식문화의 형성

1. 한국 음식문화의 개요

1) 한국의 식생활 문화

한 민족의 전통식생활 양식은 그 민족이 처한 자연환경과 사회환경에 의하여 형성되고 발전하며, 수 천년동안 그 민족이 특정한 지역에 살아오면서 그 지역에서 생산되는 재료를 이용하여 그 민족의 현실에 맞도록 조리하기 때문에 그 민족의 특성을 반영하는 것이라고 할 수 있다. 그러므로 한 민족의 음식섭취의 종류와 섭취방식은 바로 중요한 식생활 문화양 식이 되는 것이다.

식생활문화는 한 민족의 서로 같은 환경과 역사 속에서 개인과 그 지역에서 먹는 것과 관련 하여 공통적으로 나타나는 행동양식을 의미하며, 여기에는 식품, 생산, 유통, 소비, 가공, 저장, 조리, 식기와 조리 용구, 상차림의 구성양식, 식습관과 기호, 위생, 영양, 생태, 의례음식의 관 행, 식품의 금기, 풍습 등 생활사 사고방식 등 상당히 포괄적인 범위를 포함하고 있다.

◎ 영국인의 차 [홍차]

차의 하나. 차나무의 어린잎을 발효시켜서 녹 색을 빼내고 말린 것으로, 끓는 물에 넣으면 맑 은 홍색을 띠고 향기가 난다. 주로 중국, 일본, 스리랑카 등지에서 생산된다.

여기에 우유를 부으면 밀크티가 된다.

식생활 문화는 자연·지리조건에 의하여 기본적인 구조가 형성되고, 사회환경에 영향을 받으며 발전을 거듭해 왔다. 이처럼 음식문화는 그 지역사회의 자연·사회·역사환경에 지대한 영향을 받으며 그 각 요인들 상호 간에도 밀접한 상호작용을 통하여 발달하게 된다. 음료의 경우 영국인들은 홍차를, 미국은 독립한 후로 커피를 주로 마시며, 중국은 명나라 멸

망 후 청조에서도 여전히 차를 일상적으로 마셨으나, 한국에서는 고려의 일상적 음다풍습이 조선시대 이래로 거의 자취를 감춘 것을 보면 잘 알 수 있다. 이는 그 민족이 생활하는 터전에 따라서 식생활의 변화를 주기 때문이다. 이러한 식생활환경은 거시적 환경과 미시적 환경이 상호 결합되어 그 민족의 특성을 그대로 반영하는 것이라 할 수 있다.

이렇듯 그 지역의 특색이 반영된 우수한 음식이 되는 것과 같이 음식문화는 한 민족의 식생활을 이해하는 데 도움이 되는 것이다. 또한 음식문화를 서로 공유한다는 것은 민족과 민족 간의 상호 이해의 폭을 넓힌다는 것을 의미하기 때문에 민족 고유의 음식문화를 서로 이해한다는 것은 민족 상호간의 이해와 문화교류의 폭을 더욱 넓힐 수 있는 계기가 될 수 있다.

우리나라는 유라시아 대륙의 동북부에 위치한 반도국으로서 북쪽은 육로로 대륙과 연결되고, 동·서·남의 3면은 바다로 둘러싸여 있다. 해안가 해류의 경우에 동해안의 겨울철은 북한 한류가 남하하여 흐르고, 여름철에는 동한 한류가 북상하여 청진 부근가지 세력을 미친다. 근해의 수온은 동해안이 20℃ 정도이고, 서해안이 23℃ 정도인데, 이런 환경에서 한류성 어족과 난류성 어족이 계절에 맞추어 회유하므로 좋은 어장을 갖추고 있다.

우리나라는 4계절의 변화가 뚜렷하기 때문에 제철의 산출식품을 건조법, 염장법 등으로 저장하는 저장법이 발달했으며, 이로 인해 김치, 장류, 젓갈류 등의 발효식품이 발달했다.

기후의 변화에 따라 식품 재료가 다양하게 생산되고, 반도국이므로 삼면의 바다에서 여러 종의 어패류가 산출된다. 또한 평야가 발달하여 쌀농사가 주산업이고 주식으로 쌀을 이용하기 때문에 이러한 곡물 산업에 따른 부재료의 다양한 발전을 갖게 된 것이 우리의 음식문화이다.

2) 한국음식문화의 역사

한반도에서 농업을 시작한 것은 신석기시대 이후로 추정된다. 그 이전의 시기에는 들짐승이나 산짐승, 조개류 등의 자연물이 식량의 대상이었고, 대부분의 섭취는 본능에 따라 해결한 것으로 여겨진다. 농업이 시작된 시점은 신석기 중기이고 처음에 식물 생태의 관찰에 의해 열매 씨를 싹틔우고 파종하여 식생활의 안정과 정착생활을 이어갈 수 있게 되면서 농업의 형태를 이루게 되었다.

이후 기원전 4세기경에 철기문화가 전개되면서 농구가 보급되면서 농업 생산기술의 향상과 함께 농업이 번성하게 되었다. 우리나라에서 보리농사가 시작된 삼한시기는 현재로서는 알 수 없으나 중국으로부터 전래된 것이다.

삼국시대의 음식은 높은 저장기술로 각종 곡류, 두류, 채소류, 어패류를 이용한 저장발효

음식이 많았으며, 양조기술이 발달하였다. 이후 통일신라시대에는 쌀 중심 곡류 농업이 확대되면서 떡 종류가 많이 발달하였고, 차 마시는 풍속이 성행함에 따라 강정이나 유밀과와 같이 곁들이는 과정류가 등장하였다.

고려시대의 음식은 숭불사상으로 육식을 절제하였다. 채식문화와 차 문화가 발달하여 사찰음식과 과정류가 매우 성행하였으며 이때 면요리가 등장하였다.

조선시대에는 숭유정책의 영향을 받아 차 문화가 쇠퇴하고, 고려시대에 이어 과정류가 의례식품이나 기호식품으로 숭상되었다. 이후 조선 중엽에 남방에서 고추가 유입되어 새로운 김치문화가 형성되었고 19세기 말부터 잔칫상에 중국이나 일본음식이 유입된 기록이 있다.

2. 한국음식의 특징과 식습관

1) 한국음식의 특징

고추를 이용한 매운 맛은 한국음식의 큰 특징으로 볼 수 있다. 우리나라는 다른 나라에 비해 매운 음식을 즐겨 먹으며 외국인에게 '한국 음식은 매운 음식이다.'라는 점을 인식시키고 이는 다른 문화와의 차이로 인식되기도 한다.

Fig 고추장

Fig 김치

둘째, 한식은 저장식품, 발효음식, 건조 및 조림음식이 발달하였다. 저장식품은 냉장, 냉동, 건조, 염장, 설탕절임, 산절임, 통조림, 병조림, 포장, 첨가물 이용 등을 통해 식품의 영양가를 유지하고 독성의 발현을 억제한 기술로 젓갈류나 간장게장 등이 이에 해당한다. 김치나 된장과 같은 발효음식은 미생물의 발효작용이나 또는 미생물이 생산하는 효소의 촉매작용을 이용하여 식품재료를 변화시켜서 제조하는 식품이다. 과메기와 같은 건조식품은 신선한 상태의 식품을 자연적 또는 인공적으로 건조시킨 식품이고 음식재료에 간장, 된장, 고추장을 넣고 조려 짭짤한 맛이 나게 나는 음식 또한 한국의 대표적인 음식들이다.

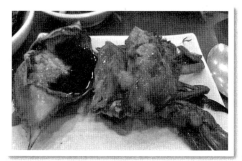

Fig 간장게장

Fig 새우젓

셋째, 한식에는 마늘을 많이 사용한다. 한국요리의 기본이자 향취가 강한 향신료로써 한국은 전 세계에서 1인당 마늘 소비량이 1위이다. 마늘 냄새 때문에 외국인들의 거부감을 유발하기도 하지만 한국인의 입맛에 없어서는 안 될 향신료이다.

Fig 한국인의 마늘

Fig 흑마늘

넷째, 음식에 대하여 의식동원의 기본정신이 있다. 한국 사람들의 사상에는 기본적으로 "좋은 음식은 몸에 약이 된다."라는 근본사상이 나타나있다. 삼계탕이나 궁중음식에 한방 재료인 인삼, 생강, 대추, 밤, 오미자, 당귀 따위가 흔히 들어가는 이유도 이에 근거한다.

Fig 삼계탕

Fig 궁중음식 신선로

다섯째, 상차림과 식사예법을 중시하고 5첩·7첩·9첩·12첩 등의 상차림배열로 계급 서열에 의한 평민·양반·왕족 등의 구분되는 상차림이 발달하여 상의 차림이 사회적 신분 이나 지위를 나타내는 중요척도로 활용되었다.

🔍 반상이란?

반상^(飯床)은 밥을 중심으로 하는 상이다. 밥과 국, 김치를 기본으로 하고, 반찬의 수에 따라 3첩, 5첩, 7첩 등의 이름이 붙는다. 그 밖에 9첩과 12첩이 있는데, 9첩 반상은 옛날 왕가에서 차릴 수 있었고, 12첩 반상은 궁중에 서만 차렸다. 죽은 아침을 가볍게 먹고 싶을 때나, 병인식, 보양식으로 먹게 된다. 죽상에는 죽에 간장과 맵고 짜 지 않은 동치미나 나박김치, 새우젓찌개, 북어포무침, 육포, 어포, 자반을 놓는다.

여섯째, 숟가락과 탕 문화가 발달하였다. 숟가락은 곡물을 끓여 죽으로 먹었을 때 처음으 로 상용되었던 것이 현재로 이어지고 있다. 한국·중국·일본의 삼국 중 지금은 우리나라 만이 숟가락을 사용하고 있으며, 숟가락의 사용은 설렁탕·곰탕 등 우리의 탕 문화를 발달 시켰다.

2) 한국인의 식습관

한국인들의 식습관은 대부분의 직장인이 아침을 거른다는 것이다. 우리 전통적으로는 조반과 석반을 가장 중요시 하지만, 현대사회에서는 바쁜 일상으로 인해 아침을 거르거나 간단히 끼니를 때우는 경우가 많아지고 있다.

🅕 한냄비 문화

또한 국물을 한 냄비에 떠놓고 먹는 문화가 있다. 찌개나 전골 등을 따로 덜지 않고 먹는 습관 때문에 외국인들이 절대 이해하지 못하는 식사문화 중 하나이다. 이러한 문화가 정을 나누기 위함이라고도 설명하지만, 사실은 6.25전쟁 당시 '식기부족'과 같은 가난 때문에 생긴 문화라는 아픈 사연이 담겨있다. 하지만 산업화를 거치면서 위생을 위해 공용집게와 앞접시를 이용하는 문화가 늘어나고 있다.

또한 야식문화가 많이 발달해 있다. 한국인은 '배달의 민족'이라고 불릴 만큼 배달문화도 잘 발달되어있어 주문만 하면 30~40분 내로 음식이 배달된다. 배달 메뉴 중 족발과 치맥(치킨+맥주)은 외국인들에게도 큰 인기를 끄는 메뉴 중 하나이다.

Fig 배달주문 어플

3. 한국 음식의 분류

1) 주식류

① 밥

밥은 쌀과 여러 곡류에 물을 부어 가열하여 호화시킨 음식으로, 주식 중 가장 기본이 되는 것이다. 밥에는 주재료에 멥쌀로 지은 흰밥과 보리 · 수수 · 조 · 콩 · 팥 등을 섞어서 지은 잡곡밥, 채소류 · 어패류 · 육류 등을 섞어 지은 별미밥, 여러 가지 나물과 고기를 얹어서 골고루 비벼 먹는 비빔밥이 있다. 밥맛은 쌀과 물의 분량, 쌀의 저장 정도, 밥을 짓는 시간, 그릇의 종류에 의해 달라질 수 있다.

Fig 잡곡밥

Fig 곤드래(나물)밥

② 죽 · 응이 · 미음

모두 곡물로 만든 유동식 음식이며, 죽은 아픈 사람을 위한 병인식이기보다는 이른 아침에 내는 초조반이나 보양식, 별식으로 많이 쓰인다. 쓰이는 재료에 따라 잣죽, 전복죽, 깨죽, 호두죽, 녹두죽, 호박죽, 장국죽 등 종류가 다양하다.

응이는 '응의' 또는 '의이'라고도 하는데 녹말을 물에 풀어 끓인 것으로 죽보다 묽은 상태이기 때문에 마실 수 있는 정도이다. 농도는 기호에 따라 조절 할 수 있다.

미음은 건더기 없이 한 것으로 쌀에 물을 많이 붓고 오래 끓여 체에 밭친다. 쌀, 차조, 메조 등이 재료로 쓰인다.

Fig 전복죽

Fig 응이

③ 국수

국수는 온면, 냉면, 칼국수, 비빔국수 등이 있다. 대개는 점심에 많이 차려지며, 생일, 결혼, 회갑, 장례 등에 손님 접대용으로도 차린다.

평양냉면(물냉면)

메밀가루에 녹말을 약간 섞어 국수를 만든 뒤 잘 익은 동치미 국물과 육수를 합한 물에 말아 먹어야 제 맛을 음미할 수 있고, 겨울철에 먹어야 완전한 제 맛을 느낄 수 있다.

함흥냉면(비빔냉면, 회냉면)

함경도 지방에서 생산되는 감자녹말로 국수를 만들어 국수발이 쇠 힘줄보다 질기고 오들오들 씹히는 생선회나 고기를 고명으로 얹어 맵게 비벼 먹는다. 냉면의 맛을 좌우하는 육수를 만들어 먹는 법은 사람이나 업소에 따라 다르지만 육수의 으뜸은 꿩 삶은 물이다. 그러나 오늘날은 대부분 사골이나 쇠고기로 끓인 육수와 동치미 국물을 합하여 만든다.

Fig 평양냉면   Fig 함흥냉면

2) 부식(산품)류

① 국(탕)

국은 갱, 학, 탕으로 표기(한자음)되어 1800년대의 〈시의 전서〉에 처음으로 생치국이라 하여 국이라는 표현이 나온다.

- 갱(羹) : 채소를 위주로 끓이는 국
- 학(臛) : 고기를 위주로 끓이는 국
- 탕(湯) : 보통의 국

국의 종류는 맑은 국, 토장국, 곰국, 냉국으로 나뉜다. 국의 재료는 채소류, 수조육류, 어패류, 버섯류, 해조류 등 어느 것이나 사용된다.

② 찌개(조치) · 지짐이 · 감정

찌개는 조미 재료에 따라 된장찌개, 고추장찌개, 맑은 찌개로 나뉘며 찌개와 마찬가지이나 국물을 많이 하는 것을 지짐이라고도 한다. 조치라 함은 보통 우리가 지개라 부르는 것을 궁중에서 불렀던 이름인데 지개는 국과 거의 비슷한 조리법으로서 국보다는 국물이 적고 짠 것이 특색이다. 오늘날 우리나라 요리에서 조치란 지개의 궁중용어에 지나지 않는다는 것이 상식이다. 찌개보다 국물이 많은 것을 지짐이라 했는데 지짐이를 궁중에서는 '감정'이라 한다. 고추장지개는 '감정'이라는 표현을 쓰기도 하는데, 감정은 고추장과 약간의 설탕을 넣어 끓이는 것을 말한다. 찌개류는 또 다른 말로 '지지미'라고도 한다.

③ 전골

전골이란 육류와 채소에 밑간을 하고 담백하게 간을 한 맑은 육수를 국물로 하여 전골틀에서 끓여 먹는 음식이다. 육류, 해류, 해물 등을 전유어로 하고 여러 채소들을 그대로 색을 맞추어 육류와 가지런히 담아 끓이기도 한다.

근래에는 전골의 이미지가 바뀌어서 여러 가지 재료에 국물을 넉넉히 부어 즉석에서 끓이는 찌개를 전골인 것처럼 혼동하여 쓰이고 있다. 전골은 반상이나 주안상에 차려진다.

④ 찜(선)

주재료에 술, 초, 장 등 갖은 양념을 하여 물이 바특하도록 넣고 푹 삶거나 쪄내서 만들며, 재료의 맛과 양념이 고루 함께 어울리도록 조리하는 방법이다. 찜은 여러 가지 재료를 양하요 국물과 함께 오래 끓여 익히거나 증기로 쪄서 익히는 음식이다. 대체로 육류의 찜은 끓어서 익히고 어패류의 찜은 증기로 쪄서 익힌다. 채소를 주재료로 하여 만든 찜을 선이라고 한다. 오이선, 두부선, 가지선, 호박선, 어선 등이 있다.

제2절 한국의 지역별 음식문화

우리나라는 지역별 다양한 자원과 음식이 존재한다.

특히 동해안, 서해안, 남해안과 같은 해안지역에서는 다양한 어패류들을 이용한 수산물 음식이 발달하였고, 경북, 충청도와 같은 내륙지역에서는 논과 밭에서 나오는 작물을 이용한 음식이 많다. 강원도와 같은 산간지역에서는 산채류와 같은 감자, 옥수수를 이용한 음식을 많이 만들어 먹었고 서울 지역에서는 전국 각지에서 올라오는 해산물과 농산물을 이용한 다양한 음식을 만들어 먹는 문화가 형성되었다.

1. 서울

서울지역에서 직접 생산되던 산물은 별로 없었으나, 전국 각지에서 생산된 여러 가지 재료가 수도인 서울로 모였기 때문에 이것들을 활용하여 다양하고 화려한 여러 음식들이 만들어졌다. 서울은 조선왕조의 오백년 동안 도읍지였고 왕족과 양반계급이 많이 살던 곳이어서 궁중음식의 영향을 많이 받아 고급스럽고 화려한 요리도 많은 것이 특징인데, 격식이 복잡하고 맵시를 중시하는 음식들이 많으며, 화려한 맛과 함께 의례를 존중하는 관습이 음

식에도 표현되어 있다. 지역적 특색보다는 통합적이며, 음식의 간은 새우젓국으로 많이 하며, 간은 심심한 편이다. 또, 음식의 분량을 적게 하고 가짓수는 많이 하며, 모양을 작고 예쁘게 만들어 멋을 많이 낸다.

서울권 대표음식

설렁탕, 육개장, 신선로, 탕평채, 구절판, 너비아니, 갈비찜, 떡국, 족발^(신초동), 떡볶이^(신탕정). 약식, 장김치, 갑회, 육포, 족편, 전복초, 홍합초 등

1) 설렁탕

설렁탕은 쇠머리, 내장, 도가니, 사골 등을 푹 곤 국으로 설렁탕, 선농탕, 설농탕 등으로 표기되어 왔다. 국물이 뽀얗게 되도록 오랜 시간 설렁설렁 끓인다고 하여 '설렁탕'의 어원을 '설렁설렁'에서 찾기도 하고, 또 국물 색깔이 눈처럼 뽀얗고 국물이 아주 진하다고 하여 설렁탕의 어원을 한자 '雪濃^(설농)'에서 찾기도 한다. 그러나 이것들은 전형적인 민간 어원일 뿐이다. '설렁탕'의 어원은 '先農^(선농)'에 있다고 보는 것이 통설처럼 되어 있다.

옛 문헌을 참고할 때, '설렁탕'은 '선농단^(先農壇)'에서 소를 잡아 끓인 국을 먹었다고 하여 붙여진 이름이라는 것이다. 물론 '선농단'에서 제사의식이 끝난 뒤에 임금이 여러 백성들과 함께 음식을 나누어 먹었을 수 있고, 제상에 올린 소의 고기로 국을 끓였을 수도 있다. 그렇지만 고깃국을 '선농단'에서 끓였다고 하여, 그 국의 이름을 '선농'을 이용하여 만들었다고 한다.

2) 육개장

쇠고기를 삶아서 알맞게 뜯어 갖은 양념을 하여 얼큰하도록 맵게 끓인 국으로 삼복 식식의 하나. 육개탕^(肉개湯) 이라고도 한다. 육개장은 원래는 서울의 향토 음식이지만 다른 지방보

다 유난히 무더운 대구 지역에서는 이열치열의 여름 나기 법으로 즐겨 먹는다. 이곳에서는 육개장을 '대구탕'이라 하는데 생선 '대구'도 아니고 지역 이름 '대구(大邱)'도 아닌 '큰 개탕(大狗湯(대구탕))'이라는 뜻이니 결국은 육개장과 같은 음식이다. 대구의 육개장은 쇠뼈를 오래 고아 구수하면서도 칼칼하고 얼큰하다. 쇠고기 외에 파, 부추, 마늘 등의 자극성 있는 채소를 듬뿍 넣고 끓이는 것이 특징이다. 이들 냄새의 성분은 유황화합물로 오래 삶으면 일부는 없어지고 일부는 단맛 성분으로 변한다. 이 단맛이 매운맛과 적당히 어우러져 부드러운 맛의 매운 국이 된다. 국과 밥을 따로 내므로 '따로국밥'이라고도 한다.

3) 신선로

한국 음식의 진수는 궁중 음식이다. 그중에서도 가장 대표적인 음식으로 신선로(神仙爐)를 꼽을 수 있다. 신선로는 원래 화통이 붙은 냄비 이름이고, 음식 이름은 '열구자탕(悅口子湯)'이었는데 지금은 신선로가 음식 이름으로 바뀌어 버렸다. '열구자탕(悅口子湯)'은 '입에 맞는 맛있는 탕'이라는 뜻이다.

신선로는 탕류라고 보기에는 건지가 많기는 하나 전골보다는 탕에 더 가깝다. 옛 음식책에서는 대부분 국을 뜻하는 갱(羹) 또는 탕(湯)으로 분류하였으나, 1950년대 이후의 책에서는 전골류로 분류하기도 하였다.

4) 탕평채

탕평채는 녹두묵에 고기볶음과 데친 미나리, 구운 김 등을 섞어 만든 묵무침으로 청포묵무침이라고도 부른다. 탕평채라는 이름은 탕탕평평(蕩蕩平平)이라는 말에서 유래한 말이다. 흔히 한식은 오방색을 구현한 음식이라는 말을 한다. 오방색(五方色)은 황(黃), 청(靑), 백(白), 적(赤), 흑(黑)의 다섯 가지 색을 말한다. 음과 양의 기운이 생겨나 하늘과 땅이 되고 다시 음양의 두 기운이 목(木), 화(火), 토(土), 금(金), 수(水)의 오행을 생성했다는 음양오행 사상을 기초로 한 것인데, 중앙과 동서남북의 방위를 뜻하기도 한다. 한식에는 한 가지 음식에 다섯 가지 색을 지닌 재료들을 사용함으로써 오방색을 구현한다는 의미를 담은 음식이 많다. 비빔밥과 탕평채는 그 대표적인 음식이다.

5) 구절판

아홉 칸으로 나뉜 목기에 채소와 고기류 등의 여덟 가지 음식을 둘레에 담고 가운데에 담은 밀전병에 싸면서 먹는 음식이다. 구절판은 아홉으로 나뉜 목기로 여기에 아홉 가지 재료를 담았다고 해서 그릇 이름 그대로 구절판이라고 한다. 보기에 아름답고 맛도 좋으며 영양적으로도 균형이 잘 잡힌 최고의 웰빙 음식이다.

얇은 밀전병에 곱게 채 친 재료들을 올려 싸 먹는 음식인 구절판은 궁실^(宮室)이나 반가^(班家)에서 유두절^(음력 6월 15일)의 시절식으로 이용되었다. 서로 모여 구절판을 싸면서 우의를 두텁게 할 수 있는 정겨운 음식이다.

구절판은 주안상이나 다과상에도 이용되는데 주안상에는 생률이나 호두, 은행, 대추, 잣, 땅콩, 곶감 등의 마른안주를 담고, 다과상에는 각종 강정, 정과, 다식, 숙실과 등을 색을 맞춰 담는다.

6) 떡국

설날에는 '떡국 차례'라 하여 밥 대신 떡국을 올리는데, 차례 올린 다음에는 가족이 모두 음복하고 나서 부모님과 어른들께 세배를 올린다. 우리는 설날에 떡국을 먹음으로써 한 살을 더 먹는다고 생각한다. 차례를 올리지 않는 집에서도 설날 아침에는 모두 떡국을 먹는데 왕실에서부터 양반, 서민에 이르기까지 흰떡으로 만든 똑같은 음식을 먹는 것이다.

정월 초하루에 떡국을 먹는 이유에 대해 문헌에 나와 있지는 않지만 흰떡가락이 희고 길어 순수와 장수^(長壽)를 의미하므로 새해의 첫 음식으로 삼은 것이 아닌가 생각된다.

새해에 세배꾼에게 대접하는 음식상을 세찬^(歲饌)상이라 하며, 떡국에 나박김치와 식혜나 수정과, 과일 따위를 낸다. 술을 먹는 사람이면 술과 안줏감을 더 내고, 아이들 상에는 음식은 조금 놓고 과일, 엿, 유과 등을 많이 놓아 준다.

7) 전복초

전복을 갖은 양념을 한 간장에 조려서 만든 요리이다. 궁중에서 먹던 보양음식이다. 요즘은 폐백음식으로 사용된다. 초^(炒)는 재료를 장물에 조려 윤기가 나게 만드는 조리법이다.

전복은 지방이 적고 아미노산이 많이 들어 있어 몸이 허약한 사람이나 환자들에게 좋은 음식이다. 또 비타민 B1과 B2의 함유량이 많아 뇌의 작용을 활성화시키고 피로회복을 돕는다. 주재료는 전복이며, 조림장 재료로는 간장·설탕·잣·녹말·깨소금·참기름이 필요하다.

2. 인천/경기권

경기도의 서쪽은 바다와 접해있어 해산물이 풍부하고, 동쪽은 산이 많아 밭농사와 벼농사가 고루 발달 했으며, 산과 강이 어우러져있어 해산물은 물론 농산물과 산채 등 여러 가지 식품이 고루 생성되는 지역이다. 경기도는 개성과 인접하여 전통음식이 많다. 개성은 고려 때의 솜씨가 남아 있는 곳으로 개성경단, 개성약과, 보김치, 홍해삼, 꿩김치, 여주산병, 양주 메밀국수, 소만두, 연평도 조기젓, 수수도가니, 풋고추부각 등이 유명하다.

경기음식은 전반적으로 종류가 다양하나 소박하며, 간은 세지도 약하지도 않은 서울음식과 비슷하며 양념도 많이 쓰지 않는다. 주식으로 오곡밥과 찰밥을 즐기고, 국수는 맑은 장국 보다는 걸쭉하고 구수한 음식이 주를 이룬다. 개성은 고려시대에 수도였던 까닭에 그 당시의 음식 솜씨가 남아있어 서울, 전주와 더불어 우리나라에서 음식이 가장 호화롭고 다양한 지역이다. 궁중요리에 비길 만큼 음식이 사치스럽고 공이 많이 들어가며, 재료도 다양하게 사용되었다.

인천/경기권 대표 음식

조랭이 떡국, 여주산병, 우메기, 수원왕갈비, 이천 개걸무김치, 의정부 부대찌개, 곤지암 소머리국밥, 이천 쌀밥, 바지락칼국수, 조개구이, 쑥굴레, 무릇쑥조림 등

1) 조랭이 떡국

조랭이떡국은 새해 아침 한해의 안녕을 기원하면서 누에고치 모양으로 만든 개성지방의 음식이다. 누에고치의 실처럼 한해의 일이 술술 잘 풀리라는 기원의 의미가 있으며 한편으론 이성계에 대한 고려사람들의 원망의 뜻을 담은 떡국이라는 설도 있다. 또한 아이들의 설

빔에 주머니 끈이나 옷끈에 다는 조롱박이 액막이를 한다 하여 조롱박 모양과 비슷한 조랭이떡국을 끓여 먹었다고 한다.

2) 여주산병

여주산병(驪州散餅)은 멥쌀가루를 쪄서 안반에 친 다음 밀대로 얇게 밀어서 팥소를 넣고 덮은 후 큰 보시기와 작은 보시기로 개피떡처럼 각각 찍어 낸 다음, 큰 떡 안에 작은 떡을 붙여 넣고, 네 끝을 모두 붙인 특이한 떡이다. 예로부터 경기도 여주지방은 비옥하고 넓은 곡창지대에 좋은 기후, 맑은 물 덕분으로 품질 좋은 쌀이 생산되었다. 따라서 여주지방에서는 특미를 이용하여 화려하고 맛있는 여러 가지 떡들을 만들어 즐겨 왔는데 큰 잔치 때면 반드시 이 산병을 만들어 편의 웃기로 올렸다고 한다.

3) 우메기

찹쌀가루와 멥쌀가루를 막걸리와 물로 익반죽하여 둥글납작하게 빚어 가운데를 눌러 식용유에 지진 뒤 즙청액에 담갔다 건진 떡이다. 우메기는 기름에 지져 낸 떡에 즙청을 입혀 만든 음식으로 만들기가 간편하고 쉽게 굳지 않는 특색이 있다. 우메기는 햅쌀이 나올 때 특히 많이 만들어 먹는 떡으로 '우메기 빠진 잔치는 없다'라고 하여 잔칫상에 많이 올렸던 떡으로 알려졌다. 개성주악이라고도 한다.

4) 수원왕갈비

수원왕갈비는 1940년대 중반 수원문 밖 장터(지금의 영동시장)에서 화춘제과를 경영하던 이귀성 씨에 의해 시작됐다. 업종을 바꿔 화춘옥을 창업한 이귀성씨는 처음에 해장국을 팔았다. 해장국에 비싼 갈비를 넣어주다 보니 이익에 문제가 발생해 갈비에다 양념을 넣고 무쳐서 재어 놓는 양념갈비를 팔기 시작하면서 수원갈비가 탄생했다. 수원갈비는 우선 질 좋은 한우를 선별한 뒤 갈비를 7cm정도로 절단해 양념에 잘 무쳐 잰 후 숯불에 굽는다. 양념은 참기름, 마늘, 파, 볶은 통깨, 후춧가루, 배 등을 사용하며, 간장과 화학조미료는 쓰지 않는다.

수원에서 갈비가 유명해지게 된 역사적 유래는 수원에는 예전부터 큰 소시장이 있었다고 전한다. 정조 때 수원 화성을 건설하면서 많은 인부와 사람들이 수원으로 모여들었고, 당시 수원은 농업이 발달된 곳이었다. 조선시대에는 농자천하지대본이 나라의 근간이 되는 정책이었고 따라서 농업생산에 큰 역할을 하는 소를 함부로 도축하지 못하게 하였다. 하지만 수원은 화성을 건설하면서 예외적으로 소의 도축이 허용되었고 소를 이용한 음식도 다른 지역에 비해 비교적 다양하게 발전되었을 것으로 추측된다. 수원 이외 왕릉이 있는 주변에는 해마다 제사가 있어 쇠고기 음식이 발달한 곳들이 있지만 그 중에서도 수원갈비는 수원의 향토음식으로 가장 유명하고 전국 곳곳에 수원갈비라는 간판을 내건 식당들이 많다

5) 의정부 부대찌개

부대찌개란 '군대의 찌개'란 뜻으로, 서구의 스튜처럼 진한 한국의 국물 요리이다. 6 · 25 전쟁 직후 서울에서 음식이 부족하여 일부 사람들이 의정부시에 주둔하던 미국부대에서 쓰고 남은 햄과 소시지 등 잉여 음식을 이용하여 끓여 먹었던 찌개이다. 이 당시에 미국 대통령 린든 B. 존슨의 성을 따서 '존슨탕'이라고 부르기도 하였다.

부대찌개는 미군부대에서 나온 음식물 쓰레기로 끓였던 꿀꿀이죽에서 비롯하였다고 흔히 말한다. 부대찌개와 비슷한 시기에 만들어진 음식이고 같은 탕 스타일의 음식이니 그렇게 여기는 것이다. 그러나 이 둘은 다른 음식이다. 이런 오해는 꿀꿀이죽이 그 이름만 남고 실체가 사라져 발생한 것으로 보인다.

부대찌개는 즉석에서 보글보글 끓여가며 먹어야 소시지가 부드럽고 기름이 겉돌지 않으며, 라면이나 국수사리, 흰떡 등을 푸짐하게 넣어 먹으면 술안주나 한끼 식사로도 아주 좋다. 미군 육군 부대의 기지가 많은 서울 북쪽에 위치한 의정부가 부대찌개로 유명하다.

6) 곤지암 소머리국밥

소머리국밥은 밥에 소 머릿고기를 얹고 뜨거운 사골국물을 부어 먹는 것이다. 핏물을 뺀 소 머릿고기와 사골을 끓이다가 무 등을 넣고 푹 끓인 국물을 밥에 붓고 소 머릿고기를 썰어 함께 담아 양념장을 곁들인다. 경기도 광주는 예부터 경상도 지방에서 과거 보러 한양에 갈 때 지나던 길목으로서 이 지방에서 숙식할 때 주식으로 먹던 소머리국밥이다.

소고기국밥은 삶은 소고기와 무를 양념에 무쳐서 푹 끓인 국물 요리로, 밥을 말아 김치를 곁들여 먹으면 맛있다. 농경 사회에서 가장 중요한 가축이었던 소는 조선 시대엔 무단으로 도축하면 중형에 처할 정도로 중요한 자원 취급이었다. 그러므로 한 번 소를 잡게 되면 우

육 외에도 내장과 각종 부산물을 하나도 버리는 것 없이 이것저것 응용했다. 우유 외에도 가죽으로는 피혁 제품을, 내장은 천엽부터 양대창까지 고루 털어먹고 뼈는 우려먹고, 뿔과 발톱은 아교나 국궁의 재료로 쓰였다. 그중에서도 소꼬리, 도가니, 머리뼈 등 처치 곤란한 부위들 중 소머리뼈를 가져다 무쇠 가마솥에 고아서 푹 끓인 후 밥을 말아 낸 요리가 소머리국밥이다.

3. 강원권

강원도는 동해와 접해 있고 태백산맥을 잇는 산과 골짜기, 분지가 어울려 있는 곳으로 옥수수, 감자, 메밀, 등 잡곡과 산채(山菜)와 해산물이 풍부하다. 따라서 해안지방과 산악지방에서 나는 생산물이 다르고 음식도 다른데, 영서지방인 산악이나 고원지대에서는 밭농사가 발달하여 감자, 옥수수, 메밀의 잡곡과 도토리 등이 많이 나서 이것을 주식으로 삼았는데 이것이 향토별미음식이 되었으며, 맛은 육류를 쓰지 않은 담백한 음식이 많다. 대체로 강원도 음식은 많이 생산되는 산물인 감자, 옥수수, 메밀을 이용한 음식이 다른 지방보다 발달하였고, 극히 소박하며 먹음직스럽다.

🍅 강원권 대표 음식 ────

막국수, 닭갈비, 초당순두부, 오징어순대, 곤드레밥, 황태국(구이), 감자옹심이, 곰치국, 칡국수, 횡성 한우, 메밀묵, 황기백숙

1) 막국수

메밀막국수라고도 한다. 메밀가루를 뜨거운 물로 반죽하여 국수틀에 눌러 빼어 끓는 물에 삶아서 냉수에 3~4번 헹구어 사리를 만든다. 김치는 큰 것이면 대강 썰고 오이는 반으로 갈라서 얄팍하고 어슷어슷하게 썰어 소금에 잠시 절였다가 꼭 짠다. 사리를 대접에 담고 김칫국물을 부은 다음, 그 위에 썬 김치와 절인 오이를 얹고 깨소금과 고춧가루를 뿌린다. 김치는 동치미 · 나박김치 · 배추김치 등을 쓰는데, 젓갈과 고춧가루가 많지 않은 맑은 김치가 좋다. 국물은 김칫국물과 차게 식힌 육수를 반씩 섞으면 더욱 좋지만 이 국수는 구수하고 담백한 맛이어야 하기 때문에 고기류나 파 · 마늘 등의 양념은 막국수 본래의 맛을 해친다.

2) 닭갈비

고추장 양념에 버무려 7~8시간 재운 닭갈비와 양배추, 고구마, 양파, 대파, 배춧잎 등의 채소, 가래떡을 식용유를 두른 팬에 넣고 볶은 것이다.

상추와 깻잎을 곁들여 먹으며 춘천닭갈비가 유명하다. 춘천닭갈비의 역사는 1960년대 말 선술집 막걸리 판에서 숯불에 굽는 술안주 대용으로 개발되었는데, 군 생활에서 휴가나 외출 나온 군인들이 즐겨 먹었고, 값이 싸고 배불리 먹을 수 있어 강원도 춘천 시내 대학생들도 좋아하는 음식이었다.

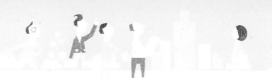

3) 초당두부

초당두부는 다른 지역에서 간수로 하는 것과 달리 콩물에 바닷물을 부어 만들기 때문에 다른 지역의 두부보다 부드럽고 깊은 맛을 낸다. 바닷물은 미네랄이 풍부해 천연응고제 역할을 하기 때문에 콩의 풍미를 한껏 살려내는 장점이 있다.

초당두부의 기원은 6·25전쟁 무렵으로 보는 것이 정설로, 당시 강릉 일대의 청년들이 치열한 격전지였던 동부전선에 투입되면서 많은 전사자가 발생했다. 이에 남편을 잃고 생계가 막막해진 아내들이 두부를 만들어 장에서 팔았다고 한다.

이후 1980년대 초반 초당마을에서 두부를 만들어 파는 가구가 증가하기 시작했고, 1986년 초당마을에서 처음으로 두부를 메뉴로 한 원조초당순두부집이 영업을 시작했다. 그 뒤로 약 20여 호가 차례로 식당을 열게 되면서 현재의 초당두부마을이 형성되었다.

4) 오징어순대

아바이순대는 함경도 지방의 향토음식으로 돼지 대창 속에 돼지 선지, 찹쌀, 배추 우거지, 숙주, 배춧잎 등을 버무려 속을 채운 후에 찜통에 쪄서 만든 순대이다

순대는 각 지방마다 들어가는 재료나 순대 속을 채우는 방법이 조금씩 다른데, 함경도 지방에서는 돼지 대창 속에 찹쌀밥을 버무려 만들고, 강원도에서는 돼지 창자 대신 오징어를 사용하여 오징어순대를 만든다. 한국전쟁 때에 함경도에서 강원도 속초로 내려온 실향민들이 돼지 창자를 구할 수가 없어서 오징어에 주식과 부식을 섞어 넣어 순대를 만들어 먹던 것이 속초 아바이순대의 기원이 되었다. 함경도 지방에서는 명태 뱃속을 주머니로 삼아 속을 채워 넣어 만드는 명태순대도 있다.

5) 곤드레밥

데친 곤드레나물을 썰어서 들기름, 소금으로 양념하고, 불린 쌀로 밥을 하다가 뜸들기 직전에 곤드레나물을 얹어 뜸을 들인 것이다. 곤드레나물을 양념해 솥 밑에 깔고 밥을 짓기도 하는데, 밥의 색깔이 푸르스름해지며 곤드레나물밥이라고도 한다.

곤드레나물은 학명으로 고려엉겅퀴라고 하며 태백산의 해발 700m 고지에서 자생하는 산채로서 그 맛이 담백하고 향이 독특하며 영양가가 매우 풍부하다. 곤드레나물은 예부터 구황식품으로 널리 알려져 있는데 강원도 정선과 평창지역의 특산물로 매년 5월쯤 채취한다. 곤드레의 어린 순은 식용할 수 있으며 곤드레는 생으로 쌈을 싸서 먹거나 튀김, 무침 등의 다양한 방법으로 조리할 수 있다. 곤드레나물은 캐서 말린 후 저장하거나 요즘은 냉동고에 저장하면 1년 내내 곤드레밥을 지을 수 있다.

6) 곰치국

곰치국은 곰치로 만든 국으로 강원도 삼척 지방의 향토음식이다. 꼼치가 표준어인 곰치는 지역에 따라서 '물메기', '물텀벙', '물고미', '물미거지' 라는 이름으로 다양하게 불리고 있는데, 곰치와 물메기는 사는 지역이나 생김새가 서로 다른 생선이다. 동해안 지역에서는 물곰이라는 곰치가 잡히고, 서해안이나 남해안에서는 물메기가 잡힌다. 옛날에는 곰치가 못생기고 살이 물러서 안 먹고 버렸다고 한다. 그러나 요즈음에는 국물이 시원하고 담백하며 비린내가 없고 살이 연하여, 바닷가 최고의 해장국 재료로 꼽힌다. 곰치국은 맑게 끓이는데, 묵은 김치를 송송 썰어 넣고 얼큰하게 하여 먹기도 한다. 또한 뱃사람들은 배에서 곰치를 걸어 말린 후에, 살을 찢어 구워 먹기도 한다.

4. 충청권

농업이 주요 산업이 되는 지역이며, 쌀, 보리, 고구마, 무 ,배추 등이 많이 생산된다. 서쪽 해안지방은 해산물이 풍부하나 내륙은 신선한 생선을 볼 수 없어서 교통이 편리하지 않은 옛날에는 절인 자반 생선이나 말린 것을 먹을 수밖에 없었다. 충청도 음식은 사치스럽지 않고 양념도 많이 쓰지 않는다. 국물을 내는 데는 고기보다 닭, 굴 또는 조개 같은 것을 많이 쓰며, 양념으로는 된장을 많이 사용한다. 경상도 음식처럼 매운 맛도 없고, 전라도 음식처럼 감칠맛도 없으며, 서울 음식처럼 눈으로 보는 재미도 없으나 담백하고 구수하며 소박하다. 충청도 사람들의 인심을 반영하듯 음식의 양이 많은 편이다.

🔎 충충권 대표 음식

올갱이국, 도리뱅뱅이, 인삼어죽, 연잎밥, 게국지, 소곡주, 어리굴젓, 호박범벅, 호두과자, 옥계백숙, 붕어찜, 향어비빔회, 칡전, 더덕구이 정식, 청국장 등

1) 올갱이국

올갱이^(민물다슬기)를 이용하여 부추나 아욱과 함께 된장, 고추장, 고춧가루 등을 집안 전통에 따라 넣어 만든 국이다.

올갱이는 충청북도지방에서 통용되는 민물다슬기의 방언이다. 올갱이국은 청주뿐만 아니라 금강, 남한강, 괴강 등을 끼고 있는 옥천, 영동, 충주, 단양, 괴산 등과 그 외에도 맑은 물이 있는 곳에 올갱이가 많이 서식하여 충청북도의 향토음식으로 손꼽을 만큼 알려져 있다.

 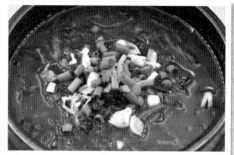

청주는 물과 산 등 도시가 깨끗하고 바다가 없어 민물 생선이 식재료로 많이 이용되었다. 깨끗한 물에서만 서식하는 올갱이는 청주 한 복판을 가로지르며 흐르는 무심천에서 올갱이가 많이 서식했으며, 근교인 대청댐, 화양동 등의 맑은 물에서도 다량의 올갱이가 잡혀 올갱이국을 많이 먹었다고 한다.

2) 도리뱅뱅이

충청북도 옥천지역의 향토음식인 도리뱅뱅이는 매콤하면서도 고소하고 바삭한 맛이 일품으로 피라미를 프라이팬에 동그랗게 돌려 요리하여 '도리뱅뱅이'라고 한다. 단백질이 많고 칼슘을 비롯한 각종 무기질이 풍부하여 영양소 보충에 도움이 되는 음식이다.

피라미의 내장을 빼고 깨끗이 손질하여 프라이팬에 가지런히 놓는다. 프라이팬에 기름을 넉넉히 두른 다음 피라미를 바싹하게 튀긴 후에 기름을 따라낸다. 고추장과 갖은 양념을 섞어 튀긴 피라미에 얹어 조린 다음 마늘편과 붉은 고추로 장식한다. 겨울철에는 피라미 대신에 빙어로 조리한다.

3) 인삼어죽

인삼어죽은 충청남도 금산군 제원면 저곡리 향토음식으로 이 지역은 금강변의 중간지점으로서 금산에서 영동과 무주방면으로 갈라지는 골목이어서 민물고기를 이용한 전통음식이 발달하였다. 인삼어죽은 이 지역 사람들이 더운 여름철 이열치열로 즐겨 먹는 음식이다.

인삼은 중국 도홍경의 《신농본초경(神農本草經)》 따르면 '오장을 보하고, 정신을 안정시키며, 혼백을 고정 경계를 멈추게 하고, 외부로부터 침입하는 사기(邪氣)를 제거하여 주며, 눈을 밝게 하고 마음을 열어 더욱 지혜롭게 하며 오래 복용하면 몸이 가벼워지고 장수 한다'고 되어있다.

4) 게국지

해산물이 풍부한 태안반도에서는 예부터 게장을 담가 먹었다. 그 게장에서 건더기를 건져 먹은 후 남은 국물은 보관해두었다가 갯벌에서 잡은 농게 등을 더 넣어서 다시 게장을 만들었다. 꽃게와 농게 등으로 여러 차례 게장을 담근 국물 속에는 단백질과 무기질이 자연스레 녹아들었다. 이 국물은 맛과 영양이 풍부한 갯국으로 탄생했고, 갯국은 다시 김장을 담글 때 양념으로 이용됐다.

갯국과 호박을 넣고 아무렇게나 버무린 김장김치를 태안 지역에서는 게국지라 불렀다.

어느 정도 익어 맛이 들면 국처럼 끓여 먹었는데, 겟국의 짠맛과 호박의 달큰함이 어우러져 환상적인 조화를 이루었다. 이것이 바로 태안의 토속음식인 게국지다. 어려웠던 시절 국물 한 방울까지 알뜰히 사용했던 조리법이 게국지 탄생의 일등공신인 셈이다. 이제는 맛도 맛이지만 어려운 시절 향수를 떠올리게 하는 음식으로 인기를 얻고 있다.

5) 소곡주

우리나라의 전통성을 간직한 술로써 가장 대중적인 명성을 누렸던 토속주의 하나가 소곡주이다. 소곡주는 현존하는 전통주 간운데 그 역사가 매우 깊은 술로 전해오고 있다.

소곡주란 표기에서 알 수 있듯이 '누룩을 적게 사용하여 빚은 술'이란 뜻에서 유래한 술 이름이다. 소곡주는 한자로 '소곡주(小麯酒)' 또는 '소국주(小麴酒)'라고 쓰는데, 매우 오랜 역사를 지닌 술로 전해오고 있다.

〈박씨전〉에 "백제의 마의태자가 개골산에 들어가 나라를 잃은 설움을 술로 풀었는데, 그 맛이 소곡주와 같았다."고 하는 이야기가 전해오고 있는 것으로 미루어, 삼국시대부터 명성을 얻었던 술로 추측하고 있으나, 그 어떤 사실적 기록이나 뚜렷한 근거는 없다.

한산 소곡주는 엷은 담황색을 띠며 은은한 향과 혀끝을 감아 도는 감칠맛이 일품이다. [동국세시기^(동국세시기)]를 비롯한 여러 문헌에서도 '한산지방의 소곡주는 그 맛이 좋다'고 기록되어 있을 정도로 예부터 유명세를 얻었으며, "한번 앉아서 마시다 보면 그 맛에 취해 일어날 줄 모른다." 하여 '앉은뱅이 술'이라는 별명으로도 불리고 있다.

6) 어리굴젓

충청도 향토음식의 하나로 생굴에 소금과 고춧가루를 버무려 담근 젓갈이다. 고춧가루를 사용한다는 것이 일반 굴젓과 다른 점이다. 충청도 지방에서도 서산, 당진, 예산, 간월도가 유명한데 특히 간월도에서 생산된 것은 왕에게 올리는 진상품으로 썼다고 전해진다. 어리굴젓을 만들 때 가장 주의할 점은 생굴을 씻을 때 맹물로 자주 헹구지 말고 반드시 제물에서 여러 번 씻어 굴딱지가 떨어지도록 해야 한다. 먼저 굴을 대소쿠리에 담아 바닷물에 여러 번 흔들어 씻은 다음 소금에 짭짤하게 버무려 나무로 만든 통에 넣는다. 그대로 두면 빛이 노르스름하게 되며 굴이 삭는다.

7) 향어비빔회

충청북도 제천시에서 향어 살을 얇게 떠 초고추장에 비벼 먹는 향토 음식이다. 향어는 육질이 단단하고 치밀하여 씹는 감촉이 좋고, 비린내나 역한 냄새가 없으며, 잔가시가 없고 살코기가 많다. 고단백 저지방 식품으로 고혈압 · 성인병 · 비만 예방은 물론 피부 미용에도 좋은 것으로 알려져 있다. 향어는 푹 고아 보신용으로 먹기도 하며, 매운탕, 찜, 소금구이, 튀

김 등 다양한 요리에 사용할 수 있다. 향어회는 향어채와 함께 제천 산간 지대에서 재배되는 채소류와 함께 먹는 보양 음식이다.

5. 전라권

음식의 솜씨가 가장 뛰어나다면 전라도 지방을 들 수 있다. 전라도지역은 기름진 호남평야의 풍부한 곡식과 각종 해산물, 산채 등 다른 지방에 비해 산물이 많아 음식의 종류가 다양하며, 음식에 대한 정성이 유별나고 사치스러운 편이다. 특히 전주는 조선왕조 전주이씨의 본관이 되고 광주, 해남 등 각 고을마다 부유한 토박이들이 대를 이어 살았으므로, 좋은 음식을 가정에서 대대로 전수하여 풍류와 맛이 개성과 맞먹는 고장이라 하겠다. 전라도지역의 상차림은 음식의 가짓수가 전국에서 단연 제일로, 상위에 가득 차리므로 처음 방문한 외지사람들은 그 상차림을 보고 매우 놀라게 된다. 남해와 서해에 접하여 있어 특이한 해산물과 젓갈이 많으며, 기르는 방법이 독특한 콩나물과 고추장의 맛이 좋아 비빔밥과 콩나물국밥을 즐겨 먹었다. 전라도는 기후가 따듯하기 때문에 젓갈이 많으며, 음식의 간이 세고 고춧가루도 많이 써서 매운 것이 특징이다.

 전라권 대표 음식

전주비빔밥, 콩나물해장국, 벌교 꼬막정식, 영광 굴비, 세발낙지, 갓김치, 나주 곰탕, 남원 추어탕, 여수 돌게장, 담양 떡갈비+죽통밥, 홍어 삼합, 풍천 장어구이, 백합죽, 전주 막걸리 등

1) 전주비빔밥

비빔밥은 전라북도 전주의 향토 음식이다.

비빔밥이 문헌에 등장하는 것은 1890년대에 나온 [시의전서]가 처음이다. 그 전의 문헌에 없다 하여도 비빔밥은 밥과 적당한 반찬만 있으면 조리할 수 있는 음식이니 오래 전부터 흔히 먹었을 것이다. 밥과 반찬이라는 한민족의 밥상 구성이 이루어진 시기를 고려시대 중기로 추정하고 있으므로 비빔밥의 탄생도 그 즈음에 있었다고 할 수 있을 것이다.

비빔밥 유래에 대한 설은 다양하다. 첫째 궁중음식설. 조선시대 왕이 점심에 먹는 가벼운 식사로 비빔이란 것이 있는데, 그 비빔이 비빔밥의 유래라는 것이다. 둘째 임금몽진 음식설. 나라에 난리가 일어나 왕이 피란을 하였는데, 왕에게 올릴 만한 음식이 없어 밥에 몇 가지 나물을 비벼 낸 것에서 유래하였다는 것이다. 셋째 농번기 음식설. 농번기에는 다들 바빠 구색을 갖춘 상차림을 준비하기 어려우니 그릇 하나에 여러 음식을 섞어 먹게 되었다는 설이다. 넷째 동학혁명설. 동학군이 그릇이 충분하지 않아 그릇 하나에 이것저것 비벼 먹은

데서 유래했다는 설이다. 다섯째 음복설. 제사를 마치고 나서 상에 놓인 음식으로 비벼 먹은 것에서 비롯하였다는 설이다. 여섯째 묵은 음식 처리설. 섣달 그믐날에 묵은해의 음식을 없애기 위하여 묵나물에 밥을 비벼 먹은 것에서부터 비빔밥이 유래하였다는 것이다. 이렇게 비빔밥 유래에 대한 설이 많은 것은 어느 설이건 그 근거가 희박하다는 뜻이다. 밥과 반찬이 있으면 자연스레 비벼서도 먹게 되어 있으니 어디에서 유래하였다고 생각하는 것 자체가 무리한 일이다. 한민족이 밥을 지어 먹었을 때부터 비빔밥은 있었다고 보는 것이 맞다.

2) 콩나물해장국

전주 콩나물국밥은 콩나물을 넣고 시원하게 끓여 새우젓으로 간을 한 국의 일종이다. 특히 감기와 숙취 해소에 효과가 있어 사랑받는 음식이다. 전라도 지방에서 유래된 음식이며 속을 풀어주는 음식으로 특히 아침 식사로 즐겨먹는다. 동의보감기록에 의하면 콩나물은 독성이 없고 맛이 달며 오장과 위장에 맺힘을 풀어준다고 기록되어 있다. 단백질, 칼슘, 칼륨 등이 풍부하게 함유되어 있으며 아미노산의 일종인 아스파라긴산이 함유되어 알코올을 분해하는 역할을 한다. 아스파라긴산은 알코올 탈수소효소 활성을 증가시키고 알코올 농도를 낮춰주는 역할을 한다. 그래서 콩나물을 주재료로 만든 콩나물 국밥을 숙취해소를 돕는 술국으로 즐겨먹기도 한다. 멸치국에 콩나물이 아삭아삭 씹힐 정도로 뚝배기에 국을 끓여 밥을 넣고 새우젓으로 간을 한 후 쫑쫑 썰어 놓은 대파와 풋고추, 구워서 부서 놓은 김, 결대로 찢은 장조림 등을 얹고 달걀을 얹어서 한소끔 끓인다. 신김치를 쫑쫑 썰어 얹기도 한다.

전주 콩나물국밥은 계란, 콩나물, 밥을 뚝배기에 넣어 펄펄 끓여 나오는 북부식, 콩나물국에 밥을 말고 계란(수란)을 따로 주는 남부시장식이 있는데, 북부식으로는 삼백집과 한일관, 남부식으로는 웽이집과 남부시장 주변의 식당들이 유명하다.

3) 벌교 꼬막정식

밥과 함께 꼬막으로 만든 다양한 음식을 찬으로 내는 백반 한 상을 뜻한다. 찬으로 내는 대표적인 음식에는 꼬막데침, 꼬막무침, 꼬막전, 꼬막된장국, 꼬막탕수육 등이 있고, 기본적인 밑반찬이 추가로 올라간다. 꼬막은 전라남도 보성과 순천, 여수 등지가 주산지이며 꼬막정식 또한 전라남도 지역에서 맛볼 수 있다. 꼬막은 참꼬막, 새꼬막, 피꼬막으로 나뉘는데, 특히 보성군 벌교읍에서 즐겨 먹는 참꼬막이 가장 살이 쫄깃하고 즙이 풍부하기로 유명하다. 12월부터 3월까지가 제철로, 그중 2월이 가장 맛이 좋을 때이다. 껍데기에 붉고 노란빛이 돌며, 입이 굳게 닫혀 있는 것이 신선한 꼬막이다. 데친 꼬막을 살만 발라 냉동보관하면 비교적 오래 두고 먹을 수 있다.

4) 영광 굴비

전라남도 영광군 칠산바다에서 잡히는 조기를 말린 것이다.

산란 직전의 조기를 잡아 소금으로 간을 하여 말린다. 동지나해역에서 월동한 조기떼가 산란하기 위하여 연평도 근해까지 북상한다.

법성포 앞 칠산바다에서는 4~5월경 특히 곡우사리 때 알이 차고 맛이 좋은 산란 직전의 조기를 잡을 수 있다. 고려 인종 때 처음으로 진상되었으며, 명·청나라에까지 널리 알려졌다고 한다.

굴비 어원은 미상이다. 일설로는 법성포에 귀양온 이자겸이 비굴하게 살지 않겠다는 의지의 표현으로, 그 맛이 변하지 않는 영광굴비를 진상하면서 '비굴'의 글자를 바꾸어 '굴비'라고 하였다고 한다.

5) 세발낙지

전라남도 영암군에서 발이 가는 세발낙지로 만든 향토 음식이다. 세발낙지는 발이 가는 낙지를 말하는 것으로 영암군에서는 미암면에서 나는 것을 제일로 친다. 세발낙지는 태어난 지 얼마 되지 않았기 때문에 크기도 작고 부드러워 남녀노소 모두 즐길 수 있다. 영암군에서는 세발낙지로 다양한 요리를 해 먹었다.

낙지는 타우린이 많이 함유되어 피로 회복에 좋은 식품이다. 『자산어보(玆山魚譜)』에는 "겨울에는 틀어 박혀 구멍 속에 새끼를 낳는다. 새끼는 그 어미를 먹는다. 빛깔은 하얗고 맛이 감미로우며, 회나 국 및 포에 좋다. 이를 먹으면 사람의 원기를 돋운다."라고 기록하고 있다.

6) 갓김치

갓김치는 전라도 지방에서는 빼놓을 수 없는 밑반찬 김치이다. 전국적으로 먹으나 특히 전남, 제주도에서 즐겨 먹는다. 고춧가루를 많이 넣어 매콤하면서도 갓 특유의 속이 확 트이는 것 같은 쌉쌀한 맛과 향기가 식욕을 돋운다. 맵고 쌉쌀한 맛은 진한 멸치젓과 찹쌀풀이 삭여 준다. 갓김치를 담글 때는 맛과 향기가 진한, 보랏빛이 도는 갓이 맛있고, 쪽파를 섞어 담글 수 있다. 담근 지 한 달이면 알맞게 먹을 수 있으며 웃소금을 넉넉히 뿌려 두면 봄이나 여름까지도 저장할 수 있다.

7) 나주 곰탕

곰탕이란 고기를 맹물에 넣고 끓인 국이라는 의미의 공탕(空湯)에서 유래되었다는 설과 고기를 푹 곤 국이라는 의미의 곰국에서 유래되었다는 설이 있다. 곰탕의 '곰'은 원래 고기나 생선을 천천히 푹 삶은 국을 뜻하는데 '고다'의 '고'는 기름지다는 뜻이라고 한다. '고음'은 기름진 음식이고 그 말이 줄어서 '곰'인데 여기에 국이라는 글자를 붙이면 곰국, 탕이라는 글자를 붙이면 곰탕이 되는 것이다.

나주곰탕은 전라남도 나주의 향토음식으로 나주에서는 약 20년 전부터 나주의 5일장에서 상인과 서민들을 위한 국밥요리가 등장하였으며 이것이 오늘날의 나주곰탕으로 이어지고 있다. 나주곰탕은 다른 지역의 곰탕과 다르게 좋은 고기를 삶아 국물을 만들어 국물이 맑은 것이 특징이다.

8) 남원 추어탕

추어탕은 남원의 대표적인 전통 음식으로 미꾸라지를 익혀 통째로 갈아 넣고 채소와 된장과 함께 끓여낸 음식이다. 남원에는 국내 5대 강 중 하나인 섬진강 지류인 청정 하천이 곳곳에 흐르고 있어 민물고기가 많은 자연환경을 갖추고 있다. 추어탕은 주로 서민층에서 즐겨 먹다가 점차 대중화되어 사계절 보양 음식으로 자리 잡았다. 남원 추어탕은 탁월한 강정, 강장효과뿐 아니라 어린아이들의 자양 식품으로도 안성맞춤이다. 또한, 세포 노화를 방지하고 피부 미용과 고혈압에도 효과가 뛰어나다. 풍부한 영양을 가지고 있는 남원 추어탕은 전국적으로 인기 있는 음식이다. 현재 남원 광한루원 주변에는 추어탕 거리가 형성되어 있어 관광객들의 발걸음이 끊이지 않는다.

9) 여수 벌떡게장 ^(돌게장)

바다에서 나는 벌떡게로 담근 게장이며 전라도 향토음식의 하나이다. 벌떡게란 바다에서 나는 게의 하나로 『자산어보^(玆山魚譜)』에 의하면 빛깔이 검붉고 등이 단단한 껍질로 되어 있으며, 왼쪽 집게발이 크고 오른쪽 집게발은 작은 게라고 한다.

게장을 담그는 법은 지역에 따라 조금씩 다르다. 전라남도 지역에서는 게를 그대로 또는 토막을 쳐서 양념을 한 간장에 부었다가 빨리 먹는다.

반면에 전라북도 지역에서는 토막을 내지 않은 게에 끓여서 식힌 간장을 붓거나 짜게 끓인 소금물을 식혀서 붓거나 하여, 전라남도 지방보다는 장기간 저장해 두고 먹는다. 특히 전라북도의 위도에서는 게를 맛있는 젓국에 절여 두었다가 익으면 먹기도 한다.

10) 담양 떡갈비+ 대통밥 ^(죽통밥)

떡갈비는 갈비살을 곱게 다져서 양념하여 치댄 후 갈비뼈에 도톰하게 붙여 양념장을 발라가며 구워 먹는 구이요리이다. 전라남도 담양·해남·장흥·강진 등지에서 시작된 요리로 예로부터 전해 내려오는 고유한 요리는 아니다. 만드는 방법이 인절미 치듯이 쳐서 만들었다고 하여 떡갈비라 부르게 되었고 다른 갈비요리와는 달리 갈비살을 곱게 다져서 만들었기 때문에 연하고 부드러운 고기맛을 느낄 수 있다.

대통밥은 전라남도 담양 지방의 향토 음식으로 죽통밥이라고도 한다. 담양은 토양과 기후가 대나무가 자라기에 적합하기 때문에 우리나라에서 가장 많은 대나무가 서식하고 있다.

이 지역 대나무는 크기가 클 뿐만 아니라 결이 곧고 단단하다. 대통밥은 3년 이상 자란 왕대의 대통을 잘라 밥을 짓는데, 대나무의 향기가 밥에 스며들기 위해서는 대통을 한 번만 사용하는 것이 좋다. 대나무의 죽력과 죽황이 밥에 배어들면 인체의 화와 열을 식히는 역할을 하여 기력을 보강하는데 도움이 된다. 또한 대나무 줄기에서 솟아난 순을 죽순이라고 하는데, 맛이 담백하고 향이 좋아 예로부터 여러 요리에 이용되었다.

11) 홍어 삼합

삭힌 홍어와 삶은 돼지고기, 묵은 김치를 적당한 크기로 썰어 함께 낸 것이다. 삼합에 사용되는 돼지고기는 기름과 살이 적당히 섞인 것이 좋은데, 기름의 고소함과 살코기의 부드러움이 어우러져야 삼합의 맛이 나게 된다.

홍어는 가오릿과에 속하는 마름모꼴의 물고기로 3~4월경, 또 겨울에 많이 난다. 뼈 없는 생선으로 살이 풍부하고 맛이 고소한데, 특히 뼈는 연골이기 때문에 뼈째로 오독오독 씹어 먹는다. 전라도 지역에서는 홍어를 회로 먹거나 말려서 먹는 방법, 그리고 삭혀서 먹는 방법이 이용되고 있다.

홍어는 흑산도 홍어를 최고로 친다.

6. 경상권

남해와 동해에 좋은 어장을 이루고 있고 해산물이 풍부하며 경상북도를 흐르는 낙동강의 풍부한 수량으로 주변에 기름진 농토들이 풍푸하고 농산물도 풍족하다. 경상도에서는 물고기를 고기라 할 만큼 생선을 제일로 쳐서 해산물을 이용한 음식이 매우 많은데, 싱싱한 바닷고기에 소금 간을 한 뒤 말려서 구워먹는 것을 즐기고, 생선으로 국을 끓이기도 한다. 음식은 멋을 내거나 사치스럽지 않고 소담스럽게 만든다. 곡물음식 중에는 국수를 즐기며, 밀가루에 날콩가루를 섞어서 반죽하여 홍두깨나 밀대로 얇게 밀어 칼로 썰어 만드는 칼국수를 제일로 친다. 장국의 국물은 멸치나 조개를 많이 쓴다. 음식의 맛은 입안이 얼얼할 정도로 맵고 간은 세게 하는 편으로 전라도 음식보다 더 맵다. 특히 멸치젓국과 된장으로 간을 맞추는 음식이 특색이 있다.

 경상권 대표 음식

충무김밥, 통영 꿀빵, 통영 굴밥, 마산 아귀찜, 포항 과메기, 밀양 돼지국밥, 부산 밀면, 대구 막창, 동래파전, 경주 황남빵, 안동 찜닭, 진주 냉면, 안동 식혜, 영덕 대게 등

1) 도다리쑥국

도다리와 쑥을 주재료로 하여 끓인 생선국으로 경상남도 통영의 향토음식이다. 가자미류 가자미과의 도다리는 양식을 하지 않고, 제주도에서 겨울을 난 후 남쪽으로 이동하여 통영 앞바다에 이른다. 특히 봄철의 도다리는 살이 통통하여 맛이 좋다. 쑥은 욕지도, 사량도, 한산도 등과 같은 남해안 지역의 섬에서 자란 자연산이 질이 좋다. 해풍을 맞고 자라 미네랄이 풍부하며 떡과 차 등으로도 섭취할 수 있다. 또한 향긋한 쑥향이 생선의 비린 맛을 없애 주면서 국물이 아주 시원하고 개운하여 통영 지역에서는 숙취해소에 좋은 국으로 알려져 있다.

2) 충무김밥과 꿀빵

여타 김밥과는 달리 속에 반찬을 넣지 않는 것이 특징이다. 대신 참기름을 바르지 않은 김으로 손가락 만하게 싼 밥에 깍두기와 오징어무침을 곁들여낸다.

충무김밥이 통영의 명물로 등장한 것은 80년대 초부터이다. 통영이 충무라고 불리던 시기, '국풍 81 (1981년 5월 28일부터 6월 1일까지 5일간 여의도 광장에서 개최한 문화행사. 쿠데타로 집권한 신군부기 정권에 대한 국민의 불신을 무마하기 위해 계획한 눈가리개용 행사였다는 평가를 받음.)'에서 어두이 (魚斗伊) 할머니가 판 김밥이 매스컴

의 주목을 받으면서 유명해지기 시작했다.

충무김밥의 유래에 관한 이야기 중 하나는 해방 이후 남해안의 충무항에서 고기잡
이를 나가는 남편이 고기 잡느라 식사를 거르고, 술로 끼니를 대신하는 모습을 본 아내가 남
편이 안쓰러워 김밥을 만들어준 것에서 시작되었다는 것이다. 처음에 아내가 싸준 김밥은
잘 쉬어서 못 먹게 되는 일이 많았고, 그래서 밥과 속을 따로 담아 주었
는데 그 후에 다른 어부들도 점심 및 간식을 밥과 속을 따로 담은 김밥으로 해결하게 된 데에
서 유래된 향토 음식이다.

통영 꿀빵은 밀가루 반죽에 팥소를 넣어 튀긴 뒤 겉면에 물엿과 통깨를 바른 빵으로 경상
남도 통영시의 특산품이다. 한국전쟁 직후 통영 지역의 여러 제과점에서 판매되기 시작하
였는데, 통영의 따뜻한 기후에도 상하지 않고 오래 보관하였다 먹을 수 있어 바닷가에서 일
하는 어부와 조선업 노동자들이 간단하게 한 끼 식사나 간식으로 찾았다.

통영 꿀빵은 직접적으로 꿀이 들어가지는 않으나, 표면에 바르는 물엿과 팥소의 맛이 달콤
하여 꿀빵이라 이름 지어졌으며, 현지에 가면 통영항 근처의 중앙시장에서 꿀빵을 파는 가게
들이 모여 있는 꿀빵 거리를 만날 수 있다. 최근에는 유통업의 발달로 전국에서 통영 꿀빵을
맛볼 수 있게 되었으며, 팥소 대신 고구마나 콩, 견과류 등으로 속을 채운 꿀빵도 나오고 있다.

3) 마산 아귀찜

마산아귀찜은 아귀 자체가 본래 담백한 편이어서 여러 가지 채소를 넣는 것보다 콩나물, 미더덕, 조갯살, 미나리와 마늘, 생강 등의 양념장을 아주 많이 쓰는 편으로 굉장히 매운 요리이다. 특히 마산아구찜은 전국적으로 브랜드화 되어 널리 알려져 있으며 아귀껍질과 뼈에 콜라겐이 많아서 삶으면 젤라틴화 되어 부드럽고 쫀득쫀득한 맛이 일품이다.

아귀찜의 유래는 북어찜에 이용한 된장과 고추장, 마늘, 파 등을 아귀에 적용한 것에서 시작되어^(1960년대) 지금은 콩나물, 미나리 등의 채소를 첨가한 찜을 만들고 있다. 마산아귀찜은 바람이 잘 통하는 그늘에서 적당히 말려 꼬들꼬들한 상태의 아귀를 사용하는 것이 특징이다.

4) 포항 과메기

과메기는 겨울철에 청어나 꽁치를 얼렸다 녹였다 반복하면서 그늘에서 말린 것으로, 경북 포항 구룡포 등 동해안 지역에서 생산되는 겨울철 별미이다. 원래 청어를 원료로 만들었으나 1960년대 이후 청어 생산량이 급격히 줄어들면서 청어 대신 꽁치로 과메기를 만들기 시작하였다.

과메기라는 명칭은 청어의 눈을 꼬챙이로 꿰어 말렸다는 관목^(貫目)에서 유래한다. '목'을 구룡포 방언으로 '메기'라고 발음하여 관목이 '관메기'로 변하고 다시 ㄴ이 탈락하면서 '과메기'로 굳어졌다.

과메기를 먹게 된 유래에는 여러 가지 설이 있다. 동해안의 한 선비가 한양으로 과거를 보러 가던 길에 배가 고파 바닷가 나뭇가지에 청어가 눈이 꿰인 채로 얼말려 있는 것을 먹었는데 그 맛이 너무 좋았다. 그래서 집에 돌아와서도 겨울마다 청어의 눈을 꿰어 얼말려 먹었는데 이것이 과메기의 기원이 되었다는 이야기가 재담집 《소천소지^(笑天笑地)》에 기록되어 전해진다. 또 뱃사람들이 배 안에서 먹을 반찬이나 할 요량으로 배 지붕 위에 청어를 던져놓았더니 바닷바람에 얼었다 녹았다를 반복하여 저절로 과메기가 되었다는 설도 있다.

5) 돼지국밥

　돼지 뼈로 우려낸 육수에 돼지고기 편육과 밥을 넣어 먹는 국밥류의 요리로, 부산광역시의 향토 음식이다. 돼지국밥의 유래에는 다양한 설이 있으나, 전쟁 중에 피난길을 전전하던 이들이 쉽게 구할 수 있는 돼지의 부속물로 끓인 데서 유래하였다는 설이 가장 유력하다. 본래 돼지국밥은 밀양과 부산, 대구 지역에서 각각의 방식으로 발전하여 오다가 현재는 그 세 가지 방식이 혼합된 형태에 이르렀다.

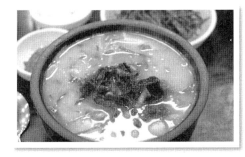

　지역별 특성을 살펴보면 밀양의 돼지국밥은 소뼈로 육수를 내 국물 색이 진한 것이 특징적이며, 대구의 돼지국밥은 내장과 같은 부속 부위를 다양하게 첨가한 점이 다르다. 부산식 돼지국밥은 돼지의 뼈로 우려내기 때문에 색이 탁하다. 세 지역 중, 돼지국밥이 대중적으로 인지도를 얻게 된 곳이 부산이어서, 돼지국밥은 부산의 향토 음식으로 알려져 있다.

6) 부산 밀면

　사골 등으로 우려낸 육수에 국수를 넣고 갖은 고명을 얹어 먹는 국수 요리로 부산에서 맛볼 수 있는 향토 음식이다. 6 · 25전쟁이 한창이었던 1950년대 초반에 북한에서 내려온 실향민들이 구호물품인 밀가루를 활용하여 냉면을 만들어 먹던 데서 유래하였다. 본래 '밀 냉면', '경상도 냉면'이라 불렸으나 시간이 지나면서 '밀면'으로 줄여 부르게 됐다. 1990년대 후반 이후 부산의 향토음식으로 부상하면서, 부산시는 2009년 밀면을 지역의 대표 향토음식으로 선정하기도 하였다.

밀면의 면은 밀가루와 전분, 소금물을 재료로 하여 만들어지는데, 전분이 함유되어 일반 국수보다 쫄깃한 맛이 나며 냉면과도 비슷한 질감이다. 밀면 육수는 일반적으로 돼지나 소의 사골, 혹은 소고기의 양지나 사태 부위, 닭 뼈 등을 넣어 푹 고아 만들어내는데, 밀가루가 주재료인 밀면의 특성상 소화가 되지 않을 것을 우려하여 여기에 감초, 당귀, 계피 등의 한약 재료를 첨가하거나 채소를 넣기도 한다.

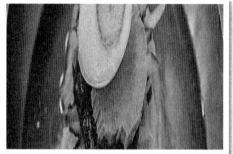

7) 대구 막창

소나 돼지의 막창 부위를 석쇠나 불판에 구워먹는 음식으로, 본래 대구광역시나 경상도 지방에서 즐겨 먹던 음식이었으나 현재는 전국에서 쉽게 맛볼 수 있다. 소막창은 소의 네 번째 위를 가리키며 소 한 마리당 200g에서 400g 정도 밖에 나오지 않는다. 돼지막창은 돼지 창자의 마지막 직장 부위를 가리키는데, 이 역시 돼지 한 마리당 250g 정도 밖에 나오지 않는다. 각각이 다른 식재료이나, 공통적으로 내장 부위이고 특유의 냄새가 나 깨끗이 손질하는 과정이 무엇보다 중요하다. 막창은 겉과 속 부분에 붙어있는 지방 덩어리를 제거하고 소금과 밀가루로 벅벅 씻어내는 식으로 손질한다.

돼지막창이나 소막창을 싱싱한 것으로 구매하여 흐르는 물에 씻는다. 막창 바깥 부분의 지방을 제거하고 돼지막창의 경우, 잔털이 난 부분을 가위로 잘라낸다. 막창의 안쪽을 바깥쪽으로 뒤집은 뒤 지방을 한 번 더 제거한다. 여기에 밀가루를 뿌려 바락바락 씻어내고, 굵은 소금을 뿌려 한 번 더 씻은 뒤 막창을 물로 깨끗이 씻어 놓는다. 이때 소막창의 경우, 작은 크기로 한 번 썰어주는 것이 좋다. 불판이나 석쇠가 달궈지면 막창을 얹어 노릇노릇하게 구워낸 뒤, 소금이나 기름장에 찍어 먹는다.

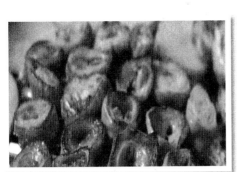

8) 경주 황남빵

밀가루 반죽에 팥소를 넣은 빵으로 경주의 대표적 향토음식이다. 일제강점기인 1939년 경주 토박이인 최영화 씨가 처음 개발한 빵으로, 당시 빵가게를 처음 열었던 곳이 황남동이 었다고 해서 황남빵이라는 이름이 붙었다. 물과 가루의 비율을 엄격히 지켜 빚은 반죽에 팥소를 넣어 둥글납작하게 반죽한 뒤, 이 반죽덩어리 위에 빗살무늬 도장을 꾹 눌러 찍어낸다.

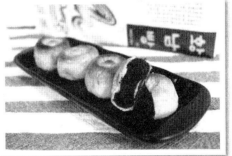

그리고 이를 구워내면 팥 고유의 향이 살아 있고, 끈적이지도 않는 황남빵이 완성된다. 황남빵은 1994년 경주시 향토전통음식으로 지정되었으며, 1998년 경주세계문화엑스포에서는 공식지정식품이 된 바 있다.

9) 안동 찜닭

안동찜닭은 고온에서 조리하므로 기름기가 적고 담백하며, 닭고기의 맛과 매콤한 양념의 조화를 혀끝에서 즐길 수 있는 음식으로 갖가지 재료를 넣어 다양한 맛을 내기 때문에 누구든지 즐길 수 있는 음식이다. 또한 닭에 풍부한 단백질과 다양한 채소에 함유된 비타민 등 각종 영양소가 어우러져 영양학적으로도 좋은 음식이다.

안동찜닭의 유래에 관한 설은 다양하다. 조선시대 안동의 부촌인 안(安)동네에서 특별한 날 해먹던 닭찜을 바깥 동네 사람들이 보고 '안동네찜닭'이라 부르기 시작한 데서 유래했다는 설이 있고, 1980년대 중반 안동 구시장 닭 골목에서 단골손님들이 닭볶음탕에 이런저런 재료를 넣어 달라고 요청하면서 재료가 더해져 지금의 '안동찜닭'으로 변모했다는 설이 있다. 가장 설득력 있는 설은 서양식 프라이드 치킨점의 확장에 위기를 느낀 안동 구시장 닭 골목의 상인들이 그에 대응하기 위해 새로운 맛을 찾던 중 생긴 퓨전요리가 '안동찜닭'이라는 것이다.

10) 진주 냉면

삶은 메밀국수에 쇠고기 육전, 잘게 다진 배추김치, 달걀지단 등 고명으로 얹고, 저온숙성시킨 해물육수를 넣은 음식으로 경상남도 진주의 향토음식이다. 진주냉면의 특징은 소의 사골을 이용해 육수를 달이지 않고 고급 멸치에 속하는 죽방 멸치 또는 디포리와 바지락, 건홍합, 건황태, 문어, 표고버섯 등으로 해물장국을 만들어 육수를 만든다는 점이다. 또 벌겋게 달군 무쇠막대를 끓는 육수에 반복해서 담가 비린 맛을 제거한 후 15일간 저온숙성 시켜 깊은 맛을 낸다. 다른 냉면과 달리 잘 익은 배추김치를 다져 넣고 쇠고기 우둔살에 계란을 입혀 부쳐 낸 쇠고기육전과 지단 등 여러가지 고명이 얹어 모양새가 매우 화려하다.

11) 영덕 대게

경상북도 영덕지방에서 잡히는 게로 전국적으로 잘 알려져 있고 껍질이 얇고 살이 많으며 맛이 담백하여 구미를 돋우는 명물이다. 대게라는 이름은 그 발이 붙어나간 모양이 대나무의 마디와 같이 이어져 있는 데에서 연유하며, 한자로는 죽해(竹蟹)라고 한다.

서식처는 영덕군의 영해 대진(大津) 앞바다에서 감포(甘浦) 앞바다에 걸쳐 있는데, 그 가운데에서도 영덕군 일원의 앞바다가 주산지이다.

7. 제주도

우리나라 남단에 위치한 섬으로 기후가 따뜻하고, 근해에서 잡히는 어류도 특이한 것이 많다. 섬 지방이므로 채소와 해초가 음식의 주된 재료가 되며, 바닷고기도 가끔 사용한다. 제주도 음식의 특징은 각각의 재료가 가지고 있는 자연의 맛을 그대로 내려고 하는 것이다. 음식을 많이 하지 않으며, 양념을 많이 넣거나, 여러 가지 재료를 섞어서 만드는 음식이 별로 없는데, 이것은 제주도 사람들의 부지런하고 꾸밈없는 소박한 성품을 그대로 보여주는 것이라 할 수 있다. 더운 지방이기 때문에 간은 대체로 짠 편이고, 어류와 해초가 많이 쓰이며, 된장으로 맛을 내는 것이 많다.

제주권 대표 음식

흑돼지연탄구이, 오분자기찜, 옥돔구이, 오메기떡, 고기국수, 돔베김밥, 전복죽, 다금바리회, 방어회, 갈치구이, 고등어 회, 말고기, 꿩고기, 성게국 등

1) 흑돼지연탄구이

제주산 흑돼지 고기를 두툼하게 썰어 연탄불에 구워 먹는 요리이다. 제주 흑돼지는 예로 부터 일교차가 크지 않은 섬의 특성에 의해 스트레스가 적다. 체질이 건강하고 질병에 대한 저항성이 강하여 고기의 질이 우수하다. 광택이 있고 흙색을 띠고 있을수록 좋은 고기이다.

연탄을 피우고 그 위에 그릴을 세운다. 두툼한 생고기를 덩어리째 굽기 시작하여 엄지 손 가락만한 두께로 잘라낸다. 이렇게 구우면 두꺼운 고기 안에 육즙이 꽉 차있게 되고 씹는 맛 이 쫀득해진다. 제주도에서는 흑돼지 고기구이에 멜젓을 찍어 먹는다. 멜젓은 제주도산 대 멸치로 만든 멸치젓갈로 돼지고기에 풍미를 더해준다. 여기에 각종 야채로 쌈을 싸먹는다.

연탄불은 고기에 일정한 온도의 열을 가하여 천천히 고루 익게 만든다. 다만 연탄가스가 내뿜는 일산화탄소에 유의해야한다. 흑돼지고기는 불포화지방산이 많아 혈액순환 개선에 도움을 주며 고혈압 등 성인병 예방에 효과가 있다.

2) 오분자기찜

오분자기에 갖은 양념을 하여 찐 음식으로 쫄깃하며 담백한 맛이 일품이다. 오분자기는 제주도에서 많이 잡히는 전복류의 일종으로 제주도에서는 '오분재기' 또는 '조고지'라고 부르는데, 12-3월까지가 제철이다.

생김새는 전복과 비슷하지만 전복은 껍데기에 3-4개의 구멍이 있고 울퉁불퉁한 반면에 오분자기는 6-8개의 구멍이 있고 껍데기 표면이 편편하고 매끈하며 크기도 훨씬 작다. 오분자기는 칼슘과 철분 등의 무기질과 비타민 B1과 B2가 많이 들어 있으며 전복보다 부드럽고 씹히는 맛이 좋다. 특히 오분자기에는 아르기닌(arginine)이 풍부하게 들어있어 자양강장에 도움이 되는 것으로 알려져 있다. 보통 오분자기는 구이나 찌개, 찜, 죽 등의 재료로 많이 이용하며 오분자기의 내장으로 '게웃'이라는 젓갈을 담가 먹기도 한다.

3) 옥돔구이

제주도에서는 옥돔만을 생선이라 부르고 다른 바닷고기는 고유 이름을 붙여 부를 만큼 생선 중의 생선으로 친다. 제주 연안에서 주로 잡히는 심해성 백신어(白身魚)인 옥돔과의 황색 옥돔은 살이 단단하면서도 지방이 적고 단백질이 풍부하여 맛이 담백하고 깊어 제주인이 가장 선호하고 귀하게 여긴다.

제주인들은 정성이 중요한 제사 음식을 장만할 때는 집집마다 미리 옥돔을 장만해 두었을 만큼 제수로서 중시하였다. 무속(당제 굿)이나 유교식 제례상에는 반드시 마른 옥돔을 구워서 진설하고, 때로는 생옥돔을 끓인 국(생국)을 메와 함께 올리기도 한다.

옥돔은 청정해역인 제주 근해에서 잡히는 고급생선으로 이 지역에서 잡은 옥돔은 맛이 뛰어나 조선시대부터 왕실 진상품으로 올려져왔다.

4) 오메기떡

차조 가루로 만든 떡에 콩가루나 팥고물을 묻혀 먹는 제주도의 향토 음식이다. 벼농사가 힘든 제주도에서는 조와 보리가 주식이었으므로 이것을 활용한 식문화가 발달하였다. 그 중 차조를 활용하여 만든 오메기떡은 차조가 수확되는 가을에 주로 먹는 떡으로, 이것을 잘게 부숴 누룩 가루에 버무려 보관하면 오메기술로도 먹을 수 있었다.

오메기떡은 현대로 넘어오면서 그 모습과 재료가 변화를 겪었는데, 차조의 가격이 오르자 찹쌀을 섞어 반죽을 하게 된 것으로 보인다. 여기에 쑥이 첨가되면서 반죽의 색이 진한 녹색을 띠었고, 설탕으로 조리한 팥소를 넣고 빚어 동그란 형태의 떡으로 변하였다. 이렇게 만든 떡의 겉면에는 팥고물이나 콩가루를 묻히는데 최근에는 땅콩, 아몬드, 호박씨와 같은 견과류를 묻혀 모양을 내기도 한다. 오메기떡은 뜨거울 때 먹는 게 가장 맛이 좋으며, 차조의 고소한 맛과 콩가루와 팥고물의 달콤함이 잘 어우러진다. 주재료인 차조를 구매할 때는 낟알의 크기가 고른 것이 좋으며, 냉장고와 같은 서늘한 곳에 밀봉하여 보관한다.

최근의 방식은 오메기떡을 만들 때 차조가루에 찹쌀가루와 쑥가루를 첨가하여 진한 녹색을 띠도록 반죽하고, 반죽 안에 달콤한 팥소를 넣어 둥근 모양으로 빚은 뒤, 겉면에 팥고물이나 콩고물, 견과류를 묻혀낸다.

5) 제주고기국수

제주고기국수는 삶은 밀가루 중면에 돼지뼈로 우린 뽀얀 육수를 넣고 수육을 올려 먹는 제주도의 향토 음식이다. 제주재래흑돼지가 유명한 제주지방에서 즐겨먹던 국수로 진한 육수와 돼지고기 수육이 많이 올라가는 점이 특징이다. 담백하면서 깔끔한 맛을 내며, 깨를 넣어 고소한 맛을 내기도 한다.

육지에서는 '고기'라고 하면 주로 '쇠고기'를 말하나 제주에선 '돼지고기'를 칭한다. 육지에서는 결혼 잔치를 '국수 먹을 일'이라고 하여 시원한 멸치국수를 대접했지만, 제주에서는 돼지고기 국수를 대접하였다.

1950년대 밀가루 건면이 상품으로 나오면서 제주도에서는 지금의 '돗괴기국수(돼지고기 국수)'를 개발하게 되었고, 1970년대 가정의례준칙이 시행됨에 따라, 접대음식의 간소화 정책의 일환으로 혼례, 상례 시 손님 대접에 돼지고기국수를 내놓게 되었다. 현재 결혼잔치에서는 거의 사라진 문화이나, 서귀포 지역의 상례 시에는 아직까지 돼지고기국수를 대접하는 문화가 남아있다. '고기국수'라는 이름으로 널리 알려졌다.

6) 돔베김밥

갓 삶은 흑돼지고기를 나무 도마에 얹어 덩어리째 썰어 먹는 제주도 지역 음식인 돔베고기를 김밥의 재료로 이용하여 만든 김밥이다. 여기서 '돔베'는 '도마'의 제주 방언이다. 수육에 쓰이는 고기는 제주의 흑돼지로, 예로부터 흑돼지는 일교차가 크지 않은 섬에서 자라 스트레스가 적으며 체질이 건강하다. 질병에 대한 저항성도 강해 고기의 질이 우수하다. 또한 제주도에선 돔베고기를 이용한 요리가 다양하다.

7) 전복죽

제주특별자치도 제주에서 전복 육질과 내장을 넣고 쌀로 쑨 연두색의 죽이다. 오래 전부터 제주의 해안마을에서 '좀녀'(해녀)들이 잡은 생전복(生全鰒)을 관가에 진상용으로 바치거나 팔기 위해서 전 처리(건전복)하는 과정에서 발생한 부산물인 '게웃'(내장)을 곡물에다 넣고 쑤어 먹었던 것이 전복죽이다. 제주의 전복죽은 '게웃'이 반드시 들어가며 이로 인해 연두색의 빛이 나고 감칠맛이 강하다.

　제주도 해안마을에서는 해녀들과 임산부의 산후 조리 음식과 어린이의 이유식으로도 많이 쓰였다. 해안 마을 속담에 "imagefont년 애기 나뒹 사을이민 물에 든다"(해녀는 아기 낳아서 사흘이 되면 바다에 들어간다)라는 말이 있다. 산후 조리에 전복죽의 효과가 좋다는 뜻이다.

　또한 입맛이 떨어진 환자 또는 간질환자의 단백질 보충을 위한 민간 식이 요법으로 널리 쓰여 왔다. 지금도 부모가 병환으로 병원에 입원하면 전복죽을 쑤어다가 드리는 관행이 여전히 지켜지고 있다.

8) 갈치구이

　토막 낸 갈치를 팬이나 석쇠에 구워 먹는 요리로 갈치가 유명한 제주도에서 특히 즐겨 먹는다. 갈치는 농어목 갈치과의 물고기로, 생김새와 은백색의 빛깔이 긴 칼과 같다 하여 칼치로 불리기도 했다. 최소 50cm에서 최대 150cm 까지 자라며, 7~11월 사이 많이 잡힌다. 구이나 조림이 일반적인 조리 방법이며 지역에 따라서 국이나 회로도 먹는다. 눈동자가 선명하고 은백색이 선명한 것이 신선한 갈치이다. 갈치는 비타민과 필수 아미노산이 풍부하여 피로회복과 식욕 증진에 좋다. 또한 칼슘이 풍부하여 어린이 성장발육은 물론 성인의 골다공증에도 도움이 된다.

9) 고등어 회

고등어 생선회로 제주도에서 흔히 맛볼 수 있다. 고등어는 대표적인 등푸른 생선으로 매년 가을부터 남쪽으로 이동하여 봄에 북상한다. 대중적인 생선이나 부패가 쉬워 내륙지방에서는 생식하기 어려운 음식 중 하나이다. 내장에 분포한 효소류가 잡은 즉시 부패를 진행하는데 이와 동시에 효소작용으로 유해성분인 히스타민을 만들어낸다. 때문에 회로 잘못 먹으면 두드러기나 복통이 발생할 수 있다. 산란기인 여름에는 특히 조심해야 하며, 맛은 가을에 가장 좋다. 신선한 고등어는 눈이 선명하고 푸른빛의 무늬가 진하며 광택이 난다.

10) 말고기

제주도에서는 승마용뿐만 아니라 식용으로도 말을 기른다. 말고기는 지방이 적은 고급 육류로, 칼로리가 낮고 단백질이 많은 식품으로 각광받고 있다. 불포화지방산을 많이 함유하여 여성들에게는 미용식으로, 남성들에게는 강장식으로, 노인들에게는 골다공증이나 중풍을 치료하는 건강식으로 인기를 끈다.

말고기를 옹호하는 사람들은 말고기가 쇠고기보다 건강에 더 좋다고 주장한다. 기름기가 적고, 칼로리와 지방 함량이 낮다. 전문 도축업자들은 말을 도축할 때는 특히 더 세심한 주의를 기울인다. 식용 말은 사육 규모가 작기 때문에, 공장식 사육 역시 별로 문제가 없다.

쇠고기와 말고기의 차이는 그 부드러움에 있다. 질긴 고깃덩어리를 익히려면 서서히 조리해야 하는 쇠고기와는 달리 말고기는 거의 모든 부위가 빠른 조리가 가능하다.

11) 꿩고기구이

제주특별자치도 서귀포 지역에서 꿩을 소금이나 간장으로 양념을 하여 적꼬치에 꿰어 구운 음식이다. 한라산 남쪽 야산에는 나무열매 · 풀씨 · 낟알곡식 · 곤충 등 생물종이 다양하여 이를 먹이로 살아가는 꿩이 흔하다. 전통적으로 꿩은 날짐승 가운데 서귀포에서 대표적인 사냥감이었다. 중산간 마을에서 추석이 다가오면 꿩 사냥을 하여 제수로 쓸 고기를 마련하였다. 꿩고기구이는 적꼬치에 꿰어 화롯불에 구워 추석상에 올렸던 꼬치구이 즉, 적(炙)이다.

서귀포 세시풍속에서 꿩 사냥은 9월과 10월 사이 오름 주변에서 마을 주민들이 소규모 그룹을 조직하여 행해졌다. 시기적으로 꿩이 털갈이를 할 때이므로 털이 짧아 멀리 날아가지 못해 몰이사냥을 하기에 적합하다. 10월이 지나면 깃털이 발달하여 비행 거리가 길어져 사냥하기 쉽지 않다. 보통 중산간 마을에서는 추석을 2~3일 앞두고 꿩 사냥을 나갔다. 명절에 제수로 쓸 육 고기가 귀하여 꿩이 이를 대신하였기 때문이다.

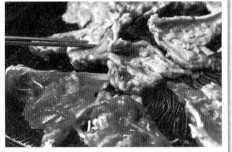

12) 성게국

서귀포 해안 암반 틈새에 보라성게들이 군집을 이루어 서식한다. 해녀들은 암반 구석에서 검보라색 큰 가시가 촘촘히 박혀있는 큰 성게를 골라 따낸다. 진한 노란색의 알은 감칠맛이 좋아 싱싱한 미역과 함께 끓인 성게국은 서귀포 주민들에게 매우 인기 있는 지역 음식이다.

서귀포 패총 유적지에 성게 껍질이 출토되는 것으로 보아 수렵과 어로를 할 당시부터 먹었던 해산물이다. 제주어로 성게를 '구살'이라고 하고 미역을 넣고 끓인 국을 '구살국' 즉, 성게국이라 한다. 해녀들이 따낸 돌미역은 국을 끓이는 데 사용하는데, 해산물과 함께 끓일 때는 성게 알처럼 비린내가 적은 것에 넣는 습속이 있다. 1990년대 초 일본인 관광객이 제주도에 많이 방문할 때 지역 음식점에서 성게미역국이 상품화되었다.

제3절 한국의 음식문화 예절

우리가 식사를 하는 한국 음식문화의 식탁에는 독상 외에 두 사람이 마주 앉아서 먹는 겸상, 큰 둥근 받침 모양의 두레반상 손님용의 큰 식탁인 교자상 등의 식탁이 있다.

가장의 식사나 정식 손님접대 시에는 독상이 쓰였으므로 식사예절의 기본은 한 사람에게 음식물이 배분되는 식사법이다. 온돌이 발달한 한국에서는 남자는 책상다리를 하고 앉으며, 여자는 한쪽 다리를 세우고 상을 향한다. 조선시대에는 남녀·세대간의 구별을 존중하는 유교사상을 생활규범으로 하는 것이 오히려 중국보다 더 철저했기 때문에 식사규범은 대단히 엄격하였다.

양반·귀족 계급의 가정에서는 조부모·가장·사내아이·여자아이 등 성별, 세대별로 나누어진 그룹이 다른 방에서 시차를 두고 식사를 했다. 이대 가장은 독상을 받아서 혼자 먹고, 아이들이 먹는 경우는 사람 수에 따라 겸상 또는 두레반상 사용하는 등 상의 종류가 다르며, 가족 전체의 식사가 끝나고 나서 주부가 식사를 하였다.

일반서민의 전통적 식사의 경우에는 가족 내 세대나이는 생략되지만, 남녀의 구별은 지켜졌다. 즉 남자는 사랑방이라는 방에서, 여자는 안방이라는 여자의 방에서 각각 큰 두레반상에 둘러 앉아 식사를 하는 것이다. 며느리와 시어머니가 함께 식탁에 앉을 때에는 며느리는 식탁 아래에 자기의 식기를 놓고 먹었다. 며느리가 혼자 온돌 아궁이 앞에서 먹는 일도 있었다.

일본은 젓가락만을 사용하여 먹고, 중국은 국물용으로 사기수저가 더해진다. 한국은 금속제의 젓가락과 자루가 달린 숟가락이 식사의 필수품이다. 한국의 식기는 금속제의 것을 사용한다고 생각하기 쉽다. 현재에는 여름·겨울 모두 금속제의 식기를 사용하는 경우도 있지만, 정식으로는 여름은 도자기를 사용하고, 겨울에는 금속제의 식기를 사용한다. 예전에는 상류계급은 은기를 사용하였고, 서민은 놋그릇의 식기였으나, 현재는 스테인레스 스틸의 식기가 많이 쓰인다.

식사예절에서 숟가락과 젓가락은 한 손에 쥐지 않고 숟가락을 사용할 때에는 젓가락을, 젓가락을 사용할 때에는 숟가락은 상 위에 놓는다.

Fig 나무 젓가락

Fig 사기 숟가락

가정에서의 식사에서는 젓가락과 숟가락, 밥을 담은 식기는 각자의 것이 정해져 있다. 어릴 때에는 어머니에게서 받은 식기를 사용하고, 결혼하게 되면 색시가 본인의 것과 남편을 위해 마련해 온 식기를 사용한다. 그 외의 식기는 가족 공용이다. 독상에서 식사하던 때의 일본에서는 젓가락과 일상의 식사에 쓰던 식기는 모두 개인전용이었다. 중국에서는 개인의 전용 젓가락이나 식기가 정해져 있지 않는 것이 보통이다.

겸상이나 두레반상 등을 사용하여 하나의 상에 여러 사람들이 둘러 앉아 식사를 할 때에 밥과 국은 개인별로 담는다. 그밖의 반찬은 하나의 그릇에 담아 자기 젓가락으로 집어 먹는다.

먹다가 남기는 것은 예의에 어긋나지 않는다. 오히려 모든 것을 다 먹어 치우는 것은 좋지 않게 여기는 경우가 많았는데 가정에서 전통적인 식사의 경우 먹고 남기는 것을 예의로 생각하는 경우가 많다. 가장이 먹은 다음 남긴 것에 더 담아서 남자아이들 식사로 돌린다든지, 가족이 먹고 남긴 것에 보태어 하인의 식사로 돌리는 상위 사람으로부터 하위사람들에게 음식을 내려 주는 풍습이 있었기 때문에 다음에 먹는 사람의 것을 배려하지 않고 모두 먹어 버리는 것은 탐욕이라 생각하였다.

옛 문헌에 나오는 식사예법_『논어』 향당편

나라 제사에 참여해 나눠 받아 온 고기는 그 날을 넘기지 않고 먹었으며, 내 집에서 지낼 제사고기는 사흘 안에 다 먹도록 하고, 넘기면 먹지 않았다. 식사할 때는 이야기를 하지 않았고, 잠자리에 들어서도 말을 하지 않았다. 거친 밥이나 나물ㆍ국과 같은 하찮은 음식이라도 꼭 제를 했으며, 그럴 때면 엄숙한 표정을 지었다. 임금이 음식을 내리면 반드시 자리를 바로 잡은 다음 먼저 음식 맛을 반드시 보고 나서 집사람들에게 나눠 주었다. 임금이 내린 것이 날고기일 경우에는 반드시 익혀서 사당에 올렸고, 임금이 산 것을 내렸을 경우는 반드시 집에서 길렀다. 임금을 모시고 음식을 같이 들 경우에는 임금이 제하는 동안 먼저 수저를 들어 밥을 먹음으로써 음식을 시험하는 것을 대신으로 했다.

Chapter

4

현대사회와 대중문화

제1절 대중문화의 중심 한류의 시작

1. 한류의 개념

1) 한류의 정의

오늘날의 대중문화는 동영상 콘텐츠를 포함하여 디지털적인 성격을 갖기에 지리적 경계를 넘어 자유로운 이용이 가능해졌을 뿐 아니라 언어적 경계선도 상당 수준 뛰어넘어 단순하고, 빠르게, 직접적으로 세계시민들에게 ^(국적에 관계없이) 호소한다. 그 결과 초국적세계 거주민들^(이들을 유목민으로 표현하는 사람도 있다)의 여가생활과 일상생활을 구성하는데 다중문화는 크게 이바지한다.

한류는 아시아 지역에서 일어난 글로벌한 문화 현상으로 특성 또는 독특한 경향을 뜻하는 접미사 '~류^(流)'에 한국을 뜻하는 '한^(韓)'을 붙인 것이다. 보통 '~류^(流)'라는 표현은 '~식', '~파', '~스타일'등의 뜻으로 일본에서 사용되는 일본식 표현이지만, 한국 문화관광부에서 제작, 배포한 음반과 포스터의 제목 〈韓流-Song from Korea〉에 공식적으로 사용되며 방송과 신문 등으로 널리 확산되었다.

한국의 대중문화 선호현상을 일컫는 용어인 '한류'는 지난 10여년의 시간동안 경제 · 사회 · 문화적 화두를 제시하면서 끊임없이 자기진화를 해왔다. 한류란 중국, 일본, 홍콩, 대만, 베트남 등지의 동아시아 지역에서 청소년 및 젊은 세대를 중심으로 한국의 음악, 드라마, 영화 등 대중문화와 인기 연예인들을 동경하고 추종하며 배우려고 하는 문화현상을 총칭한다. 인문학적측면에서는 아시아국가들의 경제적 성장과 사회적 · 문화적 변환에 의한 다원화 추세로 다양한 문화콘텐츠에 대한 열망이 나타났고, 이것이 최근 들어 질적으로 향상된 "한국대중 문화에 대한 선호현상"으로 반영된 것이라 정의된다.

중국에서 방영된 드라마를 기점으로 음악, 음식, 공연, 게임, 영화 등 다양하게 분류할 수 있으며, 2010년에는 동아시아, 중동, 라틴 아메리카, 동유럽으로 확산되었다.

이처럼 미국과 일본의 문화 영역권에 무섭게 등장한 한류는 대중문화의 일방적인 소비 국가에서 문화 창조국, 문화 수출국으로 탈바꿈하게 된다. 기존에 문화의 영역을 독차지했던 나라는 주로 상업적, 정치적 요소가 가미되었지만, 우리나라의 문화는 정치나 사회적으로 영향을 받지 않는 독자적인 형태로 존재했기 때문에 타 국민들에게 주목받았다고 볼 수 있다. 또한, 문화의 소재는 일상에서 흔히 경험되는 친숙한 소재, 공감, 개성, 뛰어난 감각과 같은 점이 타 국민을 사로잡은 요인으로 작용하였다.

한류의 개념은 시간이 흐를수록 더욱 포괄적인 의미를 나타낸다. '한국문화의 열풍' 즉, 수용자들의 열광적인 호응에 의한 국제적인 문화 반응을 문화적 관점으로 볼 수 있으며, 경제적 관점으로는 '한국 문화의 해외수출'로 정의할 수 있다.

이처럼 우리나라는 문화의 수신국에서 발신국으로 위상이 바뀐 만큼 지속적인 유지와 확산을 위한 일이 국가적 과제로 부상하였다.

2) 한류의 원인

1987년 대한민국에 민주주의가 들어서기 시작하면서 대중문화에 관해 관심이 집중되기 시작하였다. 이러한 현상에 답변하듯 SBS를 비롯한 케이블 TV와 위성방송 채널 등이 개국, 본격적으로 상업 방송이 활성화되었다. 이에 따라 대기업 자본의 문화산업 참여를 유도, 문화 콘텐츠의 질을 높이는 변화가 일어났다.

그러나 1990년대 후반 우리나라는 IMF(International Monetary Fund)라는 외환위기와 더불어 IT(Information Technology)산업의 거품이 빠지며 새로운 대안이 필요했다. 당시 1980년대부터 성장한 우리나라의 대중문화 산업이 세계적인 문화 콘텐츠의 성공사례를 참고, 정책 지원을 받아 성장하는 계기가 되었다. 2000년대는 우리나라를 벗어나 더 넓은 시장의 진출모색과정이 이루어졌으며, 그해 말부터 세계적으로 한류의 붐이 일어났다.

한류는 주로 국내외 정치, 경제, 문화적 환경의 변화에 따른 복합적인 것으로 아시아에서 일본 콘텐츠가 선풍적인 인기를 끌었다. 그러나 아시아 전반에 걸친 반일감정과 상대적으로 저렴하고, 새로운 한국의 콘텐츠가 홍콩과 대만, 중국의 관심을 받았다. 그중에서도 중국은 대외개방정책 실시 이후 꾸준한 경제 성장을 이루었고, 국민의 평균 소득이 증가하여, 대중문화를 소비할 수 있는 계층이 형성되었지만 이에 걸 맞는 대중문화가 부족한 형편이었다. 이러한 상황이 우리나라의 대중문화가 중국에서 인기를 끌 수 있었던 기회로 작용하였다. 또한, 중국은 과거 서양문화에 배타성을 띠고 있었다. 그러나 역사적, 정치적으로 반감이 적은 한국 문화에는 비교적 호감을 갖았다. 또한, 한국과 중국은 유교 문화권이라는 동질성 때문에 문화 상품 교류 시에 거부감이 적었으며, 우리나라의 세련된 문화와 동양의 정서를 가미된 형태를 띠기 때문에 중국 현지인들에게 매력있게 어필되었을 것이다.

한편, 우리나라는 1986년 서울아시안게임, 1988년 서울올림픽을 계기로 1987년부터 개방정책과 국내 엔터테인먼트 회사의 성장이 큰 역할과 1980년대 음악 산업의 발전, 1990년대 영화, 게임, 인터넷 등 대중문화 산업 전체가 급성장하였다. 그러나 한류의 발생 시점과 그 원인에 대해서는 여러 지역에서 무분별하게 발생했기 때문에 한마디로 정의할 수는 없지만 현재 우리나라의 문화가 전 세계를 주도하고 있다는 사실은 변함없다.

2. 한류문화의 발전사

한류의 확산도 시간이 경과되면서 변화되는 양상을 나타내었는데, 예를 들어 초기일본시장에 진출한 한류의 대표적 연예인인 보아나 동방신기가 각각 5년과 4년이 경과 한 후에 성공적인 정착이 이루어졌던 것에 비해, 소녀시대는 첫 번째 정규앨범의 발매와 동시에 대표적인 음악순위 평가지표인 오리콘차트 1위에 등극했다. 이러한 변화는 다양한 측면에서 그 원인을 찾을 수 있겠지만, 무엇보다도 유튜브와 트위터, 페이스북등 SNS 환경의 도래와 급격한 확산으로 TV가 아닌 온라인에서의 디지털콘텐츠 소비가 중요한 역할을 한 것을 가장 큰 요인으로 볼 수 있을 것이다.

소녀시대와 그 이후 한류를 이끌고 있는 가수들의 경우에는 새로이 발표되는 음원에 대한 정보나 뮤직비디오를 기획사의 홈페이지와 함께 유튜브에 공개함으로써 보다 많은 사람들에게 해당 콘텐츠의 전달을 용이하게 하였다. 이렇듯 디지털환경과 함께 새로운 미디어를 잘 활용한 결과, 가수들에 대한 정보나 음원 등은 발매와 동시에 해외 팬들에게 전달됨으로써 지리적 접근성 제약 및 문화적 감가에 대한 극복을 가능케 했다. 이러한 차원에서 소녀시대가 소속된 기획사인 SM엔터테인먼트에서는 오래전부터 고화질의 영상을 서비스해 왔고, 관련 기술이라고 할 수 있는 3D 촬영에도 큰 노력을 기울여왔다.

대중들의 대중문화에 대한 관심은 곧 한국 방송 산업의 발달로 이어졌다. 1993년 처음 한국 드라마 「질투」가 중국 수출을 시작으로, 「사랑이 뭐길래」가 중국CCTV에서 방영, 역대 수입 외화 사상 최고 시청률 2위를 기록하면서 한국 문화를 알렸다. 이후 「대장금」, 「풀하우스」, 「겨울연가」 등 국내 드라마는 아시아 전역에서 꾸준한 인기를 끌었다. 한국 드라마가 큰 인기를 얻자 1998년 중국 〈북경 청년보〉에서 '한국의 유행이 밀려온다'는 의미로 한류라는 단어가 처음으로 언급되었다.

2000년대 즈음 드라마의 인기에 힘입어 당시 우리나라 최고 인기 댄스 그룹 H.O.T의 베이징 공연을 시작으로 본격적인 한류열풍이 시작되었다. 이후 동방신기, 보아, 정지훈 등 당대 최고의 가수들에 국외 진출을 통해 큰 성공을 거두었다.

현재는 드라마, 인터넷 방송, 예능, 대중가요, 관광, 음식 등 다양한 분야에서 해외 진출이 이루어지고, 진출 범위 또한 아시아를 넘어 미주권, 유럽 등 세계적으로 넓혀지고 있다.

● **한류 연대기**
1993년부터 2017년까지

1993
방송
· 드라마 〈질투〉 중국 수출

1996
방송
· 드라마 〈파일럿〉, 〈화려한 휴가〉, 〈질투〉 일본 TVQ 규슈 방영(10월, 시청률 1~2%)

1997
방송
· 드라마 〈별은 내 가슴에〉 중국, 대만, 홍콩 PhoenixTV 방영
· 드라마 〈사랑이 뭐길래〉 중국 CCTV 방영, 역대 수입 외화 사상 최고 시청률 2위 기록(4.3%)

음악
· 김완선 대만일본 〈지두메이리〉차트로 10주 연속 1위 기록

1998
방송
· 드라마 〈느낌〉, 〈첫사랑〉 등 베트남에서 인기리에 방영

음악
· 클론 대만 공연 성공리 개최
· H.O.T.(5월) 중국 내 한국 음반 제1호 앨범 〈행복〉 공식 발매, 출시 한 달 안에 5만 장 이상 판매고 기록

'한류(韓流)' 용어, 1998년 중국 〈북경청년보〉에서 "한국의 유행이 일려온다"는 의미로 처음 언급

1999
음악
· 클론 중국 북경서 단독 콘서트 개최(11월)

2000
방송
· 드라마 〈대장금〉 이행에 주연 대만 GTV 방영

음악
· H.O.T. 중국 북경에서 단독 콘서트 개최(2월)

영화
· 영화 〈쉬리〉 일본 개봉(1월), 120만 명 관람으로 18.5억 엔약 185억 원 흥행 수익, 비디오 출시 15억 엔약 150억 원 수익 기록

2001
음악
· 보아 일본 진출(5월 30일) 싱글 앨범 〈ID;Peace B〉 발매, 오리콘 주간 싱글차트 20위권 진입

영화
· 〈엽기적인 그녀〉 중국 DVD 출시

2002
방송
· 한일 합작 드라마 〈프렌즈〉 한빛 주연 일본 TBS 방영(2월 4~5일)

음악
· 보아 일본 첫 정규 음반 〈Listen to My Heart〉 오리콘 앨범 차트 1위(100만 장 판매, 3월 30일)

2003
음악
· 드라마 〈겨울연가〉 배용준, 최지우 주연 일본 NHK-BS2 방영(4월~9월)/재방송(12월)

2004
방송
· 드라마 〈겨울연가〉 일본 NHK-2TV 방영(4월), 관동지역 20.6%, 관서지역 23.8% 시청률 기록

· 드라마 〈대장금〉 일본 NHK 방영

영화
· 〈올드보이〉 박찬욱 감독 칸영화제 심사위원 대상 수상

2005
방송
· 드라마 〈대장금〉 홍콩 TVB 방영, 최고 시청률 47% 기록
· 드라마 〈올인우리〉 송혜교, 송승헌 주연 태국 방영 최초의 74% 시청률 기록

음악
· 동방신기 일본 데뷔(4월 27일)
· 보아 베스트앨범 〈Best of Soul-Perfect Edition〉 일리언셀러 기록
· 장나라 중국음반협회 주관, 골든디스크상 수상

영화
· 〈봄 여름 가을 겨울 그리고 봄〉김기덕 감독 몬트리올 영화인협회 최우수작 선정
· 영화 〈내 머리 속의 지우개〉 이재한 감독, 정우성손예진 주연 일본 상영 30억 엔약 300억 원 흥행 수익 달성

2006
방송
· 드라마 〈대장금〉 이란 국영 TV IRIB Ch2 방영(10월), 최고 시청률 90% 기록

음악
· 비, 〈타임(TIME)〉지 발표 세계에서 가장 영향력 있는 100인 선정

영화
· 영화 〈왕의 남자〉 이준익 감독 프랑스 도빌아시아영화제 심사위원상 수상
· 영화 〈괴물〉봉준호 감독 프랑스 전역 223개 상영관 개봉 66만 805달러 7억 1,580만 원 수입

2007
영화
· 영화 〈괴물〉봉준호 감독 미국 116개 극장 개봉 220만 달러 약 24억 2,000만 원 수입

· 영화 〈밀양〉이창동 감독의 전도연, 한국 배우 최초 칸영화제 여우주연상 수상

2008
방송
· 드라마 〈아내의 유혹〉장서희 주연 홍콩 방영 시청률 80% 기록
· 드라마 〈대장금〉 헝가리 국영방송 MTV 방영 시청률 30~37% 기록

음악
· 동방신기 일본 오리콘차트 싱글 1위 최다 기록

· 보아 미국 진출 선언(10월), 〈Eat You Up〉 디지털 싱글 발매미국 음악사이트 마이뮤직(itunes 댄스 부문)2위

2009
방송
· 드라마 〈주몽〉송일국 주연 이란 방영 최고 시청률 85% 기록

음악
· 박병 일본 데뷔(8월) 〈My Heaven〉 첫 주 2만 6,000장 판매(오리콘 주간 3위 기록)
· 동방신기 '4th 라이브투어 2009~더시크릿코드~파이널 in 도쿄돔' DVD 일본 오리콘 영상 부문 종합차트 1위 기록
· 원더걸스 미국 데뷔 〈노바디 Nobody〉 빌보드 '핫100' 76위 기록(10월 22일)

영화
· 〈과속 스캔들〉강형철 감독, 차태현 주연 홍콩 개봉 첫 주 박스오피스 4위 기록

2010
방송
· 드라마 〈아이리스〉이병헌김태희 주연 지상파 TBS 황금시간대 방영(화 9시)
· 드라마 〈미남이시네요〉장근석 주연 일본 후지TV 방영, 동시간대 시청률 1위 기록

음악
· 소녀시대, 카라 일본 데뷔

영화
· 이창동 감독 영화 〈시〉 칸국제영화제 각본상 부문 진출 시나리오상 수상

2011
음악
· 슈퍼주니어(Super Junior) 대만 KKBOX 차트 최장기간 1위 기록(39주)
· 〈SM타운 월드 투어 인 파리〉 개최(6월 10~11일, 관객 1만 4,000명)

2012
음악
· 싸이 정규 앨범 6집 〈강남스타일〉 미국 빌보드 차트 첫 100 7주 연속 2위 기록, 세계 최초 유튜브 조회 수 10억 건 달성(12월 21일)

· 세계 최대 K-Culture 페스티벌 〈KCON〉 개최(미국)

2013
방송
· 드라마 〈대장금〉 10주년 전 세계 87개국 수출

· 싸이 〈젠틀맨(GENTLEMAN)〉 뮤직비디오 2013년 유튜브 최다 조회 동영상 기록(6억 뷰 돌파)
· 엑소EXO 정규 1집 앨범 〈XOXO(Kiss&Hug)〉 100만 장 판매 돌파

영화
· 영화 〈피에타〉김기덕 감독 세계 3대 영화제 베니스영화제 황금사자상 수상

한국 방문 외래관광객 수 사상 첫 1,000만 명 돌파 (1,113만 명)

Fig 한류 연대기 (2017 한류백서_한국국제문화교류진흥원)

Fig 한류 연대기_ 계속 (2017 한류백서_한국국제문화교류진흥원)

3. 글로벌 한류 트렌드

1) 한국의 연상 이미지

　문화(文化)는 사람들이 일정한 장소에서 집단으로 살아가는 가운데 발생한 생활양식이나 사고방식을 말한다. 즉 의·식·주, 언어, 종교, 지식, 예술, 제도 등 한 민족이나 사회의 전반적인 삶의 모습을 지칭하는 매우 포괄적인 개념이다. 그러나 대중문화(大衆文化)는 상품의 성격을 띠고 산업조직에 의해 대량으로 생산, 소비되는 경향이 있다. 결국 대중문화는 경제적인 면을 피해갈 수 없고, 사회적 윤리의 관점보다 기업의 경영적 관점이 우선시되는 경향이 많은 것이 사실이다. 아무리 좋은 영화나 음악이라도 대중의 외면을 받아 흥행에서 실패하면 지속적인 사업의 영위가 불가능하고, 대중문화 콘텐츠는 문화 산업의 관점에서 다루어지기 때문이다.

　한류는 곧 한국하면 떠오르는 이미지로 부상하였다. 한국국제문화교류진흥원이 조사한 보고서[2017 한류백서]에 의하면 K-POP은 16.6%로 1위를 차지하고 있는데, 아시아뿐만 아니라, 미주, 중동에서도 한국의 이미지로 손꼽고 있다. 그중에서도 아시아지역의 경우 중국-뷰티, 일본-한식, 대만-한류스타, 인도-IT에 산업으로 나타내고 있다.

지난 6차 조사에서 응답 비율이 감소했던 'K-pop'이 다시 1위로 상승하였으며, 그 외의 연상 이미지는 모두 10% 이하로 나타났다.

구분					
7차 (2017년 11월)	K-팝 12.1	북한 8.5	IT 산업 7.7	드라마 7.6	한식 7.5
6차 (2016년 11월)	한식 12.5	K-팝 12.1	IT 산업 10.2	드라마 9.9	북한 7.8
5차 (2015년 11월)	K-팝 20.1	한식 12.1	IT 산업 9.7	드라마 9.5	미용 9.2
4차 (2014년 11월)	K-팝 17.2	한식 10.5	IT 산업 10.4	드라마 9.9	미용 7.9
3차 (2014년 2월)	IT 산업 14.5	K-팝 12.0	한식 10.7	드라마 8.4	한국전쟁 6.0
2차 (2013년 11월)	한식 15.8	드라마 12.9	전자제품 12.3	K-팝 12.0	한국전쟁 7.9
1차 (2012년 2월)	드라마 18.3	K-팝 14.9	한식 14.5	전자제품 14.0	한국전쟁 6.7

아시아	미주	유럽	중동	아프리카
K-팝 18.7%	K-팝 22.6%	북한 11.5%	K-팝 15.0%	북한 15.5%

🅕ig 한국의 연상이미지_ 2017 한류백서 참조   🅕ig 한류의 중심 K-pop

2) 한류 콘텐츠 유형별 인기요인

처음 가까운 중국으로부터 시작된 한류는 일본, 대만, 싱가포르를 넘어서 이슬람 그리고 최근에는 유럽까지 그 영향력을 키우기 시작했다. 20세기 일본이 세계 2위의 경제대국이 되면서 아시아에는 일풍이라 불리는 강력한 문화열풍이 불었다. 일본 애니메이션, 드라마,

J-Pop을 비롯한 수많은 문화 콘텐츠들이 우리나라를 비롯한 아시아 각국으로 퍼져나갔다. 하지만 과거 일본의 제국주의적인 성향과 주변국과의 마찰 등으로 그 열기는 점차 식어가게 되었다. 이즈음 아시아의 여러 나라들이 급격한 경제 성장을 이루기 시작했다. TV의 보급과 인터넷의 확대, 경제 발전으로 사람들은 새로운 문화 코드를 원했고 이미 식어가기 시작한 일풍대신에 새로운 한류라는 새로운 문화에 눈을 뜨게 된다. 특히 90년대 중반 동아시아에서 시작된 드라마의 열기는 2002월드컵을 거치면서 급격하게 아시아 전역으로 퍼져나갔다. 그리고 드라마에 한정되었던 한류 콘텐츠 역시 K-Pop, 패션, 음식, 성형수술에 이르기까지 수많은 분야로 확대되어 한류열풍이라 불릴 정도로 널리 확대 되었다.

최근 스마트미디어 발전에 힘입어 빠른 한류콘텐츠의 전파가 가능해졌다. 기존의 한류가 동아시아 중장년 여성층을 주류로 하는 한정된 흐름이었다면 2000년대 후반이후 K-POP을 중심으로 나타난 신한류는 '소셜미디어Social Media)'를 기반으로 미국 유럽 남미 등을 아우르는 세계적인 붐이 되고 있다. 콘텐츠의 해외진출에 있어 유통망의 확보는 결정적인 역할을 하는데 2000년대 후반 이전에는 현지의 유통망을 주로 활용했다. 드라마와 영화가 한류를 이끌었던 시기에는 해외수출 및 자국 TV를 통한 방영이라는 단순한 유통구조였으나 신한류는 K-POP 장르특성에 맞춰 유튜브(Youtube), 아이튠즈(iTunes), 페이스북(Facebook), 트위터(Twitter), 블로그(Blog) 등과 같은 소셜미디어 즉 SNS(Social Network Service) 미디어가 일차적 유통 기반이 되고 있다.

한류 문화 각 콘텐츠의 인기요인은 다양하게 나타난다. 1위를 차지하고 있는 K-POP은 가수 혹은 그룹 멤버들의 매력적인 외모와 스타일, 새롭고 독특한 접근, 중독성이 강한 후렴구와 리듬을 인기요인으로 꼽았다.

TV드라마, 예능프로그램, 영화는 배우의 외모나 탄탄한 스토리 짜임새, 재미있는 소재와 시청을 통해 간접적 한국 경험으로 나타났다. 또한 세계적인 IT산업의 발달로 최근에는 온라인과 모바일게임이 인기가 끌고 있는데 이는 그래픽과 게임플레이 방식과 구성이 높이 평가되고 있다.

그러나 실제로 한류콘텐츠 경험자의 의하면, 한국의 패션·뷰티에 대한 호감도가 높았으며, 이어 예능과 영화 순으로 긍정적인 반응을 나타내고 있다. 또한, K-POP과 음식의 인기도는 높으나 실제로 호감도는 낮은 비율로 나타나고 있다.

유형	내용	
TV 드라마	배우의 매력적인 외모 14.7% 스토리가 짜임새 있고 탄탄함 12.8%	
예능 프로그램	재미있는 게임 및 소재 사용 15.0% 한국생활 및 문화에 대한 간접경험 13.1%	
영화	스토리가 짜임새 있고 탄탄함 14.8% 배우의 매력적인 외모 13.1%	
K-Pop	가수 · 아이돌의 매력적인 외모와 스타일 14.8% 중독성 강한 후렴구와 리듬 14.7%	
만화·캐릭터	그림체, 색채, 그래픽 등의 영상미 19.5% 캐릭터 생김새, 디자인 14.9%	
온라인·모바일 게임	그래픽, 그림 21.9% 게임 플레이 방식 및 게임 구성 21.1%	
패션·뷰티	품질이 우수 17.0% 제품 종류 및 스타일이 다양 15.7%	
한식	한식의 맛 23.6% 한국의 전통적인 식사 문화 16.7%	
도서(출판물)	한국 문화만의 독특함 17.4% 한국 생활 및 문화에 대한 간접 경험 16.0%	

자료: 한국국제문화교류진흥원(2018), 2017 한류백서

제2절 분야별 한류 동향

1. 방송한류

1) 드라마의 맹활약

한류 20년을 대표하는 콘텐츠로 방송, 그중에서도 한국 드라마를 꼽는 것에 이의를 제기할 사람은 아마도 없을 것이다. 그 중 TV드라마는 글로벌 한류 확산의 일등공신으로 1997년 MBC 드라마 〈사랑이 뭐길래〉가 중국에서 방영된 이후 약 20여 년 동안 〈가을동화〉, 〈겨울연가〉, 〈대장금〉, 〈별에서 온 그대〉, 〈태양의 후예〉 등 드라마가 연이어 많은 사랑을 받았다.

Fig 드라마 사랑이 뭐길래

Fig 드라마 겨울연가

Fig 가을동화

방송이 한류의 꽃이라는 사실은 여러 곳에서 증명된다. 국내에서 2013년 말부터 2014년 초까지 방영되었던 〈별에서 온 그대〉는 회당 3만 5,000달러(약 3,850만 원)에 중국판 넷플릭스인 아이치이(愛奇藝, iQIYI)와 계약, 조회 수 37억 회에 달하는 등 큰 성공을 거뒀다. 2016년에는 〈태양의 후예〉가 또다시 종전의 흥행 기록을 갈아치웠다. 총 32여 개국에 수출되어 판매액만 100억 원에 이를 만큼 역대 최고의 흥행을 올렸다.

아이치이에서도 40억 뷰 조회 수 기록과 1조 원 이상의 경제적 파급 효과를 낸 바 있다. 2016년 상반기는 〈태양의 후예〉를 시작으로 방송 드라마 한류가 강세를 보였지만, 2017년은 방송 한류의 최대 소비국인 중국의 유통 규제 강화(온라인 플랫폼 사전심의제 도입 등)와 사드 배치에 따른 한한령 여파로 수출 환경이 급속히 냉각되었다. 한편, 버라이어티 등 오락물과 드라마 포맷에서 수출 호조세와 중국·일본 등으로 편중되던 방송 한류 진출 시장이 미국·동남아 등에서의 관심과 수요로 연결된 것은 방송 한류외연 확장에 있어 긍정적인 신호이기도 하다. 특히 드라마 〈굿닥터〉의 미국판 〈The Good Doctor〉는 현지 평균 시청자 수가 1,740만 명에 달했다. 완성 콘텐츠가 아닌 포맷 수출을 통한 미국 시장 진출이라는 측면에서 2017년 방송 한류의 새로운 전기를 마련했다고 평가할 수 있다

2) 방송한류의 포맷 수출

방송한류는 포맷 수출을 가능케 하였다. 포맷 수출은 프로그램의 현지화로 문화적 할인을 극복할 수 있다는 장점으로 특정 국가 또는 지역에서 성공한 포맷을 국가별로 그 나라에 맞게 다양한 방식을 통해 적용함으로써 실패에 대한 리스크는 줄이고 성공확률을 높일 수 있다.

Fig 드라마 신의 선물

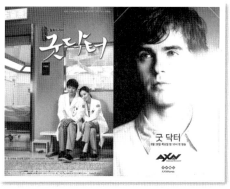

Fig 드라마 굿닥터

SBS드라마 〈신의 선물〉이 미국판으로 〈Somewhere Between〉으로 재생산 되었으며, KBS드라마 〈굿닥터〉 성공적인 포맷으로 미국 4대 메이저 방송사 중 하나인 ABC에서 〈The Good Doctor〉가 방영을 시작하였다. 〈The Good Doctor〉은 2017년 방영 3화만에 누적 시청자수가 1,820만명으로 집계 되었는데, 이는 미국 최고 인기 시트콤의 시청자 수를 추월한 수치이다.

한편 〈대장금〉은 동아시아에 국한되던 방송 한류를 세계 각지로 확장시키는 계기를 마련하기도 하였으며, 음식, 옷, 생활상, 의학 등은 전통문화를 결합해 한류의 가능성을 보여주었다는 측면에서 방송한류의 마루로 평가되고 있다.

드라마 외에도 〈런닝맨〉, 〈1박 2일〉, 〈신서유기〉, 〈꽃보다 할배〉등 다양한 예능 프로그램도 인기를 얻으며, 콘텐츠 수출 시장 성장과 한류 진흥에 기여했다.

Fig 슈퍼맨이 돌아왔다(한국원작)

Fig Project Dad(미국작품)

KBS〈슈퍼맨이 돌아왔다〉포맷을 적용, 미국의〈Project DAD〉가 탄생하였고 CJ E&M의 인기프로그램이었던〈꽃보다 할배〉의 포맷을 적용시킨〈Better Late Than Never〉은 미국에서 큰 인기를 끌었다.

Fig 꽃보다 할배(한국원작)

Fig Better Late Than Never(미국작품)

2) 방송한류 주요 소비국

지난 20년 동안 방송 한류는 중국과 일본 등 동아시아 한류 확산의 트리거(Trigger)로 작용해왔다. 동아시아라는 지리적 근접성, 유교 문화 등의 동질성은 한국 방송 콘텐츠 소비에 적잖은 영향을 미쳤다. 그런데 최근 들어 동남아 지역은 물론, 미주 지역 소비자들의 관심이 크게 늘고 있다. 미주 지역은 지리적 거리·언어·사회문화 등에서 많은 차이가 있지만, 온라인 동영상 산업의 확산에 힘입어 한국 드라마 유통과 소비는 점차 가속화되고 있다

국내 콘텐츠 수출액의 절대 비중을 차지하는 중국은 방송 콘텐츠뿐만 아니라 다양한 분야의 한류 수출과 밀접한 관계에 있다. 시진핑 주석은 중국 공산당 제18대 전당대회에서 '정층설계頂層設計, top-level design'를 강조하며 중국 정부가 문화산업과 창작 방향성을 제시하는 중추적 역할을 담당하겠다는 의지를 표현했다. 다시 말해 중국의 '정부주도형 문화 산

업 발전 모델'은 정부가 시장 시스템을 정착시키는 동시에 엄격한 검열 제도를 존속시켜 문화산업 발전과 문화 콘텐츠 통제를 동시에 추진하겠다는 의도로 풀이된다. 여기에는 문화산업을 새로운 성장동력으로 인식하고, 자국 문화산업 보호를 위해 외산 콘텐츠 수입과 유통 제한에 적극 관여하겠다는 의미가 포함된다.

2017년은 한한령으로 인한 중국 진출 경색이 최고조에 달했던 시기다. 한류 콘텐츠 수출이 중국과 일본에 편중되어 있어 새로운 시장 확대로 이를 개선해야 한다는 목소리가 높았다. 신한류의 새로운 전기를 마련할 시장으로 주목한 곳은 동남아시아다. 동남아는 6억이 넘는 인구, 전 세계 총 GDP의 3%가 넘는 생산량, 2조 5,000억 달러(약 2,750조 원)가 넘는 교역량을 자랑한다. 풍부하고 값싼 노동력은 물론 역내 협력 강화가 이뤄져 차세대 글로벌 시장으로 부상하고 있다.

사실 동남아 한류의 시작과 확산은 드라마, 영화, K-팝을 통해 이루어졌는데 해당국 대부분은 외래 문물 수요에 개방적이고, 한국과 정서적으로 공유되는 부분 또한 적지 않다. 경제 규모와 인구수 등을 고려했을 때 동남아를 약 10개국으로 정리할 수 있다. 이들 국가는 지리적으로 크게 대륙부와 해양부로 나뉜다. 대륙부에는 태국·미얀마·라오스·캄보디아·베트남이 해당되고, 해양부는 인도네시아·말레이시아·싱가포르·필리핀·브루나이가 포함된다.

Fig 인도네시아 '채널 ONE' 홈페이지

2. 음악한류

1) 성공적인 아이돌의 세대교체

2017년의 음악 한류는 전년부터 시작된 새로운 흐름들이 본격적으로 확장되는 양상을 보인 해라고 정의 내릴 수 있다. 먼저, 2016년은 몇몇 '2세대' K-팝 아이돌 그룹들이 활동을 중단하거나 해체를 선언하고 대신 새로운 '3세대'가 급부상하던 시기였다. 이듬해에 들어서자 2세대 아이돌 시대의 시작을 알렸던 그룹 원더걸스와 국내외에서 가장 높은 인지도를 가진 대표 걸그룹 소녀시대가 10년의 활동을 끝으로 각각 해체와 휴지기에 들어가며 한 시대의 확실한 종언(終焉)을 알렸다. 이렇게 2세대 아이돌의 대표 주자들이 무대 뒤로 퇴장하는 동안에도 3세대의 대표 주자로 꼽히는 남녀 아이돌 그룹 방탄소년단과 트와이스는 국내에서 확실한 1위 자리는 물론 해외에서 엄청난 인기를 구가하며 음악 한류의 새로운 물결을 일으켰다

 방탄소년단, 美 '빌보드 200' 1위…24주째 차트인 [마이데일리. 2019.02.13.]

그룹 방탄소년단이 미국 빌보드 메인 앨범 차트에서 여섯 달째 이름을 올렸다.

12일(현지시간) 빌보드가 발표한 최신 차트에 따르면, 방탄소년단의 리패키지 앨범 LOVE YOURSELF 結 'Answer'는 '빌보드 200'에서 91위를 기록했다.

방탄소년단은 이 앨범으로 지난해 9월 진입 첫 주 1위로 시작해

이번 차트까지 24주 연속 차트에 올랐다.

또 '월드 앨범' 1위, '인디펜던트 앨범' 5위, '톱 앨범 세일즈' 56위, '빌보드 캐나디안 앨범' 74위를 차지했다.

LOVE YOURSELF 轉 'Tear'와 LOVE YOURSELF 承 'Her'는 '월드 앨범' 2위와 3위, '인디펜던트 앨범' 6위와 10위, '톱 앨범 세일즈' 73위와 89위를 기록했다.

방탄소년단은 '소셜 50'에서 83주 연속 1위에 등극해 최장 기간 연속 기록은 물론 통산 113번째 1위 기록을 자체 경신하고 있다.

음악분야에 있어서 한류 성공의 대표적인 사례는 빌보드 차트 10위권 내에 7인조 남성그룹 방탄소년단과 일본 한류 부활의 포문을 연 트와이스, 전 세계의 강남스타일 열풍을 일으켰던 싸이 등을 떠올릴 수 있다. 특히 싸이와 방탄소년단은 유튜브와 같은 소셜미디어를 효과적으로 이용하여 해외 진출의 발판을 마련하였다.

트와이스의 오리지널 'TT 포즈'
출처: JYP 대표 박진영 인스타그램

일본 유명 연예인들도 따라하는 'TT 포즈'
출처: 일본 후지TV 아침 프로그램 〈메자마시TV〉 2017년 2월 24일 방영분

Fig 일본에서 음악한류 부활의 포문을 연 트와이스　　　　출처: 2017 한류백서

2015년 데뷔한 9인조 여성 K-팝 그룹 트와이스TWICE는 그 이듬해 국내의 각종 음악 시상식 주요 부문을 휩쓸며 가장 인기 있는 여성 그룹으로 자리 잡은 바 있다. 2017년에도 트와이스는 〈Knock Knock〉, 〈Signal〉, 〈Heart Shaker〉와 같은 곡들을 잇달아 히트시키며 최고 여성 그룹으로서의 지위를 공고히 했다. 특히 음악 한류와 관련하여 트와이스는 2017년에 매우 의미 있는 성과를 거두었는데, 바로 일본 시장에서의 음악 한류 인기를 재 점화한 것이다.

일본의 음악 시장은 미국에 이어 세계 2위 규모로, K-팝 관련 산업에 있어 가장 중요한 수출 대상국 중 하나이다. 2000년대 초중반부터 보아(BoA)와 동방신기 등이 일본 시장에서 지속적으로 큰 인기를 얻은 바 있으며, 2000년대 말부터는 카라(KARA)와 소녀시대가 뒤를 이어 큰 인기를 누리면서 이 무렵 일본에서의 음악 한류가 정점에 이르렀다. 그러나 2012년 이명박 전 대통령의 기습적인 독도 방문 및 일본 내 우파 정권의 집권 이후 일본에서의 한류는 다소 그 기세가 꺾였으며, 이는 곧 음악 콘텐츠 수출 증가율의 둔화 등으로 이어졌다. 그러나 최근 트와이스가 일본에서 큰 인기를 얻으며 한국 음악에 대한 일본 수용자들의 관심과 호감이 다시금 높아지고 있다. 2017년 초반부터 일본 시장에서 인기를 얻기 시작한 트와이스는 소수의 마니아층을 중심으로 소비되던 K-팝 음악을 주류 시장으로 끌어올리는 데 있어 혁혁한 역할을 하고 있다. 특히 트와이스는 10대에서 20대 초반의 젊은 수용자들 사이에서 인기를 얻고 있는데, 대중음악 콘텐츠의 주요 수용자가 이들 젊은 세대임을 고려해보면 이는 매우 고무적인 현상이라고 할 수 있다.

K-팝의 가장 중요한 시장이라 할 수 있는 일본에서 그동안 침체했던 K-팝 한류를 살려냄과 동시에 문화 콘텐츠의 중요한 수용자층인 젊은 여성들을 사로잡았다는 점에서, 일본 내 K-팝 인기의 부활이 일시적 현상이 아닌 보편적이고 장기적인 흐름으로 자리할 수 있는 가능성을 보여준 것이다.

2) 음악한류의 주요 과제

가. 교류의 확대와 시장다변화 필요성의 증대

POP의 주요 해외 시장은 중국과 일본을 중심으로 한 동아시아이다. 현재 음악시장은 동아시아 지역으로 음악을 수출하는 데는 성공하였지만, 그 지역의 음악을 이해하고, 받아들이려는 적극적인 노력은 찾아보기 어려운 실정이다. 또한, 지나치게 동아시아로 편중된 한류현상은 정치적, 역사적 이유로 일본과 중국으로의 한류수출이 미비해지는 경우가 생길

가능성이 높기 때문에 시장 다변화가 필요, 해외 진출에만 집중할 것이 아니라 상대방의 문화에 대한 이해가 충족되어야한다.

나. 장수그룹의 해체가 드러낸 기획사 시스템의 한계

과거 큰 인기를 끌었고 한류 성장에 앞장섰던 많은 2세대 그룹들이 해체하고 있다. 국내의 아이돌 관리 시스템은 기획사가 훈련시키는데, 이미지와 음악, 심지어는 사생활까지 관리받는 '토털 매니지먼트 시스템'으로 인한 부작용과 '노예 계약'등으로 활동지속의 곤란을 겪고 있어 기존의 해외 수용자들을 잃게 되는 일도 빈번하다. 이처럼 아이돌과 기획사 간 시스템 한계에 대한 고찰이 필요한 상황이다.

이러한 문제점들을 해소하기 위해서는 동아시아 외 권역으로 시장을 확대, 음악한류의 확산 및 안정적인 성장을 도모하는 것이 필요하며, 현재까지 고수해온 '토털 매니지먼트'는 한류를 이끈 체제이기도 하였으나, 어두운 부분 역시 명확하게 드러나기 때문에 전반적인 제고가 필요하다. 또한 문화 교류의 장기적인 상호 이익을 도모하기 위하여 해외 음악계와의 적극적인 협업이 필요할 것이다.

3. 음식한류

1) 음식한류의 흐름

한류는 방탄소년단·엑소·블랙핑크 등 아이돌이 이끄는 K팝을 토대로 파급 범위뿐 아니라 다양한 산업 영역으로 심화 발전하고 있다. K팝 스타 패션과 비주얼을 모방하려는 K뷰티, 한국음식 호기심과 선호도 증가에 따른 K푸드까지 점차 확대되고 있다

우리나라의 드라마, 예능을 시청하는 해외 한류 팬들에게까지도 이러한 먹방을 통해 '한국 음식'들이 인기를 끌고 있는데, 대표적인 한류음식으로는 라면, 치킨, 비빔밥, 불고기 등을 예로 들 수 있다.

늦은 저녁 드라마를 보다가 주인공이 라면을 먹는 모습에 침을 꿀꺽 삼키며 주방으로 가 라면을 끓여 본 경험은 한 번쯤은 있을 것이다. 최근 우리나라 드라마가 해외에서 큰 인기를 끌며 해외 팬들까지 라면의 매력에 푹 빠져있다. 실제로 한 라면 업체는 올해 상반기 해외 매출이 사상 최고치를 기록하기도 했는데 2017년 대비 무려 21% 증가한 2억 4,500만 달러의 매출을 기록했다. 이러한 매출 증가를 자세히 들여다보면 특히 중국에서의 매출 증가세가 두드러진 것을 확인할 수 있는데, 중국에서의 높은 매출 증가에는 한국 드라마 등 한류

의 영향이 컸다고 할 수 있다.

또한, 치킨과 맥주를 함께 먹는 일명 '치맥' 역시 한국 음식 한류열풍의 대열에서 빠질 수 없는 대표 품목이라고 할 수 있는데. 올 2월 국내를 넘어 중국 대륙에서까지 큰 사랑을 받았던 '별에서 온 그대'에서 전지현이 사랑했던 '치맥'은 드라마가 끝난 지금도 중국에서 큰 사랑을 받고 있다.

우리나라에서도 오랫동안 사랑받고 있는 초코파이 또한 한류음식 열풍에 빠지지 않고 있는데 2006년 호찌민 공장을 설립해 베트남 제과시장에 진출한 제과 업체는 지난 5월 기준 초코파이 누적 판매량 20억 개를 돌파했으며, 한류 덕택에 베트남 파이류 시장에서 초코파이 점유율은 80% 수준으로 인기를 독차지하고 있다. 또한, 이 제과 업체는 초코파이 이외에도 스낵 등의 판매를 통해 베트남 제과시장에서 현지 제과 회사를 제치고 1위를 차지했으며, 지난해 매출액이 1,600억 원을 기록했다.

음식한류 분위기는 최근 TV 프로그램에서도 잘 드러난다. 2017~2018년 방영작 '윤식당'과 방영 중인 '국경없는 포차' 등은 한식(韓食)에 대한 현지인 반응에 초점을 맞춘 프로그램으로 한류의 새로운 전기를 타진하는 계기가 되고 있다.

Fig 윤식당, 국경없는 포차

K푸드는 K팝 한류를 접한 외국인 선호도에 따라 확산 추세를 보이는 가운데, 최근 방영된 '윤식당'과 '국경없는 포차' 등 글로벌 푸드 프로그램은 K푸드 분야의 다양한 시사점을 갖게 한다. 먼저 '윤식당'은 타이틀 그대로 세계 각 지역에서 '한국 식당'을 열고, 현지인과 함께하는 콘셉트로 두 시즌에 걸쳐 방영됐다.

인도네시아 발리를 배경으로 한 시즌 1은 이서진·윤여정·신구·정유미 등이 현지를 찾은 각국의 여행자들에게 불고기를 기초로 한 음식들을 제공하며 반응을 살펴보는 형태로 진행됐다. 당시 방영분 속 현지인 반응은 꽤 호의적이었다. 관광지라는 특색에 힘입어 낯선 음식의 경계감이 적었음은 물론, 한국의 대표 음식인 불고기를 기초로 한 음식들을 선보이면서 대부분 호평하는 분위기가 이어졌다.

'윤식당'은 두 시즌 간 방영분을 통해 한식에 대한 다양한 현지인 반응과 시사점을 남겼다.

이는 곧 K푸드가 갖춰야 할 유연함과 다양성을 생각하게 했음은 물론, 호불호 기준에 따른 선제적인 진출방향에 대해서도 가늠케 한다.

2) 음식한류의 핫이슈

가. 라면, 소스류의 수출 강세

음식 한류를 단지 경제적 측면(대외 거래)에서만 본다면 외국에 한국 음식을 수출하거나 외국인이 한국을 방문해 우리 음식을 구매해야만 이를 음식 한류의 성과로 내보일 수 있을 것이다. 하지만 음식 한류는 돈으로 환산되는 경제적 측면과 함께, 돈으로 환산하기 어려운 문화적 측면을 동시에 지니고 있다. 양자는 결코 별개의 것이 아니다. 문화로서 녹아든 음식 또한 당장은 아닐지라도 언제고 반드시 경제적 가치를 발한다. 이러한 측면에서 한국 음식이 외국의 (식)문화에 자연스레 융화되는 일은 음식 한류의 확산에 있어 매우 중요한 변수가 아닐 수 없다.

음식한류는 라면과 소스류의 수출이 증가하고 해외에 자리 잡은 한식당의 수가 급격히 증가하고 있다.

김치는 한국의 대표 음식이자 외국인이 한국을 연상할 때 가장 먼저 떠올리는 상품 중 하나이기도 하다. 해외에서 판매 중인 김치 요리 가운데 대표적인 요리로 김치찌개, 김치 볶음밥, 김치전 등이 꼽혔다. 김치찌개를 판매하는 레스토랑은 51개소, 김치볶음밥은 50개소, 김치전은 47개소이며, 그 외 39개소에서는 '김치'를 별도의 메뉴로 유료 판매하고 있었다. 무엇보다 김치가 현지 요리와 융합하여 판매되고 있는 것이 주목할 만하다.

Fig 한국의 라면

Fig 한국의 비빔밥

Fig 한국의 고추장

나. SNS 마케팅을 중심으로 발전

입소문 마케팅buzz marketing은 소비자들이 자발적으로 메시지를 전달하게 함으로써,

상품에 대한 긍정적인 입소문을 내게 하는 마케팅 기법이다. 꿀벌이 윙윙거리는buzz 것처럼 소비자들이 상품에 대해 자주 언급하는 것을 주요 마케팅으로 삼는 것이다. 본래 입소문은 입에서 입으로 전하는 소문을 뜻하나, 정보화 시대의 입소문은 다양한 미디어 매체를 통해서 진행되며, 그 방식(글·사진·음성·영상 등)과 범위도 크게 확장됐다.

기존의 정보 전달은 매스컴이 일반 소비자에게 일방적으로 정보를 전달하는 '수직적 흐름'이 주류였다면, 오늘날 SNS는 동일한 가치관·취향을 가진 사람들끼리 모여 이러한 관계들로부터 정보를 공유하는 '수평적 흐름'을 띠고 있어 정보의 확산·영향력도 더욱 커졌다.

Fig 일본에서 인기있는 치즈닭갈비

2017년 이러한 입소문 마케팅을 바탕으로 냉랭한 반한反韓 감정을 뚫고 일본 내에서 선풍적인 인기를 구가한 한국 음식이 있다. 일본 인스타그램을 중심으로 인기몰이에 성공한 한국의 '치즈닭갈비'가 그 주인공이다. 따끈따끈한 치즈가 쭉 늘어나 식욕을 자극하는 치즈닭갈비 사진이 2017년 한 해 일본인들의 인스타그램을 가득 메웠다.

과거 한류 문화가 한·일 관계의 부침에 따라 매우 민감하게 반응했다면, 이번 치즈닭갈비 열풍은 이러한 법칙에 좌우되지 않았다는 점에서 의외라는 평가다. 2016년 말 위안부 소녀상으로 촉발된 반한 감정이 최고조에 달한 상황에서도 한국의 치즈닭갈비가 인기를 끌었기 때문이다.

다. 마스터 프랜차이즈 해외 진출의 확대

마스터 프랜차이즈란 기업이 해외에 직접 진출하는 대신 현지의 기업과 계약을 맺고 가맹 사업 운영권을 판매하는 방식이다. 빙수 전문점 설빙, 떡볶이 전문점 두끼 등 많은 기업들이 동남아 국가들과 마스터 프랜차이즈 계약을 체결하고 있다. 또한, 마스터 프랜차이즈는 해당 국가와 계약을 체결하므로 현지 법률이나 시장 동향에 어두워 실패할 가능성이 상대적으로 적지만 해외 매장의 고객 서비스나 상품 품질, 브랜드 이미지를 현지 파트너사에게만 의존해야하는 문제점도 있다.

설빙이 필리핀 기업과 마스터 프랜차이즈 계약을 체결하며 현지 시장에 진출한다고 11일 밝혔다. 설빙은 이로써 중국, 일본, 태국, 호주, 캄보디아를 포함해 6개국에 진출하게 됐다.

설빙과 마스터 프랜차이즈 계약을 체결한 필리핀 기업은 번 영 컴퍼니로 필리핀에서 손꼽히는 대기업 회장인 프레드릭 고가 운영하는 회사다.

설빙은 필리핀 진출로 동남아시아권에서 입지를 공고히 할 수 있게 됐다. 이미 태국에서 성공적인 사업을 이어가고 있고, 최근 캄보디아, 필리핀과 잇따라 마스터 프랜차이즈 계약을 체결해 현지 시장의 인기 디저트 브랜드로 자리잡을 수 있을 것으로 기대된다.

필리핀은 식품 분야 성장률이 두 자릿수를 기록하는 등 식음료 산업을 중심으로 프랜차이즈 산업이 가파르게 성장하고 있다. 전체 인구 중 젊은층 인구 비율이 높아 디저트 브랜드로서 설빙의 경쟁력이 높을 것으로 예상된다.

설빙은 필리핀 수도인 마닐라를 중심으로 매장 10곳을 연 후 전국적으로 확대할 방침이다.

설빙 관계자는 "동남아 시장에서의 성공을 발판 삼아 유럽과 남미 등 세계 시장 확대를 목표로 글로벌 사업을 진행하고 있다"고 말했다.
머니투데이=박상빈 기자

4. 관광한류

1) 관광한류 추이

문화체육관광부의 관광동향에 관한 연차보고서[22018]에 의하면, 2017년 방한 외국인 관광객은 전년 대비 22.7% 감소한 1,333만 명으로 집계되었다. 중국 시장의 경우 2017년 3월 중국국가여유국의 한국여행 상품 판매 및 방한 단체여행 제한의 영향으로 전년 대비 48.3% 감소한 417만 명으로 집계되었다. 일본 시장의 경우 전년대비 0.6% 증가한 231만 명을 기록하였는데, 이는 북한의 미사일 발사 및 핵실험 이슈 관련 한반도 정세 등으로 인해 불안감이 가중되어 방한심리가 위축된 것으로 보인다.

대륙별로는 아시아지역의 경우 전년대비 27.0% 감소한 1,055만 6,605명으로 전체 방한 외국인 관광객 중 79.2%를 차지했으며, 미주지역은 전년 대비 0.1% 증가한 111만 7,107명으로, 우리나라 전체 인바운드 중 8.4%를 차지하였다. 그리고 구주지역은 전년대비 0.7% 감소한 93만 6,057명으로 7.0%를 차지하였고, 중동지역은 전년대비 12.4% 증가한 21만 7,538명으로 1.6%를 차지하였다. 기타 대양주, 아프리카주, 교포 및 미상 외국인은 전체 인바운드의 약 3.8%를 차지하는 것으로 나타났다.

관광한류는 한 때 한국여행 금지령으로 위기를 맞기도 했다. 2018 평창 동계 올림픽이라는 세계인의 축제로 인해, 한류의 열기는 분명 뜨거웠지만 북핵으로 야기된 안보 위기가 방한 관광 시장을 차갑게 경색시켰다.

자료: 2017 한류백서

Fig 한류스타를 활용한 관광한류

그 결과 한국을 방문한 외래 관광객은 전년 대비 22.7% 감소한 1,334만 명에 그쳤다. 사드THADD 배치에 따른 한-중 갈등과 북한 핵실험이 방한 시장에 타격을 주었다. 중국 대형 여행사들은 한국행 단체 관광 상품 판매는 물론 한국 단체 관광 비자신청 서비스도 중단하면서 유커의 한국행 발길이 차단되기도 했다. 또한, 중국뿐만 아니라 제 2의 방한 시장인 일본에서도 독도 영유권 및 위안부 소녀상 문제로 한류의 감소세에 있다.

당시 평창 동계 올림픽을 앞두고 이런 현상이 발생하여 평창올림픽 조직위원회는 올림픽을 활성화시키기 위해 한류를 적극 활용했다. D-500, D-365, D-100 등 기념일마다 대규모 한류 콘서트를 개최하였는데, 박지성-류현진-추신수 등 스포츠 스타들, 이민호-김우빈-이동욱 등 한류 스타, 태양-AOA-걸스데이 등 K-팝 가수들을 홍보대사로 위촉해 전 세계적 관심과 참여를 유도했다.

2) 여행 프로그램을 통한 관광한류의 성장

비록 중국과 일본의 반응이 싸늘할지라도 다른 국가의 방한을 유도하기 위한 프로그램도 방영되었다. 특히 현대인의 힐링과 욜로시대에 맞춰 여행예능 콘텐츠가 주목받았다. KBS 〈배틀트립〉, MBC every1 〈어서와~ 한국은 처음이지?〉 등 여행예능 프로그램은 한국에서 활동 중인 외국 출신 방송인이 고국의 친구들을 초대해 한국을 여행하는 내용으로 각 국가별 차별화된 한국 여행지 소개와 한국 문화에 대한 색다른 시선이 매회 시청자를 사로잡았다.

Fig 배틀트립

Fig 어서와~ 한국은 처음이지?

그중에서도 MBC every1의 〈어서와~ 한국은 처음이지는 기존예능과 다른 색다른 시각의 여행 프로그램으로 주목받고 있다. 한국에서활동 중인 외국 출신 방송인이 고국의 친구들을 초대해 한국을 여행하는 콘셉트다. 지금까지 이탈리아 · 멕시코 · 독일 · 러시아 · 인도·핀란드·프랑스·영국 편이 방송됐으며, 각 국가별로 차별화된 한국의 여행지 소개와 한국 문화에 대한 색다른 시선이 매회 시청자를 사로잡았다.

서울의 밤 문화를 즐기는 인도 친구들, 꼼꼼한 역사 여행을 계획했던 독일 친구들, K-팝 아이돌과 한국 축구를 사랑하는 멕시코 친구들, 막걸리부터 산낙지까지 먹방 여행을 떠났던 핀란드 친구들 등등 지금까지 우리에게 너무나 익숙한 나머지 관광자원이라고 생각지 못했던 한국의 구석구석을 시청자들도 함께 탐방하고 있다. 한국인들도 몰랐던 한국을 즐기는 다양한 방법을 한국을 처음 찾은 외국인들이 제시해준 것이다.

이처럼 예능방송 프로그램을 관광업계가 주목하는 이유는 해외에서 높은 인기를 얻으면서, 동시에 드라마 촬영지 이상의 관광객 유치 효과를 얻을 수 있기 때문이다.

앞으로 이 같은 예능 프로그램과 관광업계의 활발한 콜라보레이션이 더욱 늘어날 것으로 보고 있다.

3) 관광으로 스며든 팬덤문화

2017년 말 아이돌 그룹 방탄소년단이 '서울관광 명예홍보대사'로 위촉됐다. 그들이 부른 서울시 홍보곡 〈위드 서울With Seoul〉은 무료로 다운받을 수 있는 음원이 올라온 지 5분 만에 서울시 관광홈페이지www.visitseoul.net 서버가 다운됐고, 유튜브에 공개된 지 한 시간 만에 '좋아요' 추천 수 4만 건을 훌쩍 넘겼다. 팔로워 1,000만 명 이상, 유튜브 1억 뷰 이상의 뮤직비디오를 열 개 이상 보유한 한류 스타의 위력이다.

요즘 한류 스타에게 SNSSocial Network Service^(사회관계망 서비스) 사용은 필수다. 전 세계 팬들과 소통할 수 있는 창구이자, 팔로워 수에 따라 그들의 인기를 가늠하는 잣대가 되기도 한다. 방탄소년단은 SNS를 적극적으로 활용하는 것으로 유명하다. SNS를 통한 팬들과의 쌍방향 소통을 통해 나이와 인종, 종교, 국가를 뛰어넘는 팬덤 형성은 물론 나아가 팬덤 간의 연대까지 이뤄지고 있다. '아미ARMY'라고 불리는 방탄소년단의 팬클럽은 방탄소년단을 세계적인 가수로 직접 만들어간다고 해도 과언이 아닐 만큼 그 힘이 강력하다.

업계에서는 보다 구체적으로 한류 스타 팬덤을 활용하고 있다. 롯데백화점은 업계 최초로 화장품이나 명품 매장 대신 1층에 아이돌 굿즈Goods 숍을 열었다. 한류 스타 굿즈를 전문적으로 판매하는 SM타운과 YG플레이스에는 가수의 스타일을 대표하는 패션제품이나 엑소 손짜장, 슈퍼주니어 스노우 콜라, 레드벨벳이 좋아하는 리얼넛츠 등 아이돌 이름을 붙인 상품들이 진열되어 있다. 한류 굿즈 숍은 한류 팬들에게 이내 관광코스로 자리 잡았고,

그 결과 숍 입점 후 젊은 고객 비중이 수직 상승해 백화점의 매출 급증으로 이어졌다. 한국 관광 시 반드시 구매해야 하는 '머스트 바이 아이템Must-Buy Item'으로 한류 굿즈가 선택되는 것이다.

5. 패션 · 뷰티 한류

1) 패션한류

초기의 패션한류는 한류 스타의 영향을 받은 패션, 혹은 한류 마케팅을 활용한 패션 제품 등 좁은 의미로 정의 되었지만, 현재는 과거와는 달리, '전 세계 젊은이들이 선호하는 신한류의 이미지, 그와 함께 소비될 수 있는 한국의 패션'이라는 확장된 의미로 재정의 되었다. 신한류 이미지라 함은 동시대적으로 통용되는 젊은 감각의 세련된 패션뿐만 아니라 한국적 감성을 담은 것이라고 정의 내릴 수 있다.

2017년은 젊고 세련된 이미지의 패션한류가 글로벌 브랜드들에게 큰 영향을 미치고 있음을 방증하는 해였다. 루이비통 〈비행하라, 항해하라, 여행하라〉, 샤넬 〈마드모아젤 프리베〉, 까르띠에 〈하이라이트〉 등 세계적인 명품 브랜드들이 이 같은 제목을 내걸고 서울에서 대규모 전시회를 열었다. 글로벌 브랜드들이 서울을 테스트 베드(Test bed)로 활용하는 이유는 한국 소비자가 매우 섬세하고 까다로운 취향을 가지고 있기 때문에 새로운 트렌드 및 제품 모델을 실험하기 적합하고, 소셜 네트워크 활동이 활발해 온라인 입소문 효과도 얻을 수 있다.

한편 한국의 패션 기업들은 베트남, 인도네시아, 필리핀, 싱가포르 등 동남아시아 국가에 연이어 진출하고 있다. 대표적인 브랜드인 LF 헤지스는 2017년 11월 베트남 하노이에 위치한 장소에 롯데 백화점 동남아 1호점을 오픈하여 2020년까지 다이아몬드 백화점, 다카시마야 백화점 등 고급 유통망을 중심으로 총 15개점 오픈을 목표로 하고 있다.

2) 뷰티한류

〈별에서 온 그대〉, 〈태양의 후예〉 등 한류 드라마들의 등장과 함께 뷰티 상품의 해외 수출도 화장품을 필두로 급성장해왔다. 국내 화장품은 중국과 일본인 관광객들에게 큰 인기를 끌었으며, 외국인 관광객을 끌기 위해 중국어와 일본어가 능통한 직원들이 판촉행위를 하며, 외국어 표지판이 곳곳에 배치되어 있다.

이처럼 한국 뷰티제품이 긍정적으로 평가받는 이유는 바로 건강함이다. 몇 년 전부터 화장품에 함유된 화학성분의 유해성이 지속적으로 보도되면서 제품 구매 시 성분에 관심을 갖는 소비자가 증가하고 있다. 비록 관련 전문 지식이 없더라도 뷰티전문 블로거들이 화장품 유해성 정보와 제품별 성분을 분석하여 설명하고 있어서 누구나 쉽게 제품의 성분 정보를 확인할 수 있다. 이러한 가운데 천연·유기농 화장품처럼 좋은 원재료를 내세워 홍보하는 한국 뷰티 브랜드들이 건강한 아름다움을 추구하는 전 세계 소비자들의 눈길을 끌고 있다. 이처럼 화장품 원재료에 대한 인증 제도는 소비자가 제품을 객관적으로 평가할 수 있어 간접적인 홍보 효과를 얻을 수 있으며, 해외에서 인기 있는 한류스타들을 모델로 앞세워 그 효과를 높이고 있다.

Fig 태국의 이니스프리 매장

Fig 필리핀의 페이스샵 매장

6. 게임·만화 한류

1) 게임한류

국내 모바일게임 시장은 2019년까지 꾸준히 성장할 것으로 예측된다. 2018년 5조 3,143억 원, 2019년 5조 6,704억 원 규모로 커질 것으로 관측된다. 반면, 같은 기간 온라인게임 시장은 1%대의 성장률을 보이며 여전히 정체될 것으로 전망돼 국내 게임 시장이 앞으로 모바일중심으로 재편될 것으로 보인다.

e스포츠 분야에 있어 2016년에 이어 2017년에도 한국 프로게이머들의 활약상은 대단했다. 프로 무대가 있는 종목이라면 어김없이 세계 챔피언의 자리를 낚아챘다. 중국에서 열린 〈리그 오브 레전드〉의 국제 대회인 2017 리그 오브 레전드 월드 챔피언십 결승에서는 한국의 삼성 갤럭시가 SK텔레콤 T1을 꺾고 우승을 차지했다. 중국 베이징 국립경기장에서 열린 이 대회에는 중국 관중 4만여 명이 자리를 가득 메웠으며, 결승전 중계방송을 전 세계에서

5,760만 명이 지켜본 것으로 조사됐다. 중국 팬들은 자국 팀이 4강에서 모두 탈락했음에도 불구하고 실력이 뛰어난 한국의 프로게이머들을 지켜보기 위해 결승전 티켓을 구매했다.

블루홀 자회사 펍지주식회사가 개발한 〈플레이어언노운 배틀그라운드PlayerUnknown's BattleGrounds(이하 배틀그라운드)〉를 빼놓고는 2017년 게임 한류를 논하기 어려울 것이다. 영화 〈배틀로얄〉에서 파생된 서바이벌 FPSFirst-Person Shooter(1인칭 슈팅) 장르의 〈배틀그라운드〉는 국산 게임으로는 이례적으로 스팀 플랫폼STEAM platform(밸브 코퍼레이션에서 개발하고 운영 중인 세계 최대 온라인 게임 유통 시스템)에서만 2017년 한 해 동안 2,500만 장을 판매하는 등 전 세계적인 화제작으로 등극했다.

〈배틀그라운드〉의 e스포츠 대회를 비롯한 관련 방송 프로그램도 국내외에서 쏟아지고 있다. 〈배틀그라운드〉는 개인방송에서 이미 최고인기 게임으로 떠올랐으며, 그 인기에 맞춰 e스포츠 대회도 속속 열리고 있다. 해외에서도 〈배틀그라운드〉 대회에 대한 수요가 급증하고 있어 e스포츠 종주국인 한국이 오랜 기간 애타게 찾던 국산 e스포츠 종목으로 〈배틀그라운드〉가 낙점됐다고 해도 과언이 아닐 정도다. 2017년 내내 흥행 행진을 이어오던 〈배틀그라운드〉는 대한민국게임대상에서 대상을 포함 6관왕에 오른 것을 비롯해, 연말 각종 시상식에서 단골손님으로 등장하며 최고의 한 해를 마무리했다.

Fig 리그 오브 레전드 우승

Fig 전 세계적인 인기게임 베틀그라운드

2) 만화한류

한국은 디지털 콘텐츠의 미래를 한발 앞서 맞이했다. 시간과 장소에 구애받지 않고 자유롭게 접속 가능한 네트워크 안에서 누구나 실시간으로 다양한 콘텐츠를 만날 수 있다. 이 같은 디지털 시대에 가장 각광받은 콘텐츠로 웹툰을 꼽을 수 있다. 매일 다양한 분야의 콘텐츠가 업데이트되고, 항상 손안에 있는 휴대전화 덕분에 언제 어디서나 볼 수 있다는 점 때문에 웹툰의 구독자 수는 계속해서 증가세를 보이고 있다. 한정된 수의 작가들이 연재하는 출판만화와 달리, 수많은 아마추어 작가들이 올린 웹툰 가운데 독자들의 호응도에 따라 정식 웹툰으로 등단되는 구조는 작가와 독자의 관계를 더욱 긴밀하게 이어주는 계기가 됐다.

이 같은 방식으로 웹툰의 작가와 장르의 저변이 확대된 만큼 독자 또한 남녀노소 구애 없이 폭넓게 확대됐다. 나아가 웹툰은 영화·드라마의 원작과 캐릭터 프랜차이즈로 활용되고 있으며, 유명 웹툰 작가들은 연예인 못지않은 인기를 얻어 TV 쇼프로그램에 출연하기도 한다. 한국의 웹툰은 디지털 콘텐츠 선진국인 일본, 북미에 이어 중국, 동남아시아 지역으로까지 확산되고 있다. 유통 방식은 다양하다. 한국 업체가 직접 글로벌 서비스를 운영하는가 하면, 현지 업체와 제휴 또는 해외 퍼블리싱의 형태로 진행한다.

2017년 웹툰 중심의 만화 한류는 개별 작품의 저작권 판매가 아닌, 한국 기업들이 최초로 제작한 '웹툰 플랫폼'의 해외 서비스에 기반을 둔다. 2013년 10월 일본에서 오픈한 코미코 comico.jp와 2014년 7월 일본어·영어·중국어 번체 서비스를 시작한 라인웹툰webtoons.com이 글로벌 웹툰 플랫폼의 시초라고 할 수 있다. 라인웹툰은 추후 중국어 간체·태국어·인도네시아어로 제공 언어를 확대했으며, 라인웹툰의 일본어 서비스는 2016년 11월부터 별도의 URL로 분리해 '조이웹툰xoy.webtoons.com'이라는 이름으로 디스커버Discover 코너를 운영 중이다. 네이버웹툰 '도전만화' 코너처럼 아마추어 작가들이 자유롭게 작품을 올리고, 좋은 성과가 쌓이면 정식 연재로 옮겨가는 방식이다.

디지털 만화로는 한국보다 한발 뒤쳐진 일본 만화업계는 한국의 디지털화 성공 사례를 참고해 시장 전환에 노력 중이다. 안정적인 콘텐츠 유료 소비 시장을 보유한 일본이지만, 1995년 대형 히트작의 종료 이후 신규 독자 유입이 줄어들어 헤비 유저 중심으로 만화 시장이 유지돼 왔다. 이러한 상황 속에서 코미코, 픽코마 같은 한국계 디지털 만화 서비스들이 기존 만화 독자가 아닌 신규 만화 독자를 유입하며 좋은 성과를 기록했다.

중국 역시 기존의 출판만화에서 디지털 시장으로 빠른 전환을 겪으면서 한국 웹툰 수요가 높게 나타나는 시장이다. 콘텐츠 수입은 물론 공동 개발, 자본 투자에 이르기까지 한국 웹툰 진출이 활발히 진행됐다. 특히 2015~2016년 한국 웹툰 IP를 활용한 다수의 프로젝트는 중국 투자

Fig 황제의 외동딸, 백투더 하이틴

를 전제로 진행됐다. 이후 2016년 하반기부터 2017년까지 계속된 한한령限韓令으로 공식적인 제휴나 투자는 모두 막혀버렸지만, 콘텐츠 수입은 완전히 차단되지 않았다. 2016년 〈왕의 딸로 태어났다고 합니다〉가 중국 만화 전문매체 텐센트동만의 인기 차트에서 28일 연속 유료 매출 1위를 달성했고, 서비스 2개월 만에 2억 뷰를 돌파해 한국 로맨스 판타지 웹툰의 수요를 끌어냈다. 로맨스 판타지물의 인기는 2017년에도 계속되어 〈황제의 외동딸〉이나 〈일진녀 길들이기〉, 〈백투더 하이틴〉 등이 좋은 성과를 냈다.

제3절 반한류와 항한류

1. 반한류

1) 반한류의 정의

반한류는 한류에 저항한다는 의미를 내포하고 있다. '반한류', '항한류', '혐한류', '안티한류', '역한류' 등 여러 가지 단어로 표현되고 있는데, 각각의 단어는 한류의 집단적 반작용이라는 공통점을 가지고 있지만 내포하는 의미가 조금씩 다르다.

반한류라는 개념은 아주 오래전부터 한류의 시작과 함께 쓰여져 왔다. 한류 초기에 한국가요가 중국에서 유행하고 있는 시기에 10대 청소년이 빠져들자 이에 중국 학부형들이 반발한 것을 반한류의 초기사례이다.

혐한류의 경우 일본에서 파생된 용어로 일본 신유사에서 발행되어 화제 되었던 '혐한류'에서 시작, 이는 한국 국가 자체에 대한 혐오의 의미를 담고 있다.

다음으로 항한류는 중국에서 나온 용어로 수입 문화인 한류문화에 저항하고 자국의 문화를 보호, 육성하려는 취지에서 나왔다. 중국에선 '항한'이라는 용어로 주로 쓰이며, 일본의 혐한류처럼 무조건적인 증오를 나타내는 것이 아니라 이유 있는 대항이라 할 수 있다.

2) 혐한류와 항한류

가. 혐한류

혐한류는 비논리적인 저항기류로써 무조건적인 증오로 표현된다. 야마노 샤린의 〈혐한류〉라는 만화책은 그동안 한국에 대한 혐오의 감정을 논리없이 노골적으로 역사적인 사실을 왜곡하고, 직접적, 감정적으로 반감을 표현하고 있다. 그래서 매스컴의 주목을 받지는 못했지만 독자수가 40만 이상이라는 점, 인터넷의 정보를 주로 활용했다는 점에서 기존의 반한과는 다른 차원으로 전개되었다. 미국과 영국도 이 사건에 관심을 가지고 소개하였으나 '열등의식의 발로' 정도로 소개되었다.

나. 항한류

Fig 야마노 샤린의 〈혐한류〉

중국에서의 항한류는 드라마 〈대장금〉이 전부터 누적되어, 이후 감정이 증폭되었다. 중국이 한류를 염려하는 것은 근본적인 문제로 하나는 중국 드라마 관계자들이 자신감을 상실하는 것이고 다른 하나는 중국 드라마가 장악했던 중국 문화권의 해외 시장을 잠식당한 일이다. 이는 자국 문화를 보호하기 위한 취지가 담겨 있으며, 위기감에서 나온 것이다.

2. 반한류의 성격

① 한류의 대안을 국내 · 외 어디에서도 찾기 힘들다.

어설프게 한류의 퇴출을 요구하다가는 문화적 공백에 빠질 우려가 있다. 한류를 대체할 중국 문화가 있다면 항한을 외칠 필요도 없었을 것이며 대안의 부재는 한류 지속 가능성을 더 높이는 결과를 가져온다.

② 최근의 반한류는 한류 콘텐츠 자체의 저항이 아니다.

한류의 주축인 가요나 드라마, 영화 콘텐츠 자체에 대한 저항이 아닌 한국 대중문화가 자국 문화영역을 점령한 결과로 나타나는 문화적 우려이거나 한국 자체에 대한 반감이다.

③반한류는 한류 속의 한 흐름이다.

중국에서 한류를 배워 자국의 대중문화를 발전시키자는 움직임이 확대되면서 한류가 그러한 운동을 촉발한다는 것 자체가 항한류는 오히려 한류의 방향이 잘못되지 않았음을 반증한다.

3. 반한류의 대응방향

1) 문화 쌍방향 교류

한류는 수용국의 자발적 선택으로 이루어진 것이므로 우리나라도 역시 자발적 선택에 의해서 해당국의 문화를 받아들일 자유가 있다. 자연스럽게 이루어진 쌍방향 교류의 예로 중국은 드라마 〈황제의 딸〉이 국내에서 좋은 반응을 얻은 것이다.

2) 한류 지역으로의 한류 확대

현재 비 한류지역은 남아메리카, 중동, 오세아니아, 아프리카, 남극 등이 있다. 한류를 확대할 수 있는 가능성은 지금까지 35개국 이상의 나라에서 보인 반응으로 이미 입증이 되었다. 한류 국가가 확대되면, 기존 수용국들은 오히려 문화에 대한 선진적 안목을 갖고 있던 셈이 되고, 많은 나라가 향수하는 것으로 인식되어 한류에 대한 거부감이 약화될 것이다.

BLOG

현대사회와 연애결혼문화

제1절 현대사회 세대의 구분

1. 세대론

우리사회에는 전기도 없고 자동차도 없는 농경사회에서 태어나 경제적 토대의 공업화와 근대화가 진행되던 산업사회에서 중년기를 보내고 초로에 정보사회의 문턱에 서있는 한 세대가 존재한다. 이들은 한생애주기를 통해 인류역사의 중대한 변화와 단절을 한꺼번에 경험했으며 또한 이를 경험하지 못한 세대와 공존하며 살아가고 있다.

이 후속세대는 오히려 정보사회에 더 친숙하며 산업사회의 규준과 규범을 따라 가지만 가치지향은 탈근대적인세대다. 이 두세대의 중간에 성장의 낙수효과(trickle down effect)를 기대하며, 민주주의를 통해 보다 공평한 분배가 이루어질 것을 꿈꾸어 온 세대도 있다.

사회학에서 세대(世代, generation)란 같은 시대에 살면서 함께 시대의 상황체험을 기반으로 하여 공통의 의식을 가지는 비슷한 연령층을 의미한다. 연속적인 삶속에서 출생년도를 기준으로 세대를 구분한다는 것이 다소 모순일수도 있지만 만하임의 지식사회학이론을 근거로 일반적으로 1955~1964년에 태어난 사람들을 '베이비붐세대'로, 1960~1975년에 태어나 경제성장기에 유년시절을 보내고 민주화운동에 참여한 경험이 있는 사람들을 '386세대'로, 1975~1984년에 태어난 사람들을 'X세대' 등의 용어로 그룹화하고 각 세대의 특성과 그들이 처한 생애주기에 따른 환경을 비교한다. 가령 2007년도 에는 '88만원세대론'의 출현으로 20대의 암울한 현실과 미래를 걱정하는 여론이 만들어졌는가하면, 최근에는 베이비부머 세대의 은퇴가 시작되면서 이들의 미래를 위한 대책마련에 정치권이 부심하는 모습을 볼 수 있다. 물론 이와 비슷한 논의는 서구에서도 찾아볼 수 있다. 서구의 근대적 습속과 일상생활의 혁명이라고 일컬어지는 소위 '68혁명을 경험한 '68세대론'부터 최근의 '천유로 세대론'까지 다양한 종류의 세대론이 존재한다.

국내외에서는 경제성장 및 민주화, 그리고 ICT의 빠른 발전과 보급으로 기술적응력이 세대를 구분하는 새로운 기준이 되었다. 개인용 컴퓨터의 개발이후 태어난 세대(70년대 후반 이후 출생)를 일컬어 N세대(N-Gen)로 부르는가 하면, 디지털 세상에서 태어나고 자란 세대를 디지털 네이티브(digital native)로, 디지털 세상에 태어나지는 않았지만 디지털 기술을 배우고 이용하는 세대를 디지털이주민(digital immigrant)으로 구분한 것이 대표적이다.

또한 오늘날 현대의 세대의 각종 용어 중 키워드로 꼽히는 '픽미세대'는 치열한 경쟁 속에서 선택받고자 하는 마음을 가지고 사는 디지털 세대를 의미하기도 한다. 이는 사회에 대한 불신과 불안은 크지만 나름대로 생존방식을 선택하고 자신들만의 독특한 문화를 만들어가는 사람들을 지칭한다.

이렇듯 동시대를 함께 살고 있음에도 불구하고 굳이 세대를 구분하는 이유는 태어난 시기의 환경에 따라, 그리고 중대한 사회화의 시기에 겪었던 역사적 사건에 따라 각 세대의 사고방식과 행동양식이 다르기 때문이다. 하지만 소통의 시대라고 불리는 현재, 오히려 디지털세대와 기성세대간의 더 많은 갈등이 발견되고 이 갈등이 쉽사리 해결될 것 같아 보이지 않는 것은 소통의 엔트로피가 높아질수록 상호이해를 위한 노력도 동시에 증가해야 하는데 실제로는 일종의 지체현상이 벌어지기 때문이다. 이러한 갈등의 요인에는 세대간의 디지털 격차와 소비하는 콘텐츠의 차이도 존재하는데 특히 미디어가 개인화 될수록 세대별로, 계층별로 소비하는 콘텐츠와 소통하는 방식이 너무 달라서 우리사회에 큰 부담으로 작용하고 있다. 각 세대는 사회구성원으로서 반세기 이상 모든 세대가 함께 상호작용하기 때문에 서로의 특성을 이해하고 세대간 갈등을 줄여나가는 것이 무엇보다 중요하다.

2. 사회문화적 맥락에 따른 세대의 분류

1) X 세대

X세대는 80년대 후반 혹은 1990년대 초반에 대학을 다녔거나 졸업한 사람들로 6~70년대 태어난 사람들을 말하는데, 일반적으로는 1970년대 생이 이에 해당된다고 본다. Generation X라는 용어는 매그넘의 사진작가 로버트 카파가 1950년대 초에 사용하여 처음 알려졌다. 이후 카파는 2차 대전 이후 자라나는 젊은 남녀의 모습들을 담은 포토에세이의 제목

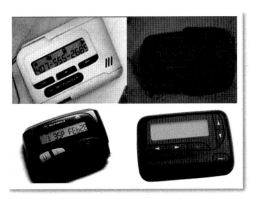

Fig X세대 대중문화부흥의 주역 '삐삐'

으로 사용하였고, 1953년에 "Picture Post"(UK), "Holiday"(US)에 프로젝트로 등장했다. 카파는 '알려지지 않은 세대'라는 의미로 Generation X라 명명했다 밝혔다. 이후 캐나다 작가 더글

라스 커플랜드의 소설 『제네레이션X』로부터 용어는 유명세를 띠게 되었다.

워크맨과 삐삐가 유행했던 X세대는 물질적인 풍요 속에서 개인주의를 탄생시키고, 남들과 차별화되길 원하는 '개성'으로 똘똘 뭉친 신세대였다. 컬러 TV(80년 첫 컬러 TV 방송 시작)와 함께 성장해서 1990년대 국내 대중문화의 부흥을 이끌었는데 대표적으로 '서태지와 아이들'은 등장하자마자 기성세대로서는 "이해할 수 없다"라며 외면 받았지만 X세대의 열렬한 지지를 받았다. 또한 X세대는 홍콩 영화를 즐긴 다문화 시대의 수혜자이기도 하다. 이처럼 개성 있는 라이프스타일로 90년대를 주름잡은 X세대는 가장 진보적인 세대라는 평가를 듣기도 했다.

이 세대는 소비문화의 본격적 출연과 멀티미디어 시대의 시작과 함께 등장한 세대이다. 자유 분방하며, 감각적인 영상세대의 첫 세대로, 혹자는 이 세대를 두고 '마땅하게 정의할 수 없는 세대'라고 이야기하기도 했다. 이들은 [PANTS]라는 용어로 설명되기도 한다. 이것은 다음과 같은 특성들의 앞 글자를 따서 만든 약자이다. 개인과 개성화가 분명하며(personal), 인생의 가치관을 즐거움에 두고 심각한 것을 기피하는 특성(amusement)을 지니고 자연을 누리고 즐기는 데에 강한 욕구를 드러내면서(natural), 나이나 성에 대한 구분을 거부하는 동시에(trans-border), 하이테크와 하이터치 서비스를 추구(service)한다는 것이다. 이러한 점들은 X세대의 특징을 단적으로 표현한 것이라 할 수 있다.

○ '영포티' 된 'X세대' … 대한민국 중심에 서다

[중앙일보. 2017. 04. 04]

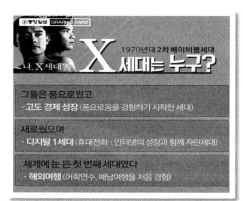

2) Y 세대 (밀레니엄세대 또는 N세대)

Y세대라는 이름은 1993년, Ad age2) 에서 당시 향후 십년간 십대가 될 세대들을 X세대와 구분지어 지칭하기 위해 처음 사용했다. Y세대는 1980년대 초반에서 1990년대 중반에 태어난 세대로, 일각에서는 2000년대 초까지 태어난 세대까지 광범위하게 보는 사람들도 있다. 요즘 사회 진출을 하기 시작한 젊은 직장인들이 이 세대에 속하는데요. 워라밸(Work and Life Balance) 세대라는 별칭도 갖고 있다.

이들은 다수의 세대 이름을 가지고 있는데, 미국 프루덴셜사는 청소년들의 지역 봉사활동 보고서에서 미래의 주역이 될 이 세대를 'Y2000세대'라고 명명했고, 역사적 시기별 구분한 세대 유형관점에서는 밀레니엄세대 혹은 전후 베이비붐세대의 자녀세대를 일컫는 에코(echo)세대로 불리기도 했으며, Netgeneration(N세대)과 동의어로 보기도 한다.

미국사회를 배경으로 이들의 세대적 특징을 보면, 인터넷 문화에 익숙하며, 노동에 비해 놀이를 선호하는 것으로 정의된다. 또한 종교에 대해 회의주의적 입장을 갖는다고 평가되

1   Advertising Age의 약자, 잡지 이름으로 뉴스나 마케팅 및 미디어 분석 정보 등을 제공하고 있음

기도 한다. 이 세대는 최초의 디지털 네이티브인 동시에 아날로그 감성을 쫓는 모습을 보이기도 하는데 90년대에 10대 시절을 보낸 밀레니얼 세대 역시 어린 시절의 향수를 자극하는 것들에 크게 반응하는데요. 경리단길, 익선동 등 레트로 풍의 힙한 골목을 찾아다니고, SNS로 공유하는 이들이 바로 Y(밀레니얼 또는 N) 세대이다. 또 각종 디지털 기기와 인터넷 네트워크의 발전을 온몸으로 체감한 세대로 워크맨, MP3, 플로피 디스켓, 게임보이, 필름 카메라부터 10대 시절 이용한 다모임, 싸이월드, 세이클럽, 버디버디와 같은 각종 인터넷 플랫폼 등 한때 사회를 풍미했던 것들을 그리워하는 경향이 강하다. 밀레니얼 세대의 키워드는 바로 'YOLO'인데 이들은 사생활과 취미생활을 매우 중요하게 생각한다. '지금 이 순간'의 행복을 위해서라면 지갑을 여는 것도 마다하지 않기 때문에 욜로족, 가심비(가격 대비 마음의 만족을 추구), 워라밸 등 수많은 신조어를 쏟아냈다.

또한, 아버지세대(전후베이비붐)에 비해 나르시즘적 경향을 가지며, 정치경제적으로는 신자유주의적 접근을 하는 경향이 있다. 이들의 정치경제적 측면에 초점을 두어 "피터팬세대"라고 부르기도 한다. 이들이 "피터팬세대"라는 이름으로 불리는 이유는 다음과 같다. 첫째, 높은 주거비용과 고등교육 확산에 따른 높은 교육비 지출과 같은 경제적 여건들의 악화이다. 이러한 생계비용의 증대는 그들로 하여금 이전 세대에 비해 경제적인 관점에서 어른이라는 용어를 받아들이게 만들었고, 스스로를 '어른'이라 규정하는데 있어 위와 같은 경제적 여건들의 성취여부가 중요하기 때문이다.

둘째로, 이와 같은 경향은 예전처럼 '성인'이 되는 것을 시간의 흐름에 따라 정해지는 삶의 한 단계로 받아들이는 것이 아니라, 개인의 능력이나 특성이 합치 되어야 성립하는 일종의 지위로 받아들이는 모습을 보이기 때문이다. 우리나라의 경우 Y세대라는 용어는 한동안 언론에 의해 사용되었지만 일반인에게까지 널리 통용된 용어는 아니다. 이와 유사한 세대에 대한 또 다른 명칭으로는 'N세대'가 있으며, 이에 대한 논의가 훨씬 활발한 것으로 보인다. 특히, 2000년대 들어와 커뮤니케이션 테크놀로지와 함께 일상생활을 비롯한 사회전반에 많은 변화가 일어났으며, 이 Y세대는 그들의 생애 중 가장 역동적인 성장기에 그 변화를 맞이하여 성인이 될 때까지 그 사회변화와 함께 성장했다. 따라서 세대론에서 이들의 세대적 특성을 고찰하는데 많은 부분을 할애하고 있다.

한편으로는 급속한 발전을 이룬 커뮤니케이션 테크놀로지의 변화와 함께 성장한 덕분에 변화하는 환경에 대한 뛰어난 적응력과 다양한 커뮤니케이션 테크놀로지를 이용한 폭넓은 사회 네트워크를 갖춘 사회인이 되었다. 다른 한편으로 신자유주의 시대 치열해진 경쟁을 거쳐 오는 동안 경쟁에서 뒤처진다는데 대한 불안감을 항상 지닌 세대가 되었으며, 또래와의 치열한 경쟁과는 별도로 부모의 철저한 보호 아래 있었던 성장기 때문에 직장상사의 사소한 말 한마디에 쉽게 상처 받는 세대적 특성을 갖게 되었다.

3) Z세대

'급식체(급식을 먹는 세대인 10대들이 자주 사용하는 문제)'로 센세이션을 일으키며 대중문화의 주체로 등장하기 시작한 Z세대는 90년대 중반부터 2010년대에 태어난 세대를 의미한다. Z세대의 'Z'는 X세대와 Y세대(밀레니엄 세대)를 뒤따라 알파벳순으로 정해졌는데 이들의 핵심 키워드는 '디지털'이다. 밀레니엄 세대가 '디지털'과 '아날로그'를 함께 경험한 세대라면, 이들 Z세대는 태어나자마자 디지털만을 경험한 세대이기 때문이다. 2018년 기준 국내 스마트폰 가입자가 5,000만 명을 돌파한 것을 보면, Z세대는 초등학생 시절 혹은 그 이전에 이미 스마트폰이 대중화된 시기를 보낸 셈인 것이다.

이처럼 Z세대는 어린 시절부터 디지털 기기를 활용했으며, 신기술과 빠른 변화에 민감하다. 다양한 디지털 기기를 넘나들며 즉각적으로 정보를 접근하며 자라온 Z세대는 제품과 서비스를 구매하고 소비하는 과정에서 새로운 디지털 경험을 요구한다. 그들이 점점 소비의 주축으로 부각되면서 기업들이 Z세대를 주목하고 있다. Z세대는 브랜드에 새로운 기준을 기대하고 있으며, 기업들은 이 진취적인 디지털 원주민(Digital Natives) 세대로부터 긍정적인 브랜드 인지도와 충성도를 얻기 위해 변화하고 있다.

Z세대의 특징

- 어린 시절부터 디지털 기기를 활용했으며, 신기술과 빠른 변화에 민감하다.
- 세계 경제 불황을 겪으면서 자란 Z세대는 경제적 안정에 대한 관심이 높고 현실적이다.
- 인종, 종교, 사회, 경제적 지위와 민족성이 한데 뒤얽히고 정체성이 점점 더 모호해지는 새로운 시대를 맞이하며 가장 편견 없는 세대로 여겨진다.
- 급격한 기후 변화로 인한 자연재해가 빈번히 일어나는 것을 경험한 Z세대는 사회와 환경에 관심을 갖고 있으며 세상을 변화시키고자 한다.
- 상품과 소싱에 대한 신뢰와 투명성, 그리고 진정성을 소비한다. 자신들의 소비가 정확히 어떻게 쓰이고 어떠한 영향을 미치는지 궁금해 한다.

2000년 초반 IT 붐과 함께 유년 시절부터 인터넷 등의 디지털 환경에 노출된 세대답게 새로운 테크놀로지, 소셜미디어 플랫폼과 친숙한 세대이다. Z세대에게 유튜브는 TV보다 중요한 매체로, 이들은 자신들의 세계와 공감하고 영향을 주는 잘 만들어진 콘텐츠를 시청하는 것을 선호한다. 2017년 기준 유튜브는 자사 웹 사이트와 앱을 통해 마일 평균 10억 시간의 동영상이 시청되고 있다고 발표했다. 유튜브 시청자 수는 지난 4년간 10배 증가했으며, Z세대가 이 같은 성장에 크게 기여했다.

기존 사용하던 제품을 재거래한다는 의미에서 보상판매와 교환판매 방식을 결합한 제품 판매전략인 리커머스(re-commerce)는 Z세대가 자주 찾는 공유 형태 중 하나이다. Z세대는 합리적인 소비와 환경친화적인 제품을 중요시한다. 지속가능성에 대한 Z세대의 열정과 공유경제의 부상은 젊은이들에게 서로를 연결해주고 구제품을 공유하며 사고팔 수 있게 하는 디지털 플랫폼의 개발을 촉진시켰다. 구제품의 위탁판매를 하는 The RealReal의 경우 자사 쇼핑몰을 이용하는 Z세대 고객의 수는 약 35%로, 다른 세대를 뛰어넘는 것으로 나타났다.

또한 Z세대는 인종, 성별, 종교, 사회, 경제적 지위와 민족성이 한데 뒤얽히고 정체성이 점점 더 모호해지는 새로운 시대를 맞이하며 가장 편견 없는 세대로 여겨진다. 이는 밀레니얼 세대보다 더욱 다양화되는 추세이며, 소셜 그룹들은 이들의 마인드에 더욱 긍정적인 영향을 미친다. 지지 하디드, 벨라 하디드, 조 크라비츠, 젠다야, 제이든 스미스 등의 뉴 아이콘들이 이 같은 움직임을 이끌어나가고 있다. 이 같은 다양성은 젠더의식에서도 나타난다. 이들 중 73%는 동성애 결혼, 74%는 트랜스젠더 평등권에 찬성하고, 66%는 남성성과 여성성의 경계를 초월하고 있다고 밝혔다. 커버걸의 첫 남자 홍보대사로 제임스 찰스가 선정되었다. SNS로 자신의 메이크업 솜씨를 알리면서 인기를 얻은 그도 99년생 Z세대이다. 이는 성별로 나눠진 관심사를 싫어하는 Z세대의 생각이 드러난 하나의 사건이 되었다.

미국의 9.11테러와 대공황, 한국의 세월호, 대규모 정치 스캔들 사태에 영향을 받은 Z세대는 사회 문제에 관심을 갖고 참여한다. Z세대의 60%는 사회에 영향을 미치고자 하는 욕구가 강하고, 이는 밀레니엄 세대의 39% 대비 높은 수치임을 눈여겨볼 만하다. 이들에게 나이는 숫자에 불과하다. 주로 25세 이하의 젊은 액티비스트들은 클릭과 해시태그를 통해 인터넷과 소셜미디어 움직임을 이끌어 나가고 있다. 이들은 스마트폰으로 시위, 집회, 행진 등을 빠르게 추진하고 사람들을 끌어 모은다.

Z세대는 다양성을 중시하며 가장 편견이 없는 세대로 사람에 대한 부당한 대우에 맞서 인종차별, 여성차별, 등의 사회문제를 꾸준히 환기시키는 역할을 한다. 가장 대표적인 예로 인스타그램과 트위터 해시태그로 번진 〈Black lives matter〉와 〈Me too〉 운동을 들 수 있

다. 이들은 적극적으로 해시태그를 활용하여 사람들을 하나로 불러 모았다. 한국의 젊은 액티비스트들은 투표 연령을 낮춰야 한다고 주장하며 자신들의 정치적 영향력을 증명하기 위해 앞장서기도 했다. 또한, 2017년 5월 60,000여 명의 학생들이 대통령 선거 모의 투표에 참여한 것만 봐도 Z세대의 이 같은 관심을 확인할 수 있다.

Fig 제임스 찰스 (사진_FASHION SEOUL)

Fig SNS로 번진 Black lives matte 운동 (사진_FASHION SEOUL)

Z세대는 급격한 기후 변화로 인한 자연재해가 빈번히 일어나는 것을 직접 또는 미디어를 통해 목격하며 자란 세대이다. 기술 발전은 하드웨어 센서 및 개인 웨어러블이 개인 자신과 주변 환경에 대한 정보를 실시간으로 추적할 수 있게 한다. 또한 센서는 공기 및 수질과 같은 환경 문제를 모니터 할 수 있는 네트워크를 구축할 수 있게 했다.

때문에 Z세대는 시시각각 변하는 환경 변화에 관심을 갖고, 더 나아가 환경 변화에 앞장서는 기업들에 관심을 갖는다. 아웃도어 파타고니아는 낡고 헤진 의류를 무상으로 수선해주는 '파타고니아 원 웨어(Worn Wear)' 이벤트를 진행했는데, 이 이벤트용 인스타그램 계정에만 70K+이상의 팔로워를 끌어 모았으며, 8000개 이상의 #worn wear 해시태그가 생성되었다. 4월 22일인 지구의 날을 맞이해서는 젊은 트위터 사용자들이 #If Only Earth Could Speak라는 해시태그로 지구 문제를 꾸준히 환기시키기도 했다.

Z세대는 상품과 소싱에 대한 신뢰와 투명성, 그리고 진정성을 소비한다. 자신들의 소비가 정확히 어떻게 쓰이고 어떠한 영향을 미치는지 궁금해 한다. 모든 정보를 다 얻을 수 있는 환경에서 자란 Z세대는 음식의 재료가 어디서 왔는지, 어떻게 재배되었는지, 누가 만들었는지 모두 알려고 한다. 이들은 자신의 선택이 환경에 어떠한 영향을 주는지 고려한다. 따라서 영양 표시를 정밀하게 조사하고 온라인으로 재료를 검색하며 유기농 제품을 선택한다.

정보 과부하의 시대에 메시지는 점차 이미지 기반이 되었고, 간판, 로고 및 브랜드는 단어 및 구문보다 시각적인 메시지를 통해 소통하기 시작했다. 그중 Z세대가 폭넓게 사용하는 의사소통 형태는 이모티콘이다. 이모티콘은 언어와 같은 장벽이 없어, 글로벌한 이 세대가 여러 문화에 걸쳐 활용하기에 좋다. 이에 따라 브랜드들은 디지털에 능한 젊은 층을 끌어들이기 위해 이모티콘을 출시하기도 했다. 마이클 코어스는 카카오톡 플러스 친구를 맺은 사람들에게 한 달간 무료로 사용할 수 있는 이모티콘을 제공했다. 이처럼 앞으로 카카오플러스 친구 계정을 통해 국내외 브랜드가 관련 소식을 발 빠르게 전하며, 디지털에 익숙한 젊은 고객들에게 한층 더 가까이 다가갈 것으로 보인다.

Fig Z세대의 여가 (사진_ 한경 비즈니스)

Z세대는 자신의 정체성을 선별해서 구성하는 세대이다. 이들은 자신만의 안목 있는 취향을 가지고 있다. 소셜미디어를 통해 자신이 원하는 이상향에 가까운 사람을 선별하고, 자신도 그 이미지를 갖기 위해 노력한다. 정보의 과부하와 선택의 폭이 넓어지면서 평균 대기시간이 8초대인 Z세대들은 범람하는 정보 속에서 느릿느릿하게 살펴보기 위해 시간이나 주의를 기울이지 않는다. 이에 따라 개인화, 맞춤화 서비스를 제공하는 신생업체들이 대거 유입되고 있다. 따라서 패션, 뷰티뿐만 아니라 식료품부터 세탁 서비스까지, 다양한 방법으로 개인화, 맞춤화가 이루어지고 있는 추세다.

Z세대의 여가시간 역시 다른 세대와는 뚜렷한 특징을 보인다. 한경 비즈니스가 설문한 결과에 따르면, 유튜브 감상(82.2%)이 가장 높다. 이들은 고등학교 입학도 전에 SNS 계정을 개설한 세대로, SNS를 통해 인증하고 네이버 대신 유튜브에서 검색한다. 이는 더 생생하게 와 닿는 정보를 선호하기 때문이다. 인터넷이 없던 시절을 상상하기 힘들어하는 Z세대에게 스마트폰은 떼려야 뗄 수 없는 사이이다. X세대인 부모로부터 자유로운 가치관을 물려받은 Z세대는 이전 세대보다 다양성을 존중한다. 진로 선택의 과정에서도 이러한 가치관은 여과 없이 드러난다. 일 자체의 '의미'에 더 큰 가치를 두며 일과 삶의 균형 또한 이들에게는 중요한 가치이다.

 픽미세대

'나를 뽑아줘'라는 의미를 지니고 있는 픽미세대라는 용어는 다른 이를 제치고 뽑혀야 살아남는 서바이벌 오디션 프로그램에서 유래됐다. 높은 스펙을 갖췄지만 선택을 위해 치열한 경쟁에서 이겨야 하는 고단한 세대라는 의미에서 흔히 불리는 '3포 세대'나 'N포 세대'와도 비슷한 의미를 가진 용어라고 볼 수 있다.

이들의 특징은 실속을 따지는 현재지향적인 소비를 한다는 점인데 소셜커머스처럼 파격적인 세일 프로모션을 즐기며 가격이 부담되어 구매하기 어려운 물건이라면 빌려쓰는 것도 주저하지 않는다. 소비를 넘어서서 인간관계를 맺는 데 있어서도 '실속'을 중시한다. 여러 모임에 나가 시간과 돈을 쓰기 보다는 혼자 저렴하게 간편하게 즐기는 혼밥, 혼술을 선호한다.

 픽미세대

픽미세대의 대두와 더불어 급증한 것이 SNS인증 열풍이다. '좋아요'와 댓글 등의 반응은 남의 눈에 띄어 선택받고자 하는 픽미세대가 주목하는 것이기도 하다. 스스로에 대한 확신이 부족해지는 취업난 속에서 자신의 모습을 다른 사람들에게 인정받고 싶어 하는 욕구를 SNS를 통해 표출하는 것이다. 실속을 중시하며 현재지향적인 생활을 유지하는 픽미세대는 지속도는 저성장 속에서 미래에 대한 불확실성이 심화된 젊은층의 모습을 보여주는 현상이기도 하다.

제2절 현대사회와 연애 · 결혼문화

1. 연애문화의 변화

1) 기성시대 연애와 현대인의 연애

Fig 혼전순결(자료: 연애의 과학)

과거 기성시대의 연애문화는 매우 보수적인 연애방식이었다. 손잡고 대학교 캠퍼스를 거니는 일은 용기가 필요한 일이며 남녀 간의 스킨십에 있어서도 매우 보수적이었다. 또한 데이트 비용 부담의 책임은 대부분 남자가 하는 것으로 성 역할이 나뉘었고, 혼전순결을 중시하며 연애는 곧 결혼의 예비 절차로 여겨지며 '혼후 관계 주의'를 중시하였다.

현대인들의 연애는 독특한 둘만의 문화를 즐기며, 공개적으로 커플임을 드러내고 같은 것을 공유하고자 하여 커플 아이템을 많이 착용하기도 한다. 과거 일종의 정표라고 여겨져

Fig 현대인의 커플아이템문화

결혼을 위해서만 교환되어지던 커플링도 심심찮게 볼 수 있다.

또한 과거에 비해 개방적인 연애관을 가지고 있다. 과거 기성세대의 동거는 '피치 못할 이유'의 사실혼 형태로만 가능했으나, 현재 젊은 세대들에게는 은밀하고 감춰야 할 것이 아니라, 보다 더 행복한 결혼 생활을 영위하기 위한 수단으로써 필요에 의해서는 공개적으로 이야기 할 수도 있는

점이 되었다. 또한 성인 남녀 간의 친밀한 스킨십과 성관계가 매우 자연스럽고, 일상적으로 받아들여지기 시작했다. 예능 프로그램 JTBC〈마녀사냥〉에서는 이와 관련된 고민들을 자연스럽고 노골적으로 다루기도 하였다.

여성의 사회적 지위가 높아지고, 자기 관리를 철저히 하는 여성들이 늘어남에 따라 여성보다 남성이 더 어린 연상연하 커플이 증가하고 하나의 트렌드로 자리 잡고 있다. 드라마 '내

이름은 김삼순'과 대중가요 이승기의 '누난 내 여자라니까'등 여러 대중매체에서 연상 연하 커플을 매력적으로 어필하기 시작하고, '나이는 숫자에 불과하다.'는 인식이 확산되고 있다.

과거 당연하게 남성이 데이트 비용을 감수해야 한다는 인식이 남녀가 비용을 각자 나누어 부담해야 한다는 인식으로 변화하였다. 일일이 더치페이를 해야 하는 번거로움 때문에 연인들 사이에서 '데이트 통장'을 만들어 사용하고 은행에서도 관련 상품을 내놓고 있다.

2) 20대 연애문화 Trend

남녀노소를 불문하고 사랑이라는 주제는 누구나 관심을 갖는 공통의 문제일 것이다. 특히 고등학교 입학과 함께 대학입학을 목표로 모든 관심과 욕구를 접고 오로지 대학입시에만 매달려 온 우리의 대학생들에게는 특히나 흥미로운 주제일 수밖에 없다. 또한 청년기동안 경험하는 이성과의 데이트는 성인기에 낭만적 관계를 맺고 배우자 선택을 준비하기 위한 중요한 과정이기 때문에 성숙한 결혼생활을 영위하고 건강한 성인이 되기 위하여 반드시 필요한 준비단계에 속한다.

대학 4년 동안 이성과의 교제를 경험하지 못한 학생들은 자신의 여성적인 혹은 남성적인 매력에 대하여 걱정을 하곤 한다. 예전에도 대학생들은 사랑과 성에 대해서 많은 관심이 있었을 것이다. 그렇다면 요즈음 대학생들의 사랑은 무엇이 다른 것일까? 분명 신세대 대학생들의 사랑은 이전의 기존세대인 475세대(40대, 70학번, 50년대 출생)나 386(30대, 80학번, 1960년대 출생) 세대와는 다른 차이점을 보이고 있음이 분명하다. '60~70'년대에 비해 우리 사회는 많은 서구화의 물결과 산업의 발달로 인하여 고도로 발전하고 복잡하게 되었고 이러한 과정 속에서 사랑과 성에 대해서도 보수적인 경향에서 개방적이고 자유로운 분위기로 자연스럽게 변화하였기 때문이다.

대학 내일 연구소의 20대 청춘연애 백서(2016)에 의한 20대 연애문화 Trend는 다음과 같다.

가. 인스턴트 연애

학점 관리, 스펙 쌓기 등 20대의 반을 치열하게 살아내어 낙타가 바늘구멍 통과하기보다 더 어렵다는 취업에 성공을 해도 연애는 내 것이 아닌 것만 같다. 야근과 주말 근무의 반복, 내 취향을 모두 누리기엔 턱없이 가벼운 월급과 학자금 상환, 그리고 꿈과 현실 사이에서의 고민으로 청춘들은 자신의 감정을 챙길 겨를이 없다. 그러니 나 아닌 누군가의 감정까지 신경 쓸 여력이란 더더욱 없다.

취업, 시험 준비, 아르바이트 때문에 연애를 포기해 본 청춘도 38%나 된다. 이렇게 나의 처한 상황과 환경들이 내 감정까지 컨트롤한다. 그래서 20대 청춘들은 더 가볍고, 빠르고, 솔직한 만남을 선호한다. 진지한 연애보다는 다양한 사람들과 가볍게 만나는 것을 선호한다는 응답도 20%나 된다. 이러한 조사결과를 통해 이들의 연애가 점차 인스턴트화 되어가고 있다는 것을 다시 한 번 확인할 수 있다. 큰 고민 없이 시작하고, 또 큰 고민 없이 끝낼 수 있다. 딱히 몸에 좋다 할 수는 없지만 선택의 폭이 넓고 편리하여 자꾸 손이 가는 것이 인스턴트의 매력일 수 있는 것이다.

과거 연애의 명언 중에 "열 번 찍어 안 넘어가는 나무가 없다"고 했다. 적어도 이 정도의 정성을 보여야 사랑을 쟁취할 수 있었던 것이 과거의 '사랑'이었다지만 요즘 청춘들은 이 말에 전혀 공감할 수 없다. "그렇게까지 해야 해?" 식의 반응들이다. "한 나무를 열 번 찍을 바엔 그냥 열 개 나무를 한 번씩 찍어 보는 게 확률이 더 높지 않겠어?"라는 이야기를 한다. 그들은 가성비 세대답게 연애에 있어서도 가성비를 따지는 것이다.

내일 20대연구소의 조사에 의하면 대학생들의 30% 가량이 현재 썸을 타고 있다고 응답하였다. 그러나 썸에서 연인으로 발전할 가능성은 59%에 불과하며, 썸의 적당한 지속 기간은 약 4주 정도라고 이야기한다. 혹시 서로의 호감을 확인하고 연인으로 발전하기 전의 단계를 썸으로 알고 있었다면 큰 오산 지금 내 썸남, 썸녀가 나의 남친, 여친이 될 확률은 반밖에 되지 않기 때문이다. 그러니 썸이 반드시 1:1로 이루어지는 것도 아니다. 일대 다수의 썸이 존재한다. 연인이 없다면, 다수와의 썸이나 어장관리는 나쁘지 않다고 생각하는 응답도 35%나 된다.

또한 이들은 환승 주기도 짧다. 이별 후 새로운 연인을 만나기까지 세 달이면 충분하다는 응답이 71%, 헤어지기 전 다른 연인을 만나도 괜찮다는 환승도 5%나 된다. 그러다 보니 학과나 동아리와 같이 지속적인 만남이 있는 집단보다는 비교적 지속성이 덜한 외부 소모임이나 대외 활동, 스터디 등을 통한 만남을 더 선호한다.

요즘의 다양한 대외 활동들이 이들의 간헐적 연애를 돕고 있다. 또한 20대들 사이에서는 친목보다 목적을 위해 뭉치는 모임이 많아졌다. 친목에 대한 부담은 해소하고, 목적한 바를 이루면 바로 해산이 가능한 목적 지향적 만남이 대부분이라는 것이다.

'인맥이 힘'이라 생각하는 기성세대들과 달리 이들은 인간관계에 대한 회의감을 느끼며 친목해야 하는 것이 부담이라는 청춘들의 목적 지향적 인간관계가 자연스럽게 연애에도 투영되고 있다. 이들에게는 혼자 보내는 시간 또한 놓칠 수 없다. 개인적인 삶을 추구하고, 혼자만의 여가시간을 즐기는 세대이다. 그러니 자발적 아웃사이더의 시간을 보내고픈 이들에게는 길게 끌고 가는 연애는 쉽지 않다. 더불어 연인과 나 사이의 관계만큼이나 개인의 삶도 중요하니 서로의 사생활은 철저하게 지켜져야 한다. 연인의 휴대폰 잠금 비밀번호를 알고 있는 커플은 58%에 불과하다. 부부보다 더 많은 정서적 교감과 시간을 나누고 있는 연인들 중 반이 조금 넘는 수치만이 상대방의 휴대폰 비밀번호를 알고 있다는 것이 놀랍다. 연인의 이메일이나 SNS 비밀번호를 알고 있는 커플도 21% 뿐이다. 서로의 사생활을 존중한다는 의미도 있지만 괜한 오해로 자신의 마음이 번잡해지는 것을 원치 않기 때문이기도 하다.

더불어 20대의 44%는 연애와 결혼이 별개라고 생각한다. 연애를 하면 당연하게 결혼까지 상상했던 우리와 달리, 이들은 늘 헤어진 후를 생각한다. 지금은 사랑하지만 언젠가 마음이 변할 것을 안다. 그러니 SNS에 연애를 공개하는 것은 더욱 신중해야 할 사안이다. 지금 충분히 사랑하지만 헤어진 후 처치 곤란한 일들은 미리미리 만들지 않는다. 가슴으로 뜨겁게 사랑하면서도 머리는 늘 냉철하게 많은 것들을 계산하고 있다.

나. 랜선 연애

현대의 20대들은 행운이 자신에게 오길 마냥 기다리지만은 않는다. 예전처럼 수동적인 자세로 운명의 상대를 기다리는 것은 비효율적이다. 자신이 노력한 만큼의 결과가 나오지 않더라도, 최소한 자신이 적극적으로 움직여야 변화가 있음을 안다. 이렇게 기특한 20대들의 주위엔 마음만 먹으면 연애를 시작할 수 있는 수단들이 다양하게 널려있다. 그중 가장 눈에 띄는 수단은 요즘 연애의 A부터 Z까지 모두 해결해주는 SNS와 데이트 앱이다.

이러한 소셜데이팅은 이용자가 원하는 이성을 스스로 선택할 수 있고, 굳이 자신의 시간과 노력을 들이지 않아도 된다는 편리성 때문에 빠르게 성장하고 있다.

현재 국내에는 170여 업체가 성업 중이며 시장 규모는 200억 ~ 500억 원, 회원 수는 330만 명 이상으로 추산한다고 한다. 최근 국내 전체 앱 소셜 매출에서 비게임 분야 5, 6, 8위를 차지한 것도 '정오의 데이트', '이음', '아만다' 등이 데이트 앱들이었다.

하루에도 수 십 개의 앱들이 쏟아져 나오는데 이 중 TOP 10 안에 데이트 앱이 3개나 랭크되었다는 것은 이 청춘 시장이 얼마나 큰 잠재력을 가졌는지 말해준다.

실제로 최근 20대 중 상당수가 이성을 만나는 경로로 SNS나 데이트 앱을 선호하고 있다. 특히 연애 경험이 많은 연애 고수일수록, SNS와 데이트 앱을 통한 만남을 더욱 선호한다. 연애에 적극적으로 임하며 새로운 연애 트렌드를 이끄는 고수 연애 집단이 지인 소개 등의 뻔한 방법에서 벗어나고 있다는 점은 주목할 만하다. 어쩌면 항상 다양한 가능성을 열어두고, 새로운 것을 두려워하지 않고 도전하는 점이 이들을 연애 고수로 만들었는지도 모른다.

앞서 언급한 앱들뿐만 아니라 '돛단배', '마카롱', '은하수다 방', '코코소개팅' 등의 다양하고 세분화된 앱들은 데이트를 위한 수단이며, 동시에 아르바이트, 학점 관리, 취업 준비에 지친 20대들이 틈틈이 즐길 수 있는 엔터테인먼트이자 커뮤니티가 되었다.

타인의 계정 속 사진들은 그들의 자체 심의를 거치지 못한 매우 현실적인 사진들이 대부분이다. 그런데, 그들의 온라인 교류는 여기서 끝나는 게 아니다. 다수의 팔로워를 거느린 인스타그램 스타가 파티를 열 듯 단체 카톡방을 개설하면, 그 안에서 다양한 교류가 이루어진다. 연예인이 지인들을 불러 소모임을 하듯, 인스타그램의 스타가 중간자 역할의 파티 주최자가 되는 것이다. 이 공간에서 서로서로 썸을 타기도 하고 연애가 이루어지기도 한다. 실제로 오프라인에서 만난 사이일지라도 썸과 연애의 시작은 대부분 온라인 메시지를 통해 이루어진다. 전화 통화만큼 숨 막히고 어색한 것이 없다. 20대의 26%가 오프라인보다 온라인 커뮤니케이션을 더 편하게 느낀다는 점만 봐도, 이들에게는 랜선 연애가 당연할 수밖에 없다.

또, 20대는 철저하다. 만나기 전부터 상대 정보를 너무 많이 알면 선입견이 생기거나 호감이 떨어진다는 얘기는 옛말이다. 이젠 미팅, 소개팅 전, 상대에 대한 사전 모니터링은 필수이다. 내 시간과 돈을 허투루 쓸 수 없으니 소개팅 전에 미리 상대방의 정보를 살살이 찾아보는 것은 기본이다. 학교, 나이, 이름, 전화번호만 있으면 이제 검색되지 않는 것도 없는 세상. 20대의 57%가 페이스북에 이름과 학교를 치거나, 구글에 상대의 아이디를 검색해 본 경험이 있다고 한다. 인스타그램도 빠질 수 없는데, 연결고리인 친구의 인스타그램을 털다 보면, 자연스럽게 그나 그녀를 찾을 수 있는 것이다. 그러니 소개팅 전, 상대가 나의 SNS를 모니터링할 것에 대비해 자신의 정보를 정리하거나 점검하는 일도 필수다.

연인과 데이트할 때에도 카카오톡이나 라인 등의 온라인 메신저 덕분에 훨씬 자주 연락할 수 있는 환경이 주어졌다. 더불어 SNS와 밀접한 20대는 실제로 연애를 하고 데이트를 하면서도 소셜 콘텐츠를 적극적으로 이용한다. 20대의 36%가 연애용 카카오톡 프로필 설정을 하는 것을 보면 이는 20대 연애 과정의 필수 단계임을 확인할 수 있다. 연애 과정 역시 비밀 페이스북 그룹, 캘린더/드라이브, 연애용 해시태그 (#럽스타그램) 등을 통해 기록한다. 하지만 한편으로는 SNS를 통해 본인의 연애사가 공개되는 것이 조심스럽기도 하다.

이별을 직면한 20대의 이별 방식에는 어떤 변화가 있을까. 헤어짐에도 예의를 갖추어야 하니 만나서 이별을 통보하는 것이 정답이라고 생각하겠지만 이들의 생각은 조금 다르다.

이들은 어차피 끝난 사이에 만나서 얼굴을 붉히는 그 더디 가는 시간이 더 괴롭고, 어렵기만 하다. 시작도 카카오톡으로 했는데 헤어짐이라고 다를 이유가 없다는 것이다.

말하는 사람도 듣는 사람도 부담이 없으니 깔끔해서 좋다. 무작정 잠수를 타는 것보다는 훨씬 예의를 갖춘 것이다. 만나기 전 탐색 단계에서부터, 만

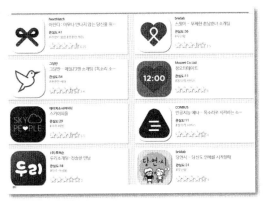

Fig 인기 데이트앱

나서 데이트하고, 이별하고, 이별 후 그를 염탐하기까지. 요즘 20대의 연애의 시작부터 끝까지 필수인 SNS를 보면 괜히 20대의 연애를 랜선 연애라고 이름 붙인 게 아니다

🔍 랜선연애란?

채팅이나 온라인 게임 등의 통신수단을 이용하여 소통하며 사이버 공간에서 하는 연애를 말한다. 협의의 랜선연애는 오프라인의 만남을 가지지 않는 순수한 온라인상의 연애를 의미한다.

넓은 의미로는 인터넷 등 통신수단을 통해 연애가 시작되는 것을 통칭한다. [1]

이걸 특별하게 보고 설명하려는 사람도 간혹 있지만, 2010년대 기준으론 한국을 포함한 대부분의 나라에서는 이러한 경우는 너무나도 흔하기 때문에 특별한 경우로 취급되지도 않는다. 인터넷 커뮤니티, 채팅, SNS 등으로 인간관계가 생긴 후 오프라인 만남을 가지는 것은 일상적인 일이 되었고, 연애관계로 발전하는 일도 무척 흔해졌기 때문이다.

다. 실용주의 연애

이제는 데이트를 할 때도 남자들이 대부분의 비용을 지불한다던가, 혹은 '밥값은 남자가! 커피는 여자가!'라는 공식조차도 깨진 지 오래다. 요즘 젊은 세대는 남자든 여자든 여유 있는 사람이 더 지불하는 것을 당연하게 생각한다. 이걸 남자도 부끄러워하지 않고, 여자도 억울해하지 않는다. 데이트를 하는 20대 남녀는 평균적으로 6:4의 비중으로 데이트 비용을 지불한다. 아직까진 남성이 조금 더 데이트 비용을 부담하고 있지만, 함께 정기적으로 일정 금액을 입금하여 데이트 시 사용하는 데이트 통장을 만들어 봤다는 커플도 다수이다. 대학생은 26%, 직장인은 36%나 된다.

서로가 서로에게 부담이나 짐이 되지 않고 싶은 것이 청춘의 사랑이다. 상대가 경제적으

로 어려울 때 건네주는 1~2만원의 용돈이 그들의 애정을 더욱 돈독하게 한다. 자존심 상할 것 없다. 기념일은 처음부터 가이드라인을 정한다. 100일, 1주년, 생일 등은 챙기고, 그 외 밸런타인데이와 같은 기념일은 서로 챙기지 않기로 암묵적 약속을 한다. 그날 만나 조금 괜찮은 집에서 밥을 먹는 것으로 서로 만족하기로 한다. 밸런타인데이라고, 혹은 빼빼로 데이라고 커다란 초콜릿 상자를 들고 나타나면 그것만큼 촌스러운 것도 없다. 그냥 쿨하고 시크하게 성의 표시 정도면 그걸로 됐다. 서로가 갖고 싶은 것을 사주는 것이 훨씬 실용적이고, 효율적이라는 것이다. 커플 신발을 사더라도 내가 상대의 것을, 상대가 내 것을 사주는 것이 좋다. 결국 내 돈으로 내 것을 사는 것과 무슨 차이가 있겠냐 싶지만 기분이라도 낼 수 있으니 좋다. 선물을 하는 입장에서도 내가 해주고 싶은 선물보다는 그녀 혹은 그가 갖고 싶은 선물을 사주는 것이 훨씬 기쁘다.

실용적 데이트를 선호하는 이들은 동네에서의 데이트를 선호한다. 요즘은 동네에도 분위기 좋은 맛집과 카페 하나씩은 있으니 사람 많고 북적북적한 곳보다 그냥 내가 익숙하고, 그녀가 편한 동네에서의 데이트가 좋다고 말한다. 무엇보다 동네에서 놀면 데이트 후 데려다줘야 하는 부담도 덜하다. 가로수길이나 상수동보다는 망원스러운, 혹은 문래스러운 동네에서의 데이트가 더 경제적이고, 청춘의 아기자기한 느낌을 주는 것 같아 좋다.

🔵 연트럴파크 ──────

홍대입구역에서 시작하여 연남동 방향을 향해 길게 늘어선 "경의선 숲길" 공원을 일컫는다. 최근에 이 공원이 조성되면서 주변으로 "성격양식", "카르타 19", "넘버포" 등 새로운 맛집, Bar, 카페들이 들어서기 시작했다. 공원 자체가 넓진 않지만 자리만 잘 잡으면 딱히 도시락을 준비해 가지 않아도 주변 맛집들에서 주류는 물론, 뉴욕, 파리 느낌 나는 메뉴들을 공수해 올 수 있다. 이곳만큼은 센트럴파크 부럽지 않다.

비슷한 이유로 공원 데이트도 그들의 데이트 코스 중 하나가 되었다. 이들은 정성 가득 도시락을 준비하거나 음식을 테이크 아웃하여 공원 데이트를 즐긴다. 돗자리와 스마트폰 하나만 있으면 어디서든 음악과 영화를 감상하고, 청춘의 낭만을 즐길 수 있으니 이처럼 넘나 좋은 데이트도 없다. 최소의 비용으로 가장 데이트다운 데이트를 할 수 있다. 이런 이유들로 20대들이 공원 주변으로 모이고 있다. 최근 조성된 연트럴파크, 성수클린이 핫한 이유가 바로 여기에 있다.

라. 버라이어티 연애

요즘의 연애는 다양하다. 연애의 대상이나 방식이 다양해졌기 때문이다.

기존에는 동갑이나 기껏해야 2~3살 차이나는 이성과의 연애가 일반적이었지만 지금은 연상, 연하도 상관이 없고, 10살 이상 차이가 나는 연애도 가능하다. 같은 지역 거주자가 아니어도 롱디(Long distance) 연애가 가능하며, 심지어는 한국 사람이 아니어도 괜찮다. 실제로 주변에서 최근에 국제 연애를 하는 친구는 25%, 6세 이상의 나이차 나는 연애를 하는 친구는 50%, 동거 연애를 하는 친구는 30%가 늘었다고 체감할 정도로 연애가 다양해진 것이다.

더불어 이젠 소개팅, 미팅과 같은 기존의 방식에 플러스로 SNS나 데이트 앱, 단기간에 '모여'와 '헤쳐'를 반복하는 소모임 등 만나는 방법도 다양해졌다. 그러니 친구들의 연애와 비교 자체가 되지 않는 경우도 많고, 나의 구남친, 구여친과 견주어서도 모범 답안을 찾기 어렵다.

마. 나이차 극복 연애

요즘은 물리적 나이가 중요하지 않다. 얼마나 젊은 감성과 동안 외모를 유지하고 있는지가 더 중요한 시대이다. 그러다 보니 10살 차이가 난다고 해도 24세와 34세를 명쾌하게 구분해내지 못하는 경우가 많다. 앞서, 요즘의 청춘들은 경제적이고 실용적인 연애를 한다고 했다. 그러니 나보다 나이 많은 사람의 안정감은 매력적일 수밖에 없다.

±6 ♡   17%

6세 이상 연상/연하와 연애 경험자
연애 유경험자 n=741

Fig 나이차 극복 연애

또한 '장기하 & 아이유'나 '최자 & 설리'와 같은 커플들을 보면 11살, 14살 나이차이는 아무 것도 아닌 것처럼 느껴진다.

바. 국제연애

글로벌 사회에서 나고 자라온 20대는 사랑에도 국경이 없다.

해외 어학연수나 이민도 많아졌을 뿐더러 한국에 있어도 교환 학생 시스템이나 다양 사교 모임을 통해 외국인 친구와 사귈 기회가 많아졌다. 예전엔 국제 연애라 하면 미국, 캐나다, 영국, 일본 국적의 상대를 생각했지만 요즘은 아랍, 프랑스, 중국 등 그 범위도 더 넓어졌다.

Fig 국제연애 경험자   Fig 동거연애 경험자

자료: 대학 내일 20대 연구소(2016), 대한민국 20대 청춘연애백서

사. 동거연애

요즘엔 동거도 낭만보다는 현실적이고, 경제적인 이유로 늘고 있는 추세이다. 동시에 20대는 늘 이별 후를 생각한다고 했다. 이의 절충점이 반(半)동거이다.

각자의 집은 두고 반은 내 집에서, 반은 연인의 집에서 사는 반(半) 동거를 시작한다. 식비나 생활비를 줄일 수 있고, 동시에 빨래, 요리, 청소 등을 분담할 수 있어 경제적이고, 효율적이다. 또한 이들은 자신만의 시간이 필요한 세대라고 하지 않았던가.

그러니 혼자만의 시간이 필요할 때 친정에 가듯 자신의 집으로 돌아갈 수 있다.

전국 20대 남녀 816명 대상으로 조사대 연애, 어디까지 알고 있니? 결과는 다음과 같다.

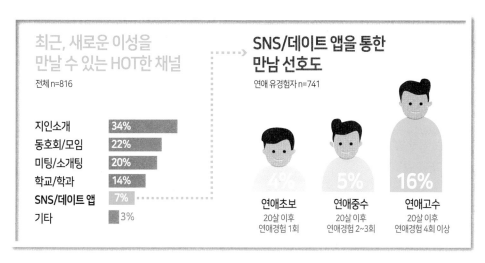

최근, 새로운 이성을 만날 수 있는 HOT한 채널
전체 n=816

지인소개	34%
동호회/모임	22%
미팅/소개팅	20%
학교/학과	14%
SNS/데이트 앱	7%
기타	3%

SNS/데이트 앱을 통한 만남 선호도
연애 유경험자 n=741

연애초보	연애중수	연애고수
4%	5%	16%
20살 이후 연애경험 1회	20살 이후 연애경험 2~3회	20살 이후 연애경험 4회 이상

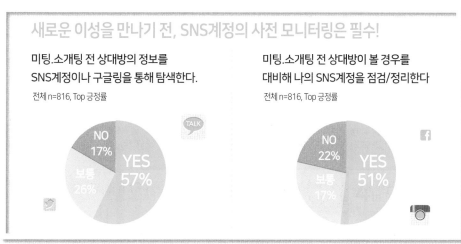

새로운 이성을 만나기 전, SNS계정의 사전 모니터링은 필수!

미팅.소개팅 전 상대방의 정보를 SNS계정이나 구글링을 통해 탐색한다.
전체 n=816, Top 긍정률

NO 17% / 보통 26% / YES 57%

미팅.소개팅 전 상대방이 볼 경우를 대비해 나의 SNS계정을 점검/정리한다
전체 n=816, Top 긍정률

NO 22% / 보통 17% / YES 51%

미팅/소개팅에서 절.대. 용납하지 못할 이성의 외적 조건

뚱뚱한 여자, 별로!
35%
전체 n=816, 1순위 기준
20대 남성

더러운 남자자, 별로!
30%
전체 n=816, 1순위 기준
20대 여성

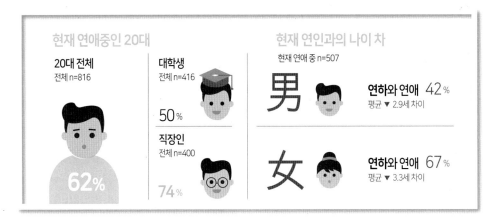

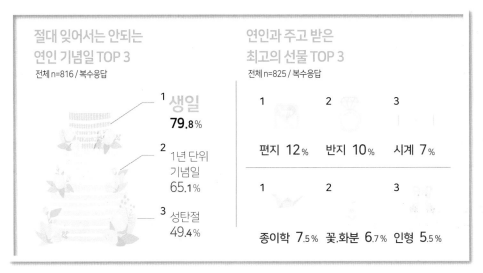

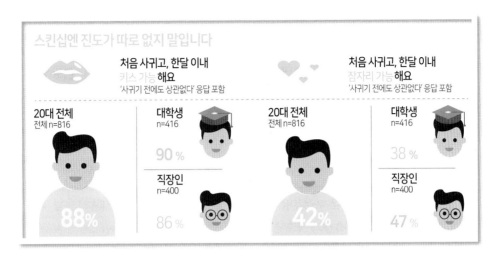

스킨십엔 진도가 따로 없지 말입니다

처음 사귀고, 한달 이내
키스 가능 해요
'사귀기 전에도 상관없다' 응답 포함

처음 사귀고, 한달 이내
잠자리 가능 해요
'사귀기 전에도 상관없다' 응답 포함

20대 전체 전체 n=816 **88%**

대학생 n=416 90 %
직장인 n=400 86 %

20대 전체 전체 n=816 **42%**

대학생 n=416 38 %
직장인 n=400 47 %

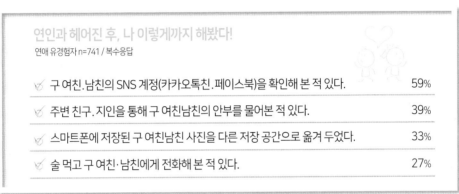

연인과 헤어진 후, 나 이렇게까지 해봤다!

연애 유경험자 n=741 / 복수응답

✓ 구 여친.남친의 SNS 계정(카카오톡친.페이스북)을 확인해 본 적 있다.	59%
✓ 주변 친구.지인을 통해 구 여친남친의 안부를 물어본 적 있다.	39%
✓ 스마트폰에 저장된 구 여친남친 사진을 다른 저장 공간으로 옮겨 두었다.	33%
✓ 술 먹고 구 여친·남친에게 전화해 본 적 있다.	27%

연인과 헤어진 후, 다른 연인을 만나기까지의 적정 기간

전체 n=816

1주일 이내
13%
'헤어지기 전
다른 연인을 만나도
상관없다' 포함

한 달 이내
32%

3개월 이내
31%

6개월 이내
17%

1주일 이내
7%

2. 현대인의 결혼 문화

1) 결혼의 정의

가. 전통적 의미의 결혼

혼례(婚禮)는 결혼식의 유교적 절차를 이르는 이름이며, 혼(婚)은 서, 인(姻)은 처를 말하는 것으로 본래 혼(昏)시에 성례를 이룬다는 뜻이다. 결혼 연령이 고대에는 남자 30세, 여자 20세까지였으나 근세에는 남자 15세, 여자 14세(혹은 12세) 이상일 때 허락이 되었다. 물론 이 경우도 양가에 기년 이상의 복상이 없어야 하며 동성이관(同姓異貫)은 성혼할 수 없다.

현대 한국의 결혼은 두 남녀가 자유롭게 만나서 연애하고 결혼을 약속하는 매우 보편적인 절차를 따른다. 하지만 과거 전통사회에서 이 같은 자유연애에 따른 결혼은 생각하기 힘들었다. 연애결혼 대신 중매결혼이 결혼의 거의 유일한 형태이며 절차였기 때문이다. 중매결혼에서는 남녀 두 개인이 아닌 남녀가 속한 두 집안의 결합이 더 중요한 것이고, 집안의 어른인 두 남녀의 부모님이 오히려 주인공이었다. 그래서 결혼식의 주체를 의미하는 '혼주'라는 말은 결혼 당사자인 남녀가 아니라, 두 집안의 부모님을 가리킨다.

현대 한국에서의 연애결혼의 경우에도 여전히 최종 결정은 부모님의 승낙을 거쳐야 한다. 부모님의 승낙을 얻지 못하면, 그 결혼은 이루어질 수 없는 경우가 많다. 두 남녀의 의지가 강해서 부모의 의사를 무시하게 된다면, 두 남녀는 부모와의 유대를 온전하게 유지하지 못해서 마음의 고통을 겪게 된다. 더불어 부모들의 근심도 더할 것이다. 결혼 당사자들의 결정권이 완전하지 않은 것은 다른 문화에서 보면 매우 이상한 일일 것이다. 이러한 문화적 현상은 여전히 중매결혼이 한국 문화의 심층에 자리 잡고 있기 때문에 일어난다. 남녀의 사랑은 자유롭지만, 결혼은 연애와는 달리 가족들의 결합으로 인식하는 것이다.

나. 전통 혼례의 순서

과거 전통 혼례는 유교정서에 따른 한국의 결혼식으로써 다음과 같이 진행되었다.

사주단자 – 택일 – 의양단자 – 납폐 – 고사당 – 초례 – 현구고례 – 해현례

① 사주단자(四柱單子 : 柱單) : 혼인이 약정되면 서가에서 날을 가려 신랑이 될 남자의 생년월일시를 백지에 써서 신부될 여자의 집으로 보낸다.
② 택일(擇日) : 주단(柱單)을 받은 여자의 집에서는 혼인 일자를 택하여 서가로 보낸다. 그 방식은 주단을 보내듯이 한다.

③ 의양단자(衣樣單子) : 서가는 다시 신랑 후보자의 도포 및 신발의 척수를 적어 보낸다. 대개 신부 후보자의 의양은 택일단자를 보낼 때 함께 한다.

④ 납폐(納幣) : 혼일 전날에 서가에서 혼서와 채단을 함에 넣어 여자의 집으로 보낸다. 이때 '함진아비'를 여자의 집에서 맞아 개함하고 대접을 후히 한다.

⑤ 고사당(告祠堂) : 약혼 후 납폐 전에 어느 삭망일을 택하여 사당에 나가 성혼 사유를 고사(告辭)한다.

⑥ 초례(醮禮) : 혼인날에 신랑이 신부 집에 가서 혼례에 필요한 의식절차를 행하는 것으로 보통 3일을 보낸다.

⑦ 현구고례(見舅姑禮) : 신부가 시댁의 시부모를 뵙는 절차로서 이때 친척들도 함께 보는데 이에 시부모는 예물로써 답례한다.

⑧ 해현례(解見禮) : 흔히 '신부례'·'풀보기'라고도 하며 3일간의 신방을 치른 뒤 신부가 시가로 아주 올 때의 절차이다.

2) 결혼문화의 역사

우리나라에서 서양식 결혼식이 시작된 것은 신식 문물이 들어오고 전통 혼례 대신, '명월관'에서 서양식 결혼식을 올리기 시작한 것이 처음이다. 이 때는 축의금이라는 개념이 없어 '동네잔치'의 의미로 형편껏 준비해갔던 부조로 축하를 대신하였다.

Fig 경북 최초의 서양식 결혼식 모습(사진_경상북도)

현대 사회에 접어들어 예식장에서의 결혼식이 대중화되고, 여성들의 웨딩드레스도 점점 다양해지고 화려해졌다. 부조도 흰색 봉투 속의 현금으로 바뀌었다. 하지만 상당히 화려하고 사치스러운 호텔에서의 결혼식은 허례허식이라 하여 한동안 금지되기도 하였다.

결혼의 유래에 대해 간단하게 설명하면, 동양에서는 우리나라의 전통혼례를 예로 들 수 있다. :중국〈예기(禮記)〉에 기록된 [혼의(婚義)] 내용에 의하면 "장차 두 성의 좋은 것을 합쳐 위로는 종묘를 섬기며 아래로는 자손을 후세에 계속시켜 조상의 대를 끊이지 않게 하기 위함이다. 그 관계 되는 바 소중함이 이와 같으니 군자는 이를 중히 여겨 소홀히 하지 않는다."라고 하였다. 서양에서는 탈환에 의한 것으로 결혼문화에서 반영된 바를 보면 신랑이 신부의 오른쪽에 서는 것을 볼 수 있다.

어떤 경우에는 결혼 자체의 조화 말고 다른 목적으로 짝을 찾는다. 고대국가에서는 정략결혼이라 하여 정치적, 경제적 동맹을 목적으로 한 결혼이 유행하였고, 현대에 가장 흔한 경우가 지참금과 이민이다. 15세기 근대 유럽에 봉건 영주의 지배를 받지 않는 도시가 나타나고, 19세기 이후에는 페미니스트들이 나타나 성적 자기결정권을 주장하고 자유 연애론이 지지를 얻으면서 대부분 사라졌다.

결혼은 부계불확실성을 해소하기 위해 신석기 시대에 등장하기 시작하고, 농경 정착과 고대국가의 등장 이후에는 거래 형태로도 활용되었다. 부계불확실성을 없애거나 최대한 줄이기 위해 인류는 농경 사회 이후 정착단계에 이르러 결혼이라는 제도를 발명해냈다. 고대 국가에 이르러서는 첩을 거느리는 것이 법률로 규정되었고, 타인의 아내나 첩과 간통했을 경우 국가에 따라 최대 사형을 처하는 규정도 만들어냈다.

부계불확실성에 대한 보완으로 결혼 제도가 생겨났고 간통 등 정조의 의무 위반에 대해서는 법적 처벌 근거도 마련되었으나 정조의 의무 위반은 계속 발생했기 때문에 결혼 제도의 존재에 대한 회의적인 시각이 존재해왔다. 19세기 여성주의가 본격 등장한 이후에는 결혼이 여성의 권리를 침해한다는 비판이 제기되었고, 1960년대 이후에는 미국, 프랑스 등지에서는 결혼 제도가 남성에게도 폭력적이라는 점이 지적되어 결혼에 대한 비판이 나타나기 시작했다.

사회에 따라서 달라지는 것이 문화이고 결혼 또한 나라마다 독특한 그 특색이 있다. 세계가 좁아지고 현대사회가 빠르게 진행되면서 문화의 전파로서 현대의 결혼이 비슷해지고는 있다고 하나 각 나라의 결혼은 독특하고 다른 형태의 모습을 가지고 있다. 어느 나라의 어떤 결혼이든지 그 나라의 독특한 문화적 특징을 가지고 있고 그것은 오래 전부터 형성되고 내려져 오는 것이다. 복식, 음악, 춤, 예절 어느 하나 그 문화가 배어 있지 않은 것이 없다. 그 하나하나가 의미를 가지며 바로 그들 사회의 문화가 반영되어 있기 때문인 것이다.

일본의 결혼식은 4차례의 과정을 거치면서 약 4시간 내지 5시간 동안 이루어지며 4차례의 결혼식동안 의상이 매번 바뀐다. 싱가포르의 젊은이들은 정부에서 관할하는 결혼관청에서 결혼증서를 받는 것으로 공식적인 결혼식을 갖는다. 그래서 싱가포르에는 우리나라에서 흔히 보는 결혼식장은 아예 한곳도 없다. 스위스 특유의 결혼풍습은 결혼식을 올리기

위해서는 자신이 살고 있는 지역신문과 방송에 배우자의 이름을 알리고 7일간 공고를 붙인다고 한다. 그 기간 동안에 주민의 이의가 없다면 그 결혼은 성립될 수 있다고 한다. 인도에서의 결혼은 부모가 자녀를 위해 베푸는 최후, 최대의 의식으로 어릴 때부터 결혼준비를 시킬 정도로 큰 비중을 둔다. 청혼은 여자 쪽에서 하게 되고 수십 억 년의 카르마를 타고 난 남녀가 그 윤회의 껍질을 깨고 결합하는 것이 곧 결혼이라고 생각한다.

오늘날의 결혼은 법률행위로서, 일종의 계약이다. 혼인에 합의한 당사자가 혼인신고를 하면서 법률혼은 시작된다. 이로써 부부, 남편, 아내 등으로 일컬어지는 계약관계가 형성되고 인척도 발생한다. 혼인에는 여러 가지 법에서 정한 의무가 있고 그 중에서 대표적인 것이 정조의 의무이며 정조의 의무는 여러 인간관계 중 부부관계에만 유일하게 적용하는 법적 의무이다. 혼인과 관련한 법적 의무를 이행할 의사가 있는 사람들만 결혼 제도를 이용하면 되고 이를 위반하면 법적인 대가를 받아야 한다.

문명이 발전하고 복잡한 사회를 구성하면서 자연스럽게 결혼문화가 탄생하였으며 결혼의 어떤 인간관계보다 강한 관계를 형성시켜 주는 것이다. 결혼에 대한 가치관 및 형식들은 그 사회의 특징과 가치관을 잘 나타내주며 사회의 가장 기본단위인 가정을 이루게 하는 문화형식이다. 따라서 결혼은 시대와 지역에 따라 독특한 문화적인 특징을 가지며 어느 사회에서나 중요한 예식으로 여겨진다.

최근 나타난 서로 다른 문화들이 같이 공존할 수밖에 없는 상황에서 발생하는 문화 갈등으로 다문화 가정의 결혼문화를 예로 들 수 있다. 세계화로 인한 활발한 인구 이동으로 세계 곳곳의 다양한 문화가 유입되면서 우리나라도 다양한 문화를 가진 사람들이 증가하고 있다. 특히 외국인과 국제결혼을 통한 이민자가 증가하면서 다문화를 구성하는 가족이 늘고 있는데, 서로 다른 인종·문화를 가진 사람의 결혼으로 한 가족 내에 다양한 문화가 공존하는 가정을 의미하는 다문화 가족의 구성원은 서로 언어와 음식, 생활방식의 차이로 문화 갈등을 겪고 있다고 있다. 우리나라의 다문화 가정은 '도시'로 '가족 단위의 이주'가 주로 이루어지는 서구와는 다르게 '농촌'으로 '결혼 이민자'를 통해 다문화 사회로 진행하고 있어 이들의 적응과 복지 중심의 정책이 필요하다.

3) 오늘날의 결혼문화

현대 한국의 결혼은 두 남녀가 자유롭게 만나서 연애하고 결혼을 약속하는 매우 보편적인 절차를 따른다. 하지만 과거 전통사회에서 이 같은 자유연애에 따른 결혼은 생각하기 힘들었다. 연애결혼 대신 중매결혼이 결혼의 거의 유일한 형태이며 절차였기 때문이다. 중매결혼에서는 남녀 두 개인이 아닌 남녀가 속한 두 집안의 결합이 더 중요한 것이고, 집안의 어른인 두 남녀의 부모님이 오히려 주인공이었다. 그래서 결혼식의 주체를 의미하는 '혼주'라는 말은 결혼 당사자인 남녀가 아니라, 두 집안의 부모님을 가리킨다.

현대 한국에서의 연애결혼의 경우에도 여전히 최종 결정은 부모님의 승낙을 거쳐야 한다. 부모님의 승낙을 얻지 못하면, 그 결혼은 이루어질 수 없는 경우가 많다. 두 남녀의 의지가 강해서 부모의 의사를 무시하게 된다면, 두 남녀는 부모와의 유대를 온전하게 유지하지 못해서 마음의 고통을 겪게 된다. 더불어 부모들의 근심도 더할 것이다. 결혼 당사자들의 결정권이 완전하지 않은 것은 다른 문화에서 보면 매우 이상한 일일 것이다. 이러한 문화적 현상은 여전히 중매결혼이 한국 문화의 심층에 자리 잡고 있기 때문에 일어난다. 남녀의 사랑은 자유롭지만, 결혼은 연애와는 달리 가족들의 결합으로 인식하는 것이다.

한국의 결혼은 가족이라는 공동체의 삶과 매우 큰 관련이 있다. 그래서 한류를 통해 알려진 한국 드라마에는 결혼에 얽힌 남녀 개인들과 가족 간의 갈등에 대한 이야기가 많다. 며느리를 인정하지 않으려는 시부모의 갈등, 사위를 받아들이지 않는 장인장모의 고집스러운 모습들이 등장한다. 하지만 갈등으로 시작해서 고통과 시련을 극복하고 새로운 가족의 일원을 환영하면서 드라마가 끝이 나는 경우가 많다. 이는 한국 사람들이 결혼을 어떻게 생각하고 있는지를 잘 보여준다.

한국 사람들에게 결혼은 남녀 당사자들의 문제가 아니라, 새로운 가족의 일원을 받아들여서 조화를 달성해야 하는 매우 중요한 일생의 의례이다. 그래서 한국에서는 가족이라는 혈연 공동체를 위주로 한 결혼의식이 발달하게 되었다. 다소 극적으로 말한다면, 한국의 결혼식에는 신랑과 신부는 없고, 신랑 신부의 가족들과 이들 간의 유대가 먼저라고 할 수 있을 것이다.

두 남녀가 함께 살고 어느 정도 시간이 흘러 자식을 낳고 기르면서, 이질적이었던 두 가족은 새로운 가족으로 융합된다. 이 융합이 잘 될 때, 두 남녀의 가족은 매우 끈끈하게 결합된 대가족을 형성한다. 시집에서는 직접 낳은 자식처럼 며느리를 받아들이고, 처가에서도 직접 낳은 자식처럼 사위를 대접하게 된다. 이런 유대관계를 통해 두 남녀는 정서적 안정을 찾음은 물론이고, 때로는 양가의 조력을 얻어 사회적 성공의 계기를 마련하기도 한다.

한국 사람들은 결혼하기 전에 전통사회로부터 계승된 몇 가지 절차를 필수적으로 거친다. 두 남녀는 결혼 전 두 사람의 결혼이 운명적으로 연결되어 있는지를 알아보기 위해, 동아시아의 오래된 과학인 명리학에 조언을 구한다. 두 사람이 탄생 시점에 하늘과 땅으로부터 부여 받은 특정한 기운이 서로 조화를 이루는지 알아보는 것이다. 이를 궁합이라고 한다.

궁합은 특정한 시점의 기운이 담겨 있다는 의미의 궁이 서로 조화롭게 합치하는가를 보는 한국인들의 독특한 삶의 기술이다. 전근대적인 미신이라고 할 수 있지만, 어떤 경우에는 두 사람의 궁합이 좋지 않아서 파혼을 하기도 한다.

그런데 전통사회에서 '궁합이 좋지 않다'는 말은 반드시 명리학의 조언을 따라서 내리는 판단만은 아니다. 이는 결혼을 할 집안이 마음에 들지 않거나 적합한 조건을 갖지 못했을 때, 결혼 이야기가 오간 상대의 집이 모멸스러운 감정을 갖지 않고 체면을 유지하도록 해주기 위해, 예의를 갖추어 결혼을 거절하는 역할을 하기도 했다.

신랑은 결혼식 전에 신부의 집에 함을 보낸다. 함에는 결혼을 승낙하는 권위 있는 문서와 신부에게 선물로 주는 옷과 보석들이 들어 있다. 현대 한국에서도 함에는 값비싼 물건과 보석, 화장품 등이 여전히 담겨 있다. 함을 보낼 때는 신랑의 친구들이 짓궂은 복장에, 얼굴에는 말린 오징어를 가면처럼 쓰고, 청사초롱을 들고, 온 동네가 시끄러울 정도로 "함 사세요"를 외치며 간다. 이 중 먼저 결혼해서 복을 상징하는 아들을 낳은 선량한 성품을 지닌 신랑의 친구가 함을 진다. 또한 이들은 함을 그냥 건네지 않고, 그 대가로 돈과 술을 요구하며 흥정을 벌인다. 이는 한국인들의 독특한 축제의 한 양식이다. 두 가족이 한데 섞였을 때 발생할 수 있는 갈등을 미리 해학으로 처리하는 한국인의 센스인 것이다. 함을 받으면 결혼은 이미 끝난 것이라 볼 수 있다. 전통사회에서는 함을 받고 파혼을 하는 경우 그것은 곧 이혼으로 간주했다.

한자에서 주례(主禮)는 '예식을 주관하다'는 뜻이다. 기독교 문화에서 남녀의 결혼이란 인간이 주관하는 것이 아니며, 하느님만이 맺어줄 수 있는 중대한 일이다. 그런데 하느님은 만물을 돌보느라 바쁘시니, 사제들이 대신해서 결혼을 주관하는 것이다. 그러므로 사제가 없다면 결혼이 성립될 수 없다. 이처럼 주례는 하느님을 대신해서 두 남녀의 결혼을 인정하는 것이다.

한국의 전통 결혼식에서는 주례 없이 신랑과 신부가 결혼식 상을 마주 보고 수줍게 서서 서로에게 절을 올리고 술을 나눠 마시며 백년해로를 약속한다. 반면 한국의 전통 결혼식에는 주례가 없었다. 단지 결혼식의 절차를 진행하기 위한 사회자 정도만 있었을 뿐이다. 신랑과 신부는 결혼식 상을 마주 보고 수줍게 서서 서로에게 절을 올리고 술을 나눠 마시며, 백년

해로(百年偕老, 오래도록 헤어지지 않고 함께 늙어감)의 약속을 하는 것이다. 그런데 현대 한국의 결혼식에서는 보통 인품과 권위가 있는 사람이 주례로서 신랑과 신부 두 사람을 앞에 놓고, 결혼의 의의나 당부의 말을 전한다. 이는 현대 한국이 근대화하면서 한국의 전통 예식과 기독교 문화의 전통이 결합하여 생겨난 현상이라 볼 수 있다.

현대 한국의 결혼식에서는 마치 교회 예배처럼 주례를 향해 신랑과 신부가 나란히 서고, 그 뒤로 예식에 참여하여 증인의 역할을 하는 축하객들이 줄을 지어 앉아서 이 경건한 순간을 지켜본다. 차이점이라면 결혼식은 교회 대신에 전문 결혼식장에서, 사제가 아닌 평소 존경하는 세속의 어른들이 주례를 맡아 진행된다는 점이다.

그런데 최근 이러한 결혼식에 변화가 일기 시작했다. 주례는 주로 사회적 지위가 있는 나이 든 남성이 담당하는 것이 관례였지만, 여성이 주례를 서는 경우도 차츰 생겨나고 있다. 혹은 나이 차이가 많이 나지 않는 친한 사람들이 주례를 서기도 하며, 주례가 없는 결혼식을 연출하는 더욱 파격적인 사례들도 흔하지는 않지만 새롭게 등장하는 추세이다.

한국에서 결혼이라는 말에는 독특한 의미가 담겨 있다. 결혼은 혼인이라는 말과 함께 사용되는데, 혼(婚)이라는 말에는 저녁(昏)의 의미 요소가 들어 있다. 이것은 결혼 예식이 해지고 난 뒤에 시작된다는 것을 나타낸다. 동아시아의 자연철학인 음양론(Yin-Yang theory)에 따르면, 남자는 양이고 여자는 음이며, 저녁은 빛을 의미하는 양의 세력이 작아지고 어둠을 뜻하는 음의 세력이 확장하는 시기이다. 혼(昏=婚)에는 음의 영역인 신부의 집에서 밤에 축제를 연다는 것, 그리고 결혼에 암시된 성적 결합의 의미가 은밀하게 담겨 있다. 은밀한 일은 밤, 곧 음의 영역에서 일어나기 마련이다. 이래서 성적 결합을 뜻하는 의미로 음양이 결합한다고 말할 정도이다. 한국 사람들은 첫날밤 신랑과 신부가 잠자리에 드는 것을 지켜보기 위해, 창호지로 만든 문을 침을 발라 뚫어 수줍은 두 남녀의 모습을 훔쳐보기도 했다. 물론 불이 꺼지면, 아쉽지만 모두 물러가야 했다.

4) 결혼에 대한 인식의 변화

과거 결혼에 대한 인식은 결혼이란 인륜 지대사로 특히 여성에게는 필수로 해야 하는 일로 여겨졌다. 늦은 나이까지 결혼을 하지 못한 사람들을 긍정적으로 바라보지 않았으며, 결혼은 격식을 갖추고 예물과 예단을 해야 한다. 이 때 남자는 집, 여자는 혼수를 준비해야한다는 의식이 강하게 박혀있었다.

하지만 현재는 결혼은 필수가 아니라 '선택'이라는 인식이 강하다. 이상적인 결혼 연령이 미혼 남성보다 여성이 상대적으로 높다. 허례허식 문화에서 벗어난 실속형 혼인문화에 적극적으로 동의하는 세대가 다수를 차지하고 있다.

또한 부부 역할에 대한 태도도 변화하고 있다. 현대인들은 "아내는 자신의 경력을 쌓기보다 남편이 경력을 쌓을 수 있도록 내조하는 것이 더 중요하다."는 과거의 사고방식에 부정적이다. 이에 대한 원인으로는 여성의 고학력화, 여성의 노동시장 진출, 양성평등 사고의 확산으로 말할 수 있다. 여성에게 보조적 역할을 강조하는 가치관이 약화되었으며, 이러한 경향은 상대적으로 미혼여성에게서 두드러지게 나타나고 있다.

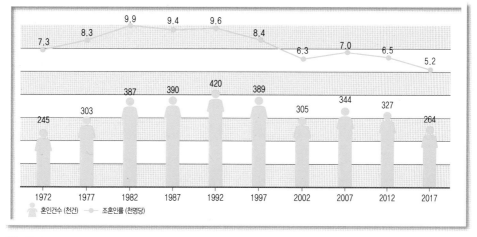

Fig 혼인건수 현황

자료: 통계청(2019)

국내의 혼인건수는 1996년에 43만 5천건으로 최대치를 기록한 이후 빠른 속도로 감소하였고 2017년에 26만 4천건으로 1974년 이후 가장 낮은 수치를 기록했다.

인구 1천명당 혼인 건수를 나타내는 조혼인율은 2017년 5.2건으로 1970년 통계 작성 이후 가장 낮게 나타났다.

Table 혼인건수 현황

구 분	1972	1977	1982	1987	1992	1997	2002	2007	2012	2017
혼인건수(천건)	245	303	387	390	420	389	305	344	327	264
조혼인율(천명당)	7.3	8.3	9.9	9.4	9.6	8.4	6.3	7.0	6.5	5.2

자료: 통계청(2019)

보건복지부의 연구결과⁽²⁰¹⁸⁾에 따르면 결혼의 필요성에 대하여 질문한 결과, 미혼남성의 경우, '결혼을 반드시 해야 한다' 18.1%, '하는 편이 좋다' 42.7%, 결혼을 해도 좋고 하지 않아도 좋다' 33.0%, '하지 않는 게 낫다' 3.9% 등으로 나타났다. 미혼여성의 경우에는 '결혼을 반드시 해야 한다' 7.7%, '하는 편이 좋다' 32.0%, '결혼을 해도 좋고 하지 않아도 좋다' 52.3%, '하지 않는 게 낫다' 5.7% 등으로 나타났다. '결혼을 반드시 해야 한다'와 '하는 편이 좋다'라는 긍정적인 태도는 미혼여성보다 미혼남성에게서 상대적으로 높게 나타났고, '결혼을 해도 좋고 하지 않아도 좋다'와 '하지 않는 게 낫다'라는 부정적인 태도는 미혼남성에 비해 미혼여성에게서 상대적으로 높게 나타났다. 요컨대, 미혼남성의 경우 결혼에 대해 긍정적인 태도가 우세하였으며, 미혼여성의 경우 부정적인 태도가 우세한 편이었다.

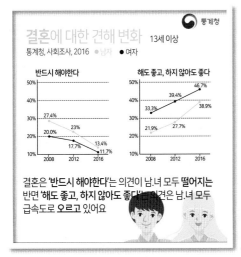

Fig 결혼에 대한 견해 변화

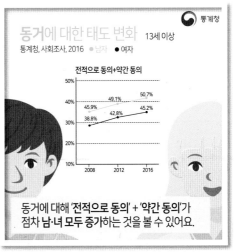

Fig 동거에 대한 태도 변화

자료: 통계청(2018)

결혼 문화와 형식에 대한 태도에 있어서도 '결혼은 개인보다 가족 간의 관계가 우선해야 한다.'는 견해에 대해 미혼남성^(20~44세)의 68.9%, 미혼여성^(20~44세)의 67.5%가 각각 찬성하여 과거와 비슷하게 대체적으로 긍정적인 태도를 보이고 있다.

그리고 현대의 미혼 남성, 여성 모두 '남자는 집, 여자는 혼수를 마련해야 한다', '결혼식은 격식을 갖추어 예단, 예물을 해야 한다'등의 과거 결혼에서 중요시 여겼던 부분들에 대해 부정적인 태도를 가지고 있다. 이러한 태도를 갖게 된 배경에는 대도시 지역에서의 신혼 집 마련 부담이 상대적으로 큰 현상이 반영된 결과로 간주할 수 있다.

또한, '결혼식은 호화롭게 해야 한다'는 견해에 대해서는 미혼남성의 5%, 미혼여성의 4.7%만이 찬성하여 부정적인 태도가 압도적으로 우세하였다. 허례허식 문화에서 벗어나 '실속형 혼인문화'에 대해 미혼남녀 모두 적극 동의하고 있었다.

이런 점들을 미루어 보았을 때, 미혼남성의 결혼에 대한 태도는 다소나마 형식을 중시하고, 여성의 경우에는 절차를 중시하는 경향이 존재한다. 한편, 결혼 관계나 준비에 대한 태도는 미혼남녀 모두 전통적 방식을 지양하고, 일정한 결혼의 격식에 대해서는 존중하는 경향이 존재함을 보여준다.

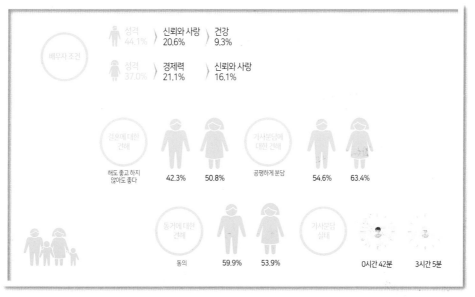

Fig 현대인의 결혼에 대한 조건과 견해

자료: 통계청_2019

4) 결혼문화 Trend

요즈음 결혼식의 트렌드가 바뀌어 가고 있다. 불과 10여년 전만 해도 '보여주기 식' 예식이 한창 유행이었을 적도 있었다. 하지만 현재 추세는 '보여주기 식'의 예식이 아닌 소중한 사람들과 여유롭게 즐기는 예식이 인기를 끌고 있는 것이다.

무엇보다 결혼식 비용이 만만찮기 때문이다. 결혼정보업체 듀오가 신혼부부 1000명을 조사한 결과 결혼하는 데 든 비용은 평균 8300만원. 집값을 제외한 금액이다. 과도한 결혼 비용을 풍자하는 신조어도 생겼다. '스드메'. 결혼식 3종 세트로 스튜디오, 드레스, 메이크업의 준말이다. 때문에 현대의 젊은 예비부부들은 관행에서 벗어난 새로운 결혼식을 꿈꾼다.

최근 떠오르는 결혼식 문화의 키워드는 '5S'로 정리될 수 있다. '특별한(Special)' '스스로(Self)' '절약(Saving)' '작고(Small)' '똑똑한(Smart)'의 앞 글자를 딴 말이다.

Special : 식상하지 않은 특별한 결혼식
Self : 스스로 취향에 맞게, 결혼식을 내손으로 준비하기
Saving : 하객 수 줄이고, 친한 지인만, 보여주기 식 NO!
Small : 아낄 수 있는 건 확실하게 아낀다. 결혼비용 최소화
Smart : 스마트폰 하나면 결혼식 준비도 문제없다.

가. Special : 특별한 결혼식

정형화되고 판에 박힌 결혼식은 서서히 대중의 관심에서 멀어지고 있는 추세이다.

기존의 주례사, 축가, 기념촬영 뒤 간단한 식사로 마무리로 이어지는 이러한 복사판 형태의 결혼식 풍경에 대해 똑같은 결혼을 식상하게 여긴 예비부부들은 보다 특별한 결혼으로 눈을 돌리고 있다.

이제는 탁 트인 야구장에서 결혼식을 올릴 수 있다. 서비스벤처기업 오스티엄은 프로 야구단 SK와이번스와 손잡고 '스포웨딩'을 시작하는데, 스포웨딩이란 스포츠와 웨딩의 합성어로 스포츠 구장을 웨딩 공간으로 활용한다는 의미다.

또한 '결혼식은 낮에 올려야 한다'는 편견도 사라지는 추세이다. 해가 떨어지면 식을 진행하는 '나이트웨딩' 또한 하나의 유행처럼 번지고 있다.

결혼진행 방식에 있어서도 기존의 틀을 과감히 벗어나 다채로워지고 있다. 최근 유행하고 있는 '뮤지컬웨딩'은 말 그대로 한 편의 뮤지컬처럼 진행되는 방식인데, 주례와 사회 없이 배우들이 부르는 노래에 맞춰 신랑·신부가 입장하고 하객과 인사를 나눈다.

이처럼 오늘날 현대인의 결혼문화는 새로운 형식으로 변화하고 있는 추세이다.

나. Self : 스스로 만드는 결혼식

셀프 웨딩은 부부가 직접 결혼식 장소나 드레스, 메이크업 등을 알아보고 처리하여 비싸고 거품이 많은 웨딩 업체를 거치지 않고, 저렴하고 간소하게 진행하는 결혼식이다. 셀프웨딩은 부부가 직접 참여하는 만큼 부부의 개성이 드러난다는 게 특징이고, 큰 비용을 들이지 않고도 특별한 의미가 될 수 있다.

획일적이고 거품 낀 결혼식에 거부감을 느끼는 예비부부 사이에서 인기다.

"혼자서도 잘해요" '대세' 된 홈트·셀프웨딩족

[헤럴드경제. 2018. 08. 18]

젊은층 사이에서 실속 소비, 가치 소비 바람이 불면서 '셀프 웨딩족'도 늘고 있다. 이는 웨딩 촬영이나 메이크업 등 결혼 준비 과정의 일부 절차를 스스로 해결하거나 과감하게 생략하는 등 실속을 추구하는 소비족을 뜻한다.

실제로 과거 결혼 준비에서 중요하게 생각했던 '스드메' 스튜디오 촬영·드레스·메이크업 '와 '혼수' 비중이 줄고 '웨딩홀'과 '여행' 비중이 늘고 있는 것으로 나타났다. 롯데백화점이 2015년과 올해 웨딩멤버스에 가입해 결혼 준비를 한 약 2만명 고객을 대상으로 웨딩 비용 비중을 살펴본 결과 스드메 비중은 4.4%, 혼수는 6.5% 감소한 것으로 나타났다. 반면 여행과 웨딩홀은 각각 5.0%, 5.9% 가량 늘었다. 특히 여행에 쓰는 비용이 스드메 준비 비용을 넘어선 것으로 나타나 눈길을 끈다.

이는 예비부부들 사이에서 스튜디오 촬영이나 드레스 등을 직접 결정하고 준비하는 '셀프 스드메' 트렌드가 확산되고 있는 데 따른 것으로 풀이된다. 실속을 추구하는 소비층이 늘면서 혼수 역시 해외직구 가전제품이나 조립식 가구 등으로 구입비용을 줄여가고 있는 추세라는 분석이다.

이에 유통가는 다양한 여행패키지와 웨딩홀 상품에 보다 비중을 두고 가을 웨딩페어를 준비하는 모습이다. 여성복 브랜드들은 최근의 셀프 웨딩, 스몰 웨딩 트렌드를 겨냥해 셀프 웨딩 원피스와 드레스 제품을 다수 선보이고 있다. 백화점 여성복 브랜드에선 30만~50만원대 선에, SPA 브랜드에선 이보다 저렴한 가격대에 웨딩드레스를 대체할 만한 셀프웨딩 드레스를 구매할 수 있다.

업계 관계자는 "예식이 끝나면 옷장에 고이 모셔두게 되는 비싼 웨딩드레스 대신 평소에도 입을 수 있는 원피스 등을 찾는 젊은 소비자들이 늘고 있다"고 했다.

다. Small : 하객 수 규모 축소

결혼식에서 '스몰'의 의미는 다양하다. 비용, 식장 규모, 하객 수 등. 여기서 스몰은 점점 줄어드는 하객 수를 의미한다.

스몰웨딩은 복잡한 허례허식을 생략하고 간소하게 치르는 결혼식을 뜻한다. 과도한 예식비용을 줄이고 정형화된 웨딩 절차를 벗어나 개성 있는 결혼식 문화를 즐길 수 있는 스몰웨딩은 2013년 가수 이효리, 이상순 부부를 시작으로 유명 연예인들 사이에서 선호되었고,

지금은 트렌디한 웨딩 문화로 자리 잡게 되었다.

또한 스몰웨딩은 특별한 결혼식을 위해 일반 예식장에서 벗어나 집이나 야외 등 소수의 하객들과 여유롭게 진행하는 결혼식이다. 소수의 하객들이지만 세세한 것까지 신경 써야 하기 때문에 어떻게 준비하느냐에 따라 일반 예식보다 비용이 많이 들기도 하지만 여유롭고 특별한 결혼식을 진행할 수 있다는 것이 장점이다.

허례허식을 배제하고 특별한 결혼식으로 기억될 수 있기 때문에 요즘 선호되는 결혼식이지만 아직 실행된 지 얼마 되지 않았기 때문에 부모님의 설득과정이나 전문 인력의 부재로 인한 매끄럽지 못한 진행 등이 불편 요소로 꼽힐 수 있다.

라. Saving : 결혼비용 절약

지난해 듀오는 기혼자 1000명을 대상으로 결혼 비용과 관련된 설문조사를 했다. 응답자의 70%는 '다시 결혼하면 예식 비용을 최소화 하겠다'고 답했다.

결혼 비용을 절감하기 위한 가장 큰 걸림돌은 바로 식장인데 많은 이가 스몰웨딩을 꿈꾸지만 장소 선정 과정에서 한계를 느낀다. 최근 들어 정부가 직접 나서서 결혼식장을 싸게 대여해주고 있다. 과도한 비용이 부담스럽다면 이런 곳도 이용해볼 만하다. 대표적인 곳이 청와대. 매년 '청와대사랑채'를 예비부부 20쌍에게 결혼식장으로 대여한다. 비용은 15만원. 희소성 있고 저렴한 만큼 경쟁도 치열하다. 서울시나 대구시 등 지자체도 결혼식장 대여에 앞장서고 있다. 서울시는 양재 시민의숲이나 여의도, 서울시청 시민청 등 공공장소를 결혼식장으로 빌려준다. 대구시 또한 금호강 하중도 코스모스밭, 신천 둔치, 시내공원 등을 개방한다.

마. Smart : 똑똑한 결혼 준비

'웨딩 앱'을 적극 이용하는 예비부부가 늘고 있다. 웨딩 앱을 활용하면 금전적인 측면에 있어서도 보다 효율적이다. 올 5월 정식 출시를 눈앞에 둔 '웨드비'는 개별 상품의 가격을 전부 공개해 다른 제품과 쉽게 비교할 수 있는 서비스를 제공한다.

앱이 제공하는 양질의 결혼 정보도 초짜 예비부부에겐 매력적으로 다가온다. 웨딩 앱 '웨딩의 여신'엔 5,000개에 달하는 결혼 준비 팁이 게시돼있다.

에코 웨딩(Eco Wedding)

스몰웨딩을 에코웨딩과 동일시하는 시선도 있다. 경제적이고 실속 있는 결혼식 문화를 지향하는 점은 비슷하지만 에코웨딩은 드레스나 꽃장식 등을 재활용해 환경보호의 가치를 추구한다. 즉, 에코웨딩은 환경을 생각하는 착한 결혼식이다. 오염을 유발하는 물질들의 사용을 줄이고, 청첩장이나 웨딩드레스, 부케 등 모두 친환경 재료와 재활용 가능한 재료를 사용하여 환경을 보호하자는 취지를 담은 결혼식이다.

Fig 친환경소재 청첩장

예를 들면, 웨딩홀을 장식하는 아름다운 꽃들도 결혼식이 끝나고 나면 버려지기 마련이다. 에코웨딩에서는 이와 같은 장식 꽃을 화분에 심어 전시하여 식이 끝나며 하객들에게 답례품으로 전달하여 환경을 파괴하는 것을 줄일 수 있다. 꽃장식과 마찬가지로 부케의 뿌리를 살려 식이 끝난 후에 화분으로 살려낼 수 있다. 이는 결혼식이 끝난 후에도 화분에서 자라나는 것을 보며 결혼식에 대해 오랫동안 추억할 수 있도록 하기 때문에 의미를 키울 수 있다.

Chapter 6

현대사회와 여가여행문화

제1절 현대사회와 여가문화

1. 여가의 개념

1) 여가의 어원

여가(餘暇, 문화어: 짬) 또는 레저(leisure)는 직업상의 일이나 필수적인 가사 활동 외에 소비하는 시간이다. 먹기, 자기, 일하러 가기, 사업하기, 수업에 출석하기, 숙제하기, 집안일과 같은 의무적인 활동 전후에 남는 자유로운 시간이다.

여가란 영어의 Leisure, 프랑스어의 Loisir에 해당하는 말로써, 그 어원은 학습을 의미하는 'school'의 어원인 희랍어 '스콜레'(scole)와 라틴어 '스콜라'(scola) 그리고 '자유스러워지다'(to be free), '허락되다'(to be permitted) 등을 의미하는 라틴어 리께레(licere)로 볼 수 있다. 근대에 이르기까지 노동계급에 속하는 사람들에게 여가는 인간이 살아가면서 생활에 필요한 시간을 제외한 나머지 순수한 생활의'틈'을 의미하였고, 일할 필요가 없는 귀족계급들에게는 각종 예체능 문화활동의 행위 그 자체를 의미하였다.

그러나 현대사회에 들어서면서 일과 대립되는 개념으로 일과생활을 위한 사회적 · 생리적 의무행위를 위해 구속된 시간을 뺀 비구속적 시간 아래 심리적으로 자유의사에 따라 즐거움과 사회 · 문화적 가치를 추구하는 활동행위로 의미되고 있다. 특히 여가는 개인에게 휴식, 기분전환 그리고 자기실현의 기능을 부여함과 더불어 한 사회나 집단에 공통적인 가치나 의식부여 등의 공감대 형성을 통하여 사회를 통합하고 소속감이나 일체감을 높이는 기능도 수행하고 있다.

2) 여가의 정의

여가라는 개념은 기본적으로 산업사회(産業社會) 이후의 개념으로 기술의 발전과 인권 강화에 의해 노동자의 자유시간이 증가한 이후 주목을 받아 온 현상이라고 할 수 있다. 기계가 작업에 효율성을 더하자, 일반 노동자는 일주일에 20시간 이상이나 일을 단축할 수 있었다. 그에 더불어 노동 시간 외의 구속되지 않은 오락, 이를테면 스포츠 행사나 연극 등을 즐기게 되었다. 이 때문에 19세기 말부터는 레저를 하나의 사회현상으로 보고 많은 사회과학자가 주요 연구제목으로 다루어 왔다. 학자들이 레저 현상을 다룰 때는 레저를 단순한 자유시

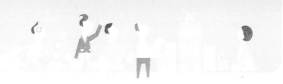

간이나 자유시간에서 갖게 되는 자유로움만을 의미하는 것이 아니라 자유시간의 이용 또는 그것을 이용하는 활동 자체로 보는 경우가 많다. 레저를 산업사회 이후의 개념으로 보는 것은 그 이전에는 노동과 놀이 또는 오락이 확연히 구분되지 않았기 때문인데 이것은 레저를 ①공동의식(共同意識)이라는 제약을 통해 사회가 구성원들의 활동을 지배하지 않고 ②노동이 기타 활동과 구분된다는 2가지 점을 전제로 하고 있기 때문이다.

여가는 자신에게 주어진 필요한 시간을 모두 사용한 후 남는 시간으로서 타인의 간섭이나 구속을 받지 않는 자신의 시간으로, 임의처분 가능한 상태의 미사용 상태의 시간인 여가시간(Free Time)과는 반드시 구별되어야한다. 이 여가시간에 목적, 가치, 의미부여, 수단적 의미가 부여 되었을 때 비로소 참다운 여가가 되는 것이다.

따라서 여가는 인간의 즐거운 활동을 전체적으로 포괄하는 상위개념으로 여가시간에 발생하고, 집을 떠나 일어나며, 참가의 주된 목적이 의식주 문제의 해결이 아니며, 자발적으로 결정된 행동으로 육체적, 정신적인 면에서 재충전이 되어야하며, 자신의 적극적인 참여를 요구하는 활동으로 정의할 수 있다.

여가에 대한 이러한 정의는 접근 관점에 따라 시간적 정의, 활동적 정의, 상태적 정의, 포괄적 정의 등으로 재정립 할 수 있다.

가. 시간적 정의

여가의 사전적 의미는 '일이나 의무로부터 해방된 자유로운 시간'으로 정의된다.

여가를 시간과 관련하여 정의한 대표적인 학자로는 파커(R. Parker), 브라이트빌(K. Brightbill), 머피(Murphy) 등을 들 수 있다. 파커는 여가를 일과 생존을 위한 기초적 욕구와 충족되고 남은 나머지 시간, 즉 잔여시간이라고 정의하고 있으며, 브라이트빌은 각 개인의 판단과 선택에 의해 갖게 되는 자유재량시간으로 정의하고 있다. 또한 머피는 여가를 개인이 자기 결정적 상황 하에서 재량껏 이용할 수 있는 시간을 여가로 간주하고 있다. 이는 시간적 속성뿐만 아니라 여가에 대한 자유 및 재량의 의미를 추가하는 것이 된다.

인간은 직업이나 생활양식 등에 따라 조금씩 차이가 나겠지만 일반적으로 일상생활이 반복되는 사이클을 크게 벗어나지는 않는다. 따라서 인간의 생활시간을 크게 생활필수시간, 노동시간 및 자유시간으로 크게 나누었을 때, 여가는 1일 24시간이라는 절대적인 시간의 한계 속에서 생활필수시간과 노동시간 등의 구속시간을 뺀 나머지 시간(자유시간)으로 볼 수 있다. 여가의 시간적 정의는 여가자체를 계량화하기가 용이하다는 이유로 최근 들어 빈번하게 활용되고 있다.

나. 활동적 정의

여가에 대한 활동적 정의는 광의의 개념으로서, 시간적 여가 개념의 바탕 위에서 여가를 활동으로 인식하려는 것이다. 즉 여가를 활동의 내용에 따라 정의하면 여가는 자유시간 내에 이루어지는 활동이나 체험으로 정의할 수 있다. 윌슨(Anthony Wylson)은 여가를 활동과 기회라는 두 요소의 결합으로 인식하면서 '노동, 가족, 사회 및 기타 의미가 실현되고 난 후에 자신의 의사대로 할 수 있는 활동일 뿐만 아니라 휴식, 회복, 오락, 자기실현, 정신적 재생, 지식의 향상, 기술의 개발, 사회활동의 참여를 제공해주는 기회'로 정의하고 있다.

프랑스 여가사회학자인 듀마즈디에(J. Dumazedier)는 여가의 개념과 명백히 대립되는 활동으로 다음의 여섯 가지를 들고 있다.

1) 직업상의 일
2) 부대적, 보조적 업무
3) 가정에서의 일(가사, 가축사육, 부업, 정원손질)
4) 생리적인 인간의 활동(식사, 목욕, 몸치장, 수면)
5) 가족간 의례 및 의식, 사회적 혹은 종교적 의무(방문, 기념일, 정치집회, 교회봉사)
6) 필요한 공부(학습모임, 학교 혹은 직업상의 시험을 위한 것)

다. 상태적(심리적) 정의

심리적인 정의는 여가에 대한 정의를 시간적·활동적 관점에서 찾는 것이 아닌 여가활동에 참가하는 사람들의 심리적 상태에서 찾는 것으로서 대표적인 학자로는 피이퍼(J. Pieper)와 달(G. Dahl)을 들 수 있다. 피이퍼를 여가는 정신적·영적인 태도이며, 단지 외적 요인에 따른 불가피한 결과가 아니라 마음의 자세로서, 영적 상태라고 정의하고 있다.

달은 '여가를 단순한 자유시간이 아니라 자유정신내지 자유의지이며, 바쁜 일상사로부터 심리적으로 해방시켜 줄 수 있는 신의 은총에 대한 감사의 마음과 평화상태다'라고 종교적 관점에서 정의하고 있다.

여가에 대한 상태적인 정의는 여가를 시간이나 활동의 개념으로 정의하는데 다소의 문제점이 있다는 인식에서 출발하였다. 가령 스포츠의 경우 현상적으로는 활동으로서의 여가의 범주에 들어가지만, 만약 이것이 직업이나 의무로서 실시될 때 그 시간은 자유시간이 아니라 의무적 구속시간이 된다. 예를 들어 축구를 직업으로 하는 프로축구선수의 경우 스포

츠는 일로 간주된다. 이러한 점에서 여가는 시간도 활동도 아닌 마음의 형태인 동시에 자유의지, 즉 행위주체자의 동기나 목적이라는 주관적인 요인에 의해 정의될 수 있다.

라. 포괄적 정의

여가에 대한 포괄적인 정의는 여가의 시간적, 활동적, 상태적, 제도적 요소가 적절히 배합된 복합적 속성을 갖는다고 할 수 있다. 포괄적 정의는 앞서 언급한 네 가지 속성으로는 여가의 본질을 폭넓게 수용할 수 없다는 점에서 최근에 들어와 학자들에 의해서 자주 거론되고 있다. 이는 여가의 요소들이 노동이나 놀이, 교육, 기타 사회적 영역에 이르기까지 인간행동의 모든 측면에서 나타나고 있기 때문이다. 즉 현대사회에 있어서 점차 복합성을 띠고 있는 여가를 제대로 파악하기 위해서는 여가의 다면성을 포괄할 수 있는 개념정의가 요구된다.

3) 여가의 유사개념

이러한 여가는 종종 레크리에이션(Recreation), 놀이(Play), 스포츠(Sport) 또는 게임(Game) 그리고 관광과 유사하게 사용되고 있다. 먼저, 레크리에이션은 자유시간에 즐거움을 추구하는 자발적인 활동이라는 측면에서 여가와 공통적인 의미를 갖지만 개인이나 사회에 유익한 활동이라는 가치론적 측면에서는 차이가 있다.

또한 여가가 보통의 무적시간으로부터 벗어난 시간이나 마음의 상태를 의미하는데 비하여, 레크리에이션은 공간에서의 활동을 의미한다. 또한 여가가 쾌락과 자기표현을 위한 것이라면 레크리에이션은 활동과 경험의 직접적결과로서 발생한다. 이에 레크리에이션은 시간, 공간적 의미보다는 감정적 상태(Emotional Condition)를 의미하며 넓은 의미에서 이성화된 여가의 한 형태로서 즐거움의 향유수단이라고 할 수 있다.

호이징하(Huizinga, 1955)는 인간의 문화는 놀이의 연속으로 놀이는 문화보다 우선한다고 주장하면서, 놀이의 특징으로 자발적 의사에 의해 행해지며, 탈일상적이고, 생산목적이 아니며, 전통적·반복적지속성을 가지며, 질서와 규칙이 있다고 하였다. 자발적이고 자기목적적인 행동이라는 점과 일과 대립적 위치에 있다는 점에서 놀이와 여가는 동일한 속성을 가진다고 할 수 있다. 그러나 이용·계층상여가는 전 연령층, 레크리에이션은 성인층의 활동으로 보는 반면 놀이는 아동의 전형적인활동으로 간주되고 있어 놀이는 인간이 일차적으로 현실과비현실, 진실과 가식의 벽을 분쇄하는 활동으로서 여가몰입방식의 하나라고 보고 있다.

스포츠(Sport)는 공식적인 규칙과 경쟁을 통하여 육체적인 노력을 행하는 활동으로 유·무형의 목표를 달성하고자 하는 사람들에 의해 이루어지는 활동으로 정의되고 있어 정신적인 활동까지를 포함하는 여가와는 차이점을 보이고 있다. 한편, 게임은 정상적 노동, 정신적 건강, 그리고 일상적 의무로부터 벗어나 휴식을 취하는 활동으로 놀이가 보다 본능적이고 자유스럽고 아동적인 여가활동인데 비하여 게임은 보다 고도의 구조적, 조직적, 규칙적인 여가활동으로서 종종 경쟁적 갈등상황(Competitive Conflict Situation)까지도 내포하고 있다.

마지막으로 관광은 일상생활로부터 일시적 이동을 기본적인 특징으로 하는 행위로서, 사람이 기분전환을 하고 휴식을 취하며 또한 인간생활의 새로운 국면이나 미지의 풍경을 접하여 경험과 교양을 넓히기 위하여 여행을 하거나 정주지를 떠나 체재함으로써 성립되는 여가 활동의 일종이다. 이에 관광과 여가 모두 의무로부터 벗어난 자유시간에 이루어지는 활동이라는 공통적 속성을 지니고 있지만, 관광은 비일상적 공간에서 그리고 반드시 이동이 전제된다는 점에서 일상적, 비일상적 공간 어디에서나 성립되는 여가와 구분된다.

2. 여가의 특성

1) 해방성

여가란 인간이 현재에 처한 모든 강제적인 것, 즉 일상생활에서의 모든 의무나 구속으로부터의 탈출이라는 속성을 가지고 있다. 시간적인 의미의 여가는 생계유지나 기타의 타율적 제약이나 거기서 오는 심리적 압박에서 해방된 시간으로서, 어떤 활동을 할 수 있는 기회이며, 그것이 활발한 활동이든 아니든 일상생활의 필요성에 의한 제약을 받아서는 절대 안 되는 것이다.

인간은 현재의 생활에서 지극히 만족하고, 평소에 바라던 이상적인 생활을 하면서도 때로는 반복되는 생활, 즉 지루함, 권태감, 단조로움과 같은 틀에 박힌 생활에서 탈피하고자 한다. 이러한 인간의 일탈에 대한 욕구를 듀마즈디에(J. Dumazedier)는 다음과 같이 설명하고 있다.

"여가는 형식적·제도적 의무에서 자유로워야 하는 특성을 기본적으로 지니고 있다. 그와 동시에 여가는 학교교육과정에 포함되지 않는 학습으로부터 자유롭고, 직장의 피고용 관계의 기본적 의무로부터 오는 사회적 구속이나 또는 개인에게 충분한 만족을 주지 못하는 일상적인 활동으로부터 일시적인 이탈을 의미한다."

이러한 여가의 해방성에 착안하여 모우(R. Maw)는 여가의 모형을 구속성의 정도에 따라 완전 구속으로부터 부분 구속까지 네 가지로 나누고 있다.

그에 따르면 구속성이 배제된 여가생활의 유형으로는 휴식, 스포츠, 놀이, 외식, 음주, TV 시청, 독서 하남, 산보, 드라이브 등을 들 수 있다. 그러나 여가가 일상생활의 제약적·구속적 요소와 완전히 단절된 상황 하에서 행할 수 있기란 극히 제한되어 있으므로 '최소한의 의무로서의 여가'라는 표현이 적절하다.

2) 자유선택성

인간은 자신의 구속적인 의무나 제약에서 벗어나게 되면 그 나머지 시간 즉 여가시간에 무엇을 할 것인가는 전적으로 자신의 자발적인 선택에 의해 결정된다. 이러한 의미에서 여가는 자발적인 활동인 것이며, 자발적인 활동이란 각 개인의 흥미, 개성, 욕구가 다르므로 자신이 좋아해서 즐겁게 선택·참여하는 여러 가지 행동을 말한다.

여가의 참여여부가 전적으로 개인의 자발성에 근거하는 것이라면 여가생활에의 참여패턴도 자유 선택적 속성을 지니게 되는 것이다. 따라서 참된 여가는 자유선택의 결과로 이루어지는 것이다. 그렇다고 모든 여가가 곧 자유라고 할 수는 없다. 여가를 즐기는 가운데서도 사회적 제약의 영향을 받으며, 대인관계의 의무나 집단적 규율을 지켜야 한다. 그러한 점에서 여가는 선택의 자유가 필수적이다.

여가활동의 특징 중의 하나는 각자의 개성, 흥미, 요구에 의하여 스스로 우러나는 활동을 선택한다는 점에 있고, 만약 타인으로부터 강요되어 참여하였을 경우 그것은 '준여가'에 불과하다. 여기서 준 여가란 여가행위 속에 의무성, 상업성 등 비여가적인 요소가 내포된 여가를 말한다.

3) 자기표현성

진정한 여가는 참된 자아를 가장 잘, 그리고 아무런 제약을 받지 않고 충분히 표현하는데서 더없는 만족을 느끼게 되는 활동이고, 인간이 참된 의미에서의 가치표현에 몰두할 때 가장 진실할 수 있다.

여가가 자기 표현적 활동이라고 할 때, 그것은 신체적, 정신적, 정서적인 자기표현을 뜻하는 것이다. 여가는 인간의 삶에 있어서 '자기표현, 자기해방 그리고 자기만족의 달성을 위한 수단'으로서 내면 지향적 동기와도 깊은 관련이 있다. 즉 여가는 개인의 잠재력·가능성을 발휘하게 하는 기능이 있다.

특히, 산업화와 도시화가 점차 가속화 되어가고 있는 현대사회에 있어서 대중이 타락할 가능성이 커지고, 또한 조직화·규격화되어 가는 현실에 있어서 진실한 자기표현의 가능성과 기회가 축소되고 있기 때문에 여가를 통한 자기표현은 인간의 잠재력·가능성을 발휘시켜준다는 점에서 중요한 의미를 갖는다.

4) 가치창조성

여가는 일상생활의 기본적인 의무나 구속에서 벗어나려는 성격을 지니고 있다는 점에서 개인의 욕구와 밀접한 관계가 있다. 따라서 여가는 즐거움, 만족감 및 가치추구의 성격을 가진다고 할 수 있다.

여가는 순수한 즐거움을 얻기 위하여 영위되는 일종의 가치 창조적 활동이라 할 수 있다. 여기서 순수한 즐거움이란 즐거움 그 자체가 행위의 목적이 되는 것을 말한다. 즐거움은 인간의 내재능력이 여가와 결합되어 행동으로 나타날 때 맛보게 되는 주관적인 감정인데, 여가활동으로 인해 생성되는 즐거움에는 적극적인 즐거움과 소극적 즐거움이 있다. 적극적 즐거움은 본인이 직접 활동을 하거나 참여함으로써 얻어지는 기쁨이고, 소극적 즐거움은 직접 참여하지 않으나 간접적으로 참여함으로써 맛보기 되는 기쁨이다.

가치 창조적 활동이란 여가활동에 참여하는데 삶의 보람을 느끼게 되고 삶의 내용이 풍요로워지며 정신적 충족감을 느끼게 되는 것을 말한다. 여가의 가치창조성이 중요시되는 이유는 개인의 삶의 질을 측정하는 수단이나 계기로서 레저의 역할이 증대되고 있기 때문이다.

5) 노동관련성

노동이라는 시각에서 여가를 볼 때 여가는 노동에 대한 대가의 성질을 가지며, 따라서 여가는 노동에 따른 고통·강제 등을 상쇄시켜주는 의미를 가지게 된다. 또한 노동으로 인한 불만족을 여가에서 보상받으려는 심리가 작용하게 된다.

인류역사를 통해 관찰해 보면 노동은 휴식시간, 자유시간과 아주 긴밀한 상관관계를 가지고 있음을 알 수 있다. 게다가 노동은 급속한 산업화·공업화에 따른 타의에 의한 강제성·구속성이 점차 강해지고 있으므로 여가를 자기실현의 기회로 삼아야 할 필요성이 더욱 강조된다. 또한 노동과 여가를 다 같이 자기실현의 기회로 삼아야 하며, 양자가 같이 그와 같은 조건을 갖추어야 한다.

3. 현대사회 여가의 특징과 과제

1) 현대사회 여가의 성격

현대사회의 특징으로 고도의 산업기술의 발달, 정보화 사회의 도래, 인간 수명의 연장, 노동시간의 단축, 실업의 증가와 조기퇴직 등의 다양한 문제가 야기되고 있는바 이러한 사회 특징은 이전의 산업사화와 뚜렷하게 다른 양상을 띠고 있기 때문에 우리는 이를 후기산업 사회 또는 탈공업사회라고 부른다.

과거에는 여가활동이 소수특권계층의 전유물로 간주되어 왔으나 현대의 여가는 일반계층의 일상적인 문화 활동으로 바뀌어 가는 추세이다. 게다가 우리 사회가 점차 생산 지향적인 경향에서 소비 지향적인 경향으로 바뀌어 가는 후기산업사회로 들어서면서 인간생활양식으로서의 여가행복주의까지 등장하고 있다.

첩(Michael Chubb)은 그리스·로마시대의 여가를 제1차 여가혁명으로, 18세기부터 시작된 산업혁명의 결과로 나타난 여가현상을 제2차 여가혁명으로 규정하고 있는데, 이는 현대여가의 특징을 산업화와 관련시켜 보려는 의도인 것이다. 일본의 여가개발센터는 이미 여가 시대가 도래하였다고 선언하였으며, 파우트(Faught)는 오늘날 여가가 시간적인 차원에서 여가시간이 증가하는 현상을 '자유시간 혁명'으로 규정하고 있다.

현대사회는 기술의 발전으로 인해 기계가 인간의 편의를 위해 노동하는 사회가 도래하고 있다. 완전한 여가사회가 실현되기까지는 아직 멀었지만 이미 우리는 노동시간보다는 여가시간이 급격히 증가한 시대에 살고 있다. 오늘날 여가혁명은 단순한 여가시간의 증가뿐만 아니라 여가의식의 혁명 및 그에 따른 생활의 질적 혁명과 관련되어 있다.

우리가 사는 사회의 변동은 그것이 긍정적이든, 또는 부정적이든 여가현상에도 많은 변화를 주고 있다. 즉 사회가 근대화되고 산업화가 진전 되어감에 따라 그것을 움직이는 관련 메커니즘의 연결성은 강화되고 조직의 효율성도 증대한다. 전통사회와는 비교도 될 수 없는 복잡한 구조를 갖게 된 현대 산업사회는 대량생산과 대량소비가 이루어지고 있으며 대중여가를 특징으로 한다.

2) 현대사회 여가의 특징

가. 고령화와 여가

현대사회의 동향 중에서 일상생활과 직결되고 더욱이 21세기를 향해 급속히 진전되고 있는 것은 고령화의 경향이다. '여가 그 자체가 인권'이라는 말에는 특히 고령자의 경우는 생활 그 자체가 여가라는 특징이 있다. 그만큼 그 여가시간을 어떻게 보내는가에 따라 그 사람 자신의 건강은 물론 생활의 충실감도 완전히 달라진다. 따라서 노인들에게 있어서 여가는 '남는 시간'으로 받아들여지는 것이 아니고, 더 적극적으로 인생전체를 통해 하고 싶은 일을 할 수 있는 자유시간, 삶의 보람을 충족할 수 있는 시간으로써 받아들이는 것이 보다 의미가 있다.

고령의 여가생활이 갖는 적극적인 의의는 다음의 네 가지로 살펴볼 수 있다.

첫째, 고령의 여가는 소위 간절한 최후의 자기실현의 기회이다. 특히 오랫동안 직장생활로 인해, 하고 싶은 일이 있어도 시간적 제약 또는 기타의 제약으로 할 수 없었던 사람에게 있어서 정년퇴직 후는 실로 그것을 마음껏 실현할 수 있는 시기이다.

둘째, 고령의 여가생활은 일상생활을 더 계획적이고 또 충분히 배려하면서 살아가는 것에 의해 심신의 쇠퇴를 늦추게도 한다. 즉, 고령시의 여가 이용방법에 따라 그 사람은 자신의 건강을 유지하고 수명을 연장하게 하는 것도 가능하다.

셋째, 적극적인 여가활동은 자신 혼자만의 즐거움뿐만 아니라 동료 혹은 그룹으로 발전할 수 있다. 그 동료나 그룹과의 관계에 있어서 서로 계발하거나 격려하는 것에 의해 노후의 외로움이 해소될 수도 있다. 넷째, 여가활동은 적극적인 사회참가로 연결되어진다.

나. 정보화와 여가

현대사회를 특징짓는 요소의 하나는 '정보화'라는 것이다. 이 말은 정보라는 것이 단체생활이나 개인생활에 있어 과거와는 비교할 수 없을 정도의 중요한 의미와 큰 영향력을 가지고 있다는 것을 의미하고 있다. 그 중에서 특히 대량의 정보를 광범위하게 제공하는 매스미디어의 역할은 매우 크다.

정보기기의 발달은 예전에 없었던 놀이를 만들어내고 있다. 가장 대표적인 예가 PC와 TV게임일 것이다. 스포츠와 문화 활동, 야외 레크리에이션 등의 순화된 여가행동에 있어서도 정보화의 영향은 지대하다. 그 대표적인 것이 관광이다. 일상생활권을 벗어나서 낯선 곳에서 놀고 싶어 하는 관광은 목적지와 교통수단의 선택을 위한 정보를 필요로 하게 된다. 예전에는 소문이나 간단한 안내서가 그 수단이었지만 현대사회에서는 매스미디어를 통해 여러 가지 관광정보를 제공받고 정보가 관광을 선도하고 있는 것이다.

국제교류의 활성화에 따라 해외에서 풍족한 여가생활을 체험한다든지 각종 매개체를 통해 외국생활에 관한 정보를 접하게 된다. 그리고 국민은 자신들의 생활내용과 질을 외국의 그것과 비교하여 자신들의 생활의식과 라이프스타일을 서서히 변화시키고 있다. 여가생활에 관한 의식과 행동의 변화도 그와 같은 변화과정의 일부분을 이루고 있다.

2) 현대사회 여가의 기능

가. 여가의 긍정적 기능

① 자아실현

레저는 상실된 인간성을 회복시키고, 자신의 인격형성 및 자기표현의 기능을 가지고 있다. 그러므로 건전한 여가활동은 인간의 기본적 욕구충족, 인간의 사회적 책임완수, 충실한 삶의 영위에 도움을 주게 된다. 즉 직업과 관계없는 취미나 특기를 살릴 수 있으며, 급속한 사회변화에 의해 뒤떨어지기 쉬운 지적 능력을 보완하고, 폭넓고 자유로운 사회활동에 자발적으로 참여함으로써 자신의 발전과 사회발전에 이바지할 수 있는 자아실현의 기능을 가지고 있다.

② 휴식

단순노동, 생활의 복잡화, 일의 전문화 등은 현대인들에게 신체의 피로와 정신적 스트레스를 축적시켜 휴식의 필요성을 절실하게 만들고 있다. 레저는 이러한 피로를 풀어주고 활기를 불어넣어 다시 일할 수 있는 힘을 생성시킬 뿐만 아니라 간단한 운동과 같은 여가활동은 운동량이 부족한 현대인들에게 신체적 균형을 찾아주고 질병을 예방해 주기도 한다.

③ 심리적 안정

변함없는 생활, 단조로운 작업의 반복, 노동의 기계화 및 자동화에 의한 인간소외 현상이나 자기상실 등은 현대인들에게 스트레스로 작용하여 생활자체를 지루하고 권태롭게 만든다. 레저를 통해서 스트레스, 고독, 정서불안, 욕구불만, 좌절감 등을 해소하고 아울러 성취감, 욕구충족, 쾌락, 및 심리적 안정을 구할 수 있다.

④ 사회적응력 향상

레저는 자연스러운 사회관계 속에서 각자의 지위를 자각하게 하고, 사회적 영향을 배우게 하며, 인간관계의 조화적 태도와 기술을 익히게 하는 사회적 기능을 갖는다. 즉, 인간은 레저를 통해 보다 폭넓은 사회적 접촉으로 가족 또는 사회적 구성원으로서 자신의 역할을 인식하고, 상대방의 존재를 인식하며 단체정신을 함양하는 등 공동체의 일원으로서의 자각을 경험할 수 있게 된다.

⑤ 교육 및 문화적 발전

레저를 통해 지적 능력을 향상시킬 수 있다면 이는 교육목표와 상통하며, 레저시간에 이루어지는 음악, 미술, 연극, 영화 등의 예술 활동은 문화를 건전하게 발전시키는 수단이고, 레저는 문화 창조의 토양이 되며, 또한 여가활동 그 자체가 하나의 문화를 형성하여 이를 향상 발전시켜 나가기도 한다.

나. 여가의 부정적 기능

① 레저의 퇴폐, 향락화

레저의 잘못된 인식 및 활용은 사회를 병들게 하여 국가적 위기를 초래할 수도 있는데, 그 대표적인 예로는 레저의 퇴폐와 향락화이다. 이는 매춘, 범죄, 마약, 청소년 범죄의 원인이 되며, 향락적 레저산업의 등장 및 발전을 부추겨 청소년 교육과 국민의 가치관 형성에 악영향을 미칠지도 모른다.

② 나태, 무기력 조장

레저시간이 잘못 활용되는 것도 문제이지만, 그것이 창조적, 능동적으로 이용되지 못할 때 생기는 나태함과 무력함도 개인적, 사회적으로 큰 문제가 아닐 수 없다. 따라서 늘어난 레저시간을 어떻게 활용하는 것이 미래에 심각한 사회문제로 대두될 수 있다. 레저시간의 적극적인 활용이 이루어지지 않는다면 우리사회는 심각한 병리현상을 경험하게 될 것이고, 레저를 맹목적으로 추구하는 현상까지 가중되어 국민의 건전한 레저 발달을 저해하게 될 것이다.

③ 레저의 상품화

레저시간의 확대는 레저경험을 상품으로 취급하게 할 가능성을 높이고 있다. 이윤 추구의 동기가 레저에까지 확산됨으로써 레저가 저속화될 가능성이 있다는 것이다. 이전에 평범하게 행해졌던 활동까지도 상품화됨으로써 레저 활동이 소비를 조장하고, 이윤추구의 대

상이 되며, 유행의 대상이 되어 새로운 것으로 계속 교체되는 현상이 나타나 사람에게 심리적 안정을 주기는커녕 사람의 마음을 오히려 더 산란하게 만들지도 모른다. 또한 레저 활동이 경쟁대상 되어 점차 전문화되어감에 따라 여가활동을 즐기기 위해서는 특별한 기술을 습득할 필요성이 생기게 되는데, 이는 여가활동의 본질을 퇴색시키고 레저의 소외현상까지 낳게 할지도 모른다.

④ 위기감 조성

여가활동 및 여가시간의 확대는 여가활동에 폭넓게 참여할 수 있는 사회계층과 그렇지 못한 사회계층간의 갈등을 가져오며, 또한 여가활동의 방법에 있어서도 가진 자와 가지지 못한 자와의 갈등을 가져와 계층간 위화감을 조성하고 사회적 문제로 비화할 수도 있다.

4. 현대사회 국민여가활동

1) 여가활동의 추이

오늘날 현대사회의 국민들은 매우 다양한 여가활동을 즐기고 있다. 평균 여가활동 20~25가지 중 휴식활동 5가지를 제외하면 국민 한 사람이 약 20개의 각기 다른 여가활동을 매년 즐긴다고 볼 수 있다. 여가활동 종류에 따라 대부분의 사람들이 선호하여 참여하는 대중적인 여가활동도 있고 소수의 사람들만이 경험하는 활동들도 있다. 이처럼 국민들은 다양한 여가활동에 참여하고 있으나 TV시청, 라디오 청취, 목욕사우나, 낮잠, 외식, 신문잡지보기 등 휴식 활동들은 개인의 성향과는 관계없이 많은 사람들이 하고 있는 반면 취미·오락 활동이나 스포츠 활동, 문화예술 관람활동 등에서는 개인의 취향에 따라서 선택된 다양한 활동들을 하고 있다.

주40시간 근무제의 확대 시행으로 인한 여가시간의 증가는 기호에 맞는 여가활동을 찾아서 참여하는 '선택형 여가활동'의 증가에 영향을 미치고 있으며, 이와 함께 사회적 트랜드의 하나였던 웰빙이 이제는 국민 삶 전체에 녹아들어 건강하고 다양한 여가활동의 영위라는 방향으로 국민전체의 행동양식을 이끌고 있다고 해도 과언이 아니다. 또한 TV시청, 인터넷 검색, 게임, 산책 및 걷기, 음악 감상, 헬스·에어로빅, 스포츠 간접관람, 수영, 독서 등이 국민들이 지속적으로 꾸준히 경험하는 여가활동으로 볼 수 있다.

기국민여가 활동조사 [문화체육관광부_ 2017]

문화체육관광부와 한국문화관광연구원에서는 국민여가생활에 대한 정책수립의 기초 자료 활용을 위해 2년에 한 번 '국민여가활동조사'를 실시하고 있다. 지난 2016년에는 전국 17개 시·도의 만 15세 이상 남녀 10,602 명을 대상으로 2016년 9월 1일부터 10월 28일까지 면접조사를 통해 실시하였다. 조사결과의 내용은 다음과 같다.

국민들의 휴일 평균 여가시간은 2016년 기준 5.0시간, 평일 기준 3.1시간으로 나타났고, 여가비용은 136천 원으로 조사되었다.

국민들이 가장 많이 한 여가활동은 TV시청이 전체 46.4%로 가장 높게 나타났으며, 다음이 인터넷 검색 14.4%, 게임 4.9%, 산책 및 걷기 4.3%, 음악 감상 2.8% 등의 순으로 나타났다. 국민들의 여가 중 상당부분 이 간단히 혼자서 즐길 수 있는 활동을 가장 선호하고 많이 활동하는 것으로 나타났다.

2016년 기준 지난 1년간 여가활동을 함께한 대상은 혼자서가 전체 59.5%로 압도적으로 높게 나타났으며, 다음으로 가족과 함께 29.7%, 친구와 함께 8.8% 등의 순으로 나타났다. 현대사회의 여가활동은 많은 부분에서 혼자 즐기는 여가패턴이 많은 것을 알 수 있다.

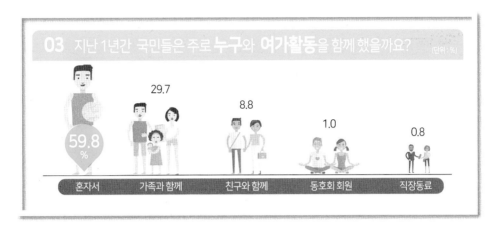

03 지난 1년간 국민들은 주로 **누구**와 **여가활동**을 함께 했을까요? (단위 : %)

혼자서	가족과 함께	친구와 함께	동호회 회원	직장동료
59.8%	29.7	8.8	1.0	0.8

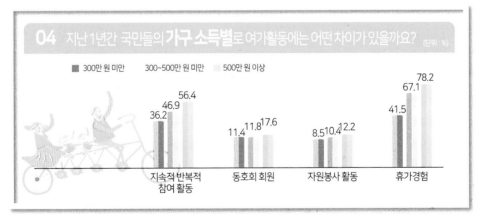

04 지난 1년간 국민들의 **가구 소득별**로 여가활동에는 어떤 차이가 있을까요? (단위 : %)

■ 300만 원 미만　　300~500만 원 미만　　500만 원 이상

	지속적 반복적 참여 활동	동호회 회원	자원봉사 활동	휴가경험
300만 원 미만	36.2	11.4	8.5	41.5
300~500만 원 미만	46.9	11.8	10.4	67.1
500만 원 이상	56.4	17.6	12.2	78.2

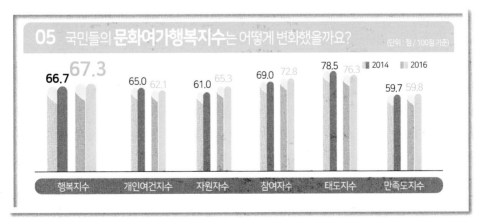

05 국민들의 **문화여가행복지수**는 어떻게 변화했을까요? (단위 : 점 / 100점 기준)

■ 2014　■ 2016

	행복지수	개인여건지수	자원지수	참여지수	태도지수	만족도지수
2014	66.7	65.0	61.0	69.0	78.5	59.7
2016	67.3	62.1	65.3	72.8	76.3	59.8

최근의 여가경향과 함께 국민여가활동조사결과 실제로 국민들은 점점 더 많은 종류의 다양한 여가활동을 접하고 있기는 하지만 세부적인 여가활동들 중 참여율이 높은 상위 10순위에 해당하는 여가활동의 종류에는 큰 변화가 없었다. 경험비율이 조금씩 증가하거나 감소한 것을 제외하고는 순위 안으로 진입하거나 순위 밖으로 나가는 등의 큰 편차를 보이지는 않는 것으로 나타났다.

우리나라 보다 약10년 빠르게 주40시간 근무제를 도입한 일본의 경우 여가활동의 다양화에서 이제는 집중하는 시기로 들어섰다. 일본의 경우 87년 노동기준법을 개정하여 11년간에 걸쳐 주40시간 근무제를 도입했다. 일본의 경우 자신이 좋아하는 여가활동에 집중하고 투자하는 경향과 함께 그 밖에 여가활동에는 관심을 쏟지 않는 선택·집중형 여가활동을 하고 있는 것으로 해석할 수 있다. 관심영역이 협소화 되면서 관심 있는 몇 가지 활동에 대한 깊이는 깊어지는 것이 현재 일본인들의 여가생활의 특징이라고 할 수 있다. 현재 우리는 주40시간 근무제를 시행한지 오래되지 않은 여가환경 속에서 국민들이 즐기는 여가활동의 수는 꾸준히 증가하고 있다. 일본의 여가환경의 변화를 참고로 우리나라의 여가활동도 지속적인 증가를 예상하기보다는 다양하게 시작한 여가활동에서 시간이 지날수록 우리 국민들도 자신이 좋아하는 여가활동에 집중하게 되는 경향성을 갖게 될 것을 예상해 볼 수 있겠다.

2) 여가활동의 Trend 및 주요 이슈
가. 시간의 확보 = 행복감,

시간 민감성(Time Sensitivity)의 시대물질이 풍요로운 시대를 살게 되면서 시간부족이라는 새로운 빈곤 문제가 부상하고 있으며, 사람들은 시간에 대한 기회비용을 보다 가치 있고 민감하게 받아들이고 있다. 시간부족(time famine)이라는 용어는 산업사회에 접어들면서 정해진 시간 내에 수행해야 하는 일이 많은데 충분한 시간이 없는 현상이 문제되자 시간에 대한 중요성을 인식하면서 유사한 여러 용어로 사용되고 있다. 학자에 따라 시간 빈곤(time poor), 시간스트레스(time stress), 시간 압박(time pressure), 시간 결핍(time deficit) 등을 사용하고 있으나 모두 정해진 시간을 부족하게 인식하고 있는 것을 의미한다.

2018년 7월 1일 「근로기준법」 개정으로 근무시간 이외의 가용시간이 늘어날 것으로 기대되면서 자유시간, 여가시간에 대한 인식 변화가 가속화되고 있다. 「근로기준법」 개정으로 주당 최대 노동시간이 68시간에서 52시간으로 제한되고, 구체적으로 하루 최대 8시간,

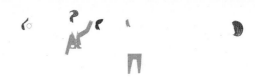

휴일근무를 포함한 연장 근로는 총 12시간까지 법적으로 허용된다. 주 52시간 근무제가 도입되기까지 한국사회에서 노동에 대한 인식이 바뀌면서 좋은 직장의 기준도 일과 삶의 균형을 의미하는 워라밸(Work and Life Balance)4) 중심이 되었다. 적당히 벌고 아주 잘 살기를 희망하는 워라밸 세대에게 일과 여가활동의 균형을 유지하는 것만큼 중요한 것은 없다. 워라밸의 확산은 다음의 두 설문조사의 결과를 통해서도 단적으로 확인할 수 있다. 2016년 3월 한 취업 포털에서 구직자 2,935명을 대상으로 '직장 선택의 기준'에 대한 설문을 진행한 결과 경력직은 '연봉수준(24%)', 신입직은 '근무시간보장(24.8%)'으로 나타났다. 또한 엠브레인과 매경 이코노미가 전국 20~50대 직장인 남녀 1,000명을 대상으로 조사한 결과, '갈수록 사내 개인주의 문화가 증가하고 있다'는 의견에 62.3%가 동의하였으며, 20~30대일수록 개인주의 문화가 바람직하다고 여기고 40대 이상은 개인주의가 단점이 더 많다고 느끼고 있다고 나타났다. 두 설문조사를 종합해보았을 때 젊은 세대를 중심으로 자신의 시간을 중요시 여기는 경향이 나타나고 있다는 것을 알 수 있다. 기업에서는 총 근로시간을 정해놓고 근로자가 그 범위 내에서 시업시간 및 종업시간을 스스로 결정하여 근로하는 유연근무제(시차출퇴근제, 선택근무제, 재량근무제, 재택근무제, 원격근무제 등)를 운영하면서 여가시간을 가치 있고 민감하게 반응하게 하는데 일조하고 있다.

나. 퇴근 후 여가관련 시장 확대

지난 2018년 7월 1일 주 52시간 근무제 도입과 유연근무제 확대에 따라 직장인들에게 저녁이 있는 삶에 대한 인식이 확산되고 있으며, 이와 관련된 여가시장이 확대되고 있다.

근무시간 외에 여가시간이 증가된 직장인들을 대상으로 유통가, 영화관, 미술관 등에서 다양한 사업을 확장하기 시작한 것이다. 문화예술기관들은 퇴근 후 직장인들을 대상으로 할인 프로모션을 진행하거나 전시 · 공연 시간을 변경하였다.

공연장에서는 보편적으로 진행되고 있는 평일 저녁 8시 공연을 막차시간과 직장인들의 출근을 고려하여 30분가량 앞당기고, 평일 오후 8시 공연과 저녁 식사, 호텔 숙박권 등을 결합한 패키지 상품을 개발하는 사례가 확인되었다. 롯데백화점, 이마트 등에서는 퇴근시간에 맞춰 사용할 수 있는 할인 쿠폰을 제공하고, 신세계백화점에서는 운동을 시작하는 직장인들을 겨냥해 피트니스 브랜드 할인 행사를 진행하였다. 쇼핑뿐만 아니라 문화센터에서도 직장인들을 대상으로 한 저녁 강좌가 빠르게 증가하고 있다.

다. 기능보다 감성, 자신만을 위한 문화여가 소비가 대세

1인 가구 및 고령인구로 인한 외로움, 고독감 등 정서적 갈증이 소비특성으로 나타나고 있는데 자신의 감정적 만족감, 행복감을 위한 소비가 시장을 이끌고 있다. 가격대비 기능 및 성능을 중시하던 가성비(價性比) 추구 소비에서 가격대비 만족감을 중시하는 가심비(價心比) 추구 소비를 선호하는 현상이 두드러지게 나타나고 있는 것이다.

🔍 플라세보 소비 (가심비)_네이버 지식백과 ─

속임약을 뜻하는 '플라세보'와 '소비'가 결합된 말로, '플라시보 소비'라고도 한다. 가격 대비 마음의 만족이란 의미의 '가심비(價心比)'를 추구하는 소비를 뜻한다. 플라세보 소비는 '소확행(小確幸)', '케렌시아(Querencia)' 등과 더불어 서울대 소비트렌드 분석센터의 2018년 대한민국 소비트렌드로 선정되기도 했다.

플라세보 소비에서의 '플라세보(placebo)'란 실제로는 생리 작용이 없는 물질로 만든 약을 말한다. 젖당·녹말·우유 따위로 만들어지며 어떤 약물의 효과를 시험하거나 환자를 일시적으로 안심시키기 위한 목적으로 투여한다. 환자가 이 속임약을 진짜로 믿게 되면 실제로 좋은 반응이 생기기도 하는데 이를 '플라세보 효과'라고 한다.

즉, 가심비를 추구하는 소비에서는 소비자가 해당 제품을 통해서 심리적으로 안심이 되고 제품에 대한 믿음을 갖게 되면, 플라세보 효과처럼 객관적인 제품의 성능과는 상관없이 긍정적인 효과를 얻게 된다. 이러한 효과는 소비자가 해당 제품을 사랑하는 대상에 지출할 때, 제품을 통해 안전에 대한 심리적 불안감과 스트레스를 해소할 때일수록 강해진다. 따라서 상품의 가격과 성능이라는 객관적인 수치에 초점을 두었던 기존의 가성비(價性費)에 따른 소비에서는 소비자들이 '싸고 품질 좋은 제품'만을 구매했다면, 가심비에 따른 소비에서는 다소 비싸더라도 '나에게 만족감을 주는 제품'을 구매하게 된다.

가심비 높은 상품군은 주로 여행, 굿즈 등 생활필수품이 아닌 감성 만족품인데, 기능이 아닌 가치에 지출을 하는 것으로 문화콘텐츠를 기반으로 하고 있다. 최근 굿즈 열풍을 중요한 현상으로 볼 수 있는데 아이돌스타나 영화 캐릭터와 연관된 상품을 의미하는 굿즈에 대한 관심과 판매량이 급증하고 있다. HS애드의 조사에 따르면 SNS상에서 굿즈 언급량이 2013

년 123만 건에서 2017년 1,182만 건으로 약 10배 증가하였고, 전체 캐릭터 관련 시장은 국내 12조원, 전 세계 200조원에 육박하는 것으로 추산하고 있다. 특히 2018년 2월 진행된 평창 동계올림픽에서는 마스코트 수호랑과 반다비의 인기에 힘입어 관련 굿즈가 모두 매진되고 인형 품목만 총 120억 원 판매되었다.

라. 여가시간은 돌봄과 휴식에서 문화여가활동으로 이동

근로시간 단축제 시행 이후 퇴근 후 여유시간이 생기자 그동안 자신의 생활에서 부족하였던 돌봄, 휴식시간에서부터 운동, 취미ㆍ오락, 문화생활까지 다양한 여가활동이 나타나고 있다.

근로시간 단축제 시행 3개월 시점에서 한국문화관광연구원의 '노동시간 단축에 따른 문화여가생활 변화 실태조사'에 따르면, 73.9%가 노동시간 단축제도 도입을 긍정적으로 평가하였고, 단축 근무를 시행하는 직장인 가운데 51.3%가 실제 여가시간이 증가했다고 답했다. 여가부문 카드지출액은 지난해 7월에 비해 3% 증가하였는데, 구체적으로 여행(4.2%)과 취미ㆍ오락(3.1%) 부문의 경우 주중과 주말 모두 증가했다. 스포츠 부문의 경우엔 주중 소비자가 다소 증가한 것으로 나타는데, 이동거리, 비용 등의 진입장벽이 낮은 '헬스'의 경우 15.3% 증가했고, 주중 증가율은 17.3%로 더욱 높은 증가율을 보였다.

또한 소셜미디어(SNS)에 노출되는 노동시간 단축 관련 키워드를 분석한 결과를 보면, '퇴근 후 생활'에 대한 담론이 노동시간 단축 시행 이전(2개월)보다 이후(2개월) 14% 증가했다. 특히, 가족, 친구, 혼자, 반려동물 등에 대한 담론이 증가했으며, 책, 산책 등과 같은 소극적 활동보다는 공연(19%), 맥주(16%), 뮤지컬(14%) 등 적극적인 여가활동에 대한 관심이 크게 증가한 것으로 나타났다.

다. 취향을 나누는 살롱문화의 확산

최근 서로의 취향을 나누고 자유롭게 대화하는 일종의 사교모임인 살롱(Salon)문화가 사회 곳곳에서 확산되고 있다. 살롱은 프랑스어로 '방'을 뜻하는 말인데 18~19세기 프랑스인들이 자유롭게 술집, 카페 등의 공간을 드나들며 이야기를 나누던 것이 살롱 문화의 모태이다. 프랑스에서 예술가와 지성인이 모여지식을 나누고 토론을 하던 사교모임을 의미하는데 이 모임에 참석한 사람들은 각자의 취향과 생각을 나누는 것을 중요하게 여겨 남녀노소, 신분, 직위에 상관없이 대화하고 토론하였다. 이러한 살롱문화가 최근 우리사회의 커뮤니티 모임에서 나타나고 있고, 이러한 살롱문화에 사람들이 모이고 있다.

　　몇 가지 사례를 살펴보면 '취향관', 인문예술공유지[地] '문래당', 소셜살롱 '문토', 창작자 커뮤니티 '안전가옥', 독서모임 '트레바리' 등에서 살롱문화가 퍼지고 있다. 서울 합정동에 위치한 취향관은 양옥을 개조한 공간으로 1층에는 거실과 바, 2층에는 소규모 모임을 위한 방이 있는데, 이 공간에서는 서로 다른 취향을 가진 사람들이 모여 음료와 술을 마시면서 취미를 공유하고 대화를 나누는 공간이다. 문래당은 '인문학과 예술이 공유되는 땅'이라는 컨셉으로 서울 문래동의 한 건물에서 다양한 책과 여러 사람이 모여 앉을 수 있는 책상에서 연구자, 예술가, 작가 등이 주축이 되어 서로 대화하고 취향에 맞는 공연을 보기도 한다. 소셜살롱 '문토'는 영화, 요리, 글쓰기 등 취미가 맞는 사람들이 리더를 섭외하고 모임을 구성하고 있다. 성수동의 '안전가옥'은 특정 장르(SF·판타지·추리·호러 등) 마니아를 위한 도서관과 예술가의 개인 작업공간인 스튜디오를 함께 운영하고 있는데, 공간을 이용하는 사람들간에 자연스러운 소모임이 이루어지고 있다.

　　살롱문화는 공간을 중심으로 사람이 모이기도 하고, 그림, 글(독서), 영화, 요리 등 관심 콘텐츠를 중심으로 사람이 모이기도 하는데 대부분 회원제로 운영되고 있다. 회원비는 대략 10만원에서 50만원 상당의 유료 서비스로 적지 않는 비용을 지불함에도 기꺼이 찾는 사람들이 많고, 점점 살롱문화가 확산되고 있다.

Fig 살롱문화 모임

Fig 한국 살롱 서비스 '취향관' 모임 공간

Fig 소셜 살롱 문토(Munto)

Fig 문토 시네마 북 클럽

일정 회비를 모아 공간임대료나 다과, 프로그램 운영에 사용하고, 주기적으로 소규모 정예회원이 모여 대화와 감성을 나누고 있는 것이 특징이다. 참여하는 사람들은 서로의 이름이나 직업을 모르는 경우가 많고 그것은 중요하지 않다. 다만 술, 다과와 대화가 중요 하고 관심사에 따라 소모임의 주제를 정하기도 하며, 진지하고 편안한 대화를 나눈다.

살롱문화에 사람들이 모이고, 확산되는 현상을 아날로그의 회귀로 분석하기도 한다. 온라인의 비대면 만남과 인스턴트식 만남에 피로감을 느낀 젊은 세대들이 직접 만나서 대화하고 토론하는 오프라인 커뮤니티를 추구하게 됐다는 것이다. 살롱문화에 모여드는 사람들은 성별, 나이, 직업 무관하고 다양하지만, 현재의 살롱문화의 주 축은 젊은 세대로 구성되어 있는 것이 사실이다. 특히 학교, 직장 등의 정형화된 공동체에서 나누지 못했던 취향과 대화를 낯선 사람과는 보다 쉽고 자유롭게 나눌 수 있다는 점도 살롱문화의 확산에 일조하고 있다.

제2절   현대사회와 여행문화

1. 여행의 개념

1) 여행의 어원

인간의 이동에는 거주지를 떠나 타 지역에 정착하는 이주(immigration)와 타 지역을 돌아보고 거주지로 다시 돌아오는 여행(travel)로 구별 할 수 있다.

동양에서 '旅行'이라는 용어는 『예기(禮記)』의 "삼년지상(三年之喪) 연불군립불(練不群立不) 여행"

군자^(旅行君子) 예이식정^(禮以飾精) 삼년지상이^(三年止喪而) ....”에서 유래하였는데, 이 뜻은 삼년상을 당하여 무리와 함께 이동하는 것은 예^(예)에 어긋난다는 의미로, 여^(여)는 나그네의 뜻이고, 갈 행^(행)을 첨가하여 나그네가 이동한다는 의미로 여행이라는 용어를 사용하였다. 여기서 여행^(여행)의 ‘旅’자는 ‘人’과 ‘方’자를 합해서 이루어진 문자로서, ‘人’자는 사람을, ‘方’자는 방향을 의미하므로 ‘旅’자는 사람이 어떠한 방향으로 움직인다는 견해가 있다. 중국 고대 부족이 거주지에서 다른 곳으로 이동할 때, 항상 그 부족의 깃발을 앞세워서 소속을 확실히 했다고 하며, 이것이 오늘날 단체로 여행을 할 때, 여행사의 깃발을 앞세우고, 일정한 방향으로 단체가 이동하는 모습과 유사하다. 즉, 고대에는 여행객들이 도적들의 습격이나 약탈로부터 몸을 보호하고 지키기 위해 집단을 형성하여 여행을 하였다. 이러한 ‘여’자에 ‘갈 행^(행)’을 첨가하여 여행이라는 용어를 사용하였다.

한편 영어에서 여행의 어원은 ‘여행’이라는 단어의 어원은 역사로 거슬러 올라간다. 여행이라는 단어는 고대 프랑스 단어인 ‘Travel’로서, 이는 Trouble이나 Toil과 같은 어원인 라틴어의 ‘travail’에서 그 어원을 찾을 수 있는데 이는 고통, 노동, 힘든 일을 하는 것이라는 뜻으로부터 시작되었다.

이외에도 여행을 지칭하는 단어로는 Trip, Tourism, Journey, Tour, Sightseeing, Voyage 등이 있다.

_{Fig} 단체여행 깃발을 든 가이드

2) 여행의 정의

여행은 ‘공간의 이동’이라는 물리적 현상을 기반으로 한 인간의 행위이자 일상을 벗어나는 행위 자체로 정의된다. 여행의 동기는 쾌락, 휴식, 발견, 탐험, 다른 문화에 대한 지식이나 관계를 맺기 위함으로 나타나며 이는 여행의 목적과 동기에 따라 그 형태나 방식이 매우 다양하게 나타나기도 한다.

사람의 이동은 이주와 여행으로 나눌 수 있다. 이주란 거주지를 떠나서 타 지역에 정착하는 것을 말하며, 여행은 타 지역으로 이동하였다가 거주지로 다시 돌아온다는 의미를 뜻한다. 그리고 여행이란 인간의 이동이라는 공통적인 개념을 갖고 있다.

여행의 사전적 해석에 의하면 "볼 일이나 구경을 위해 먼 길을 감"이라고 정의를 내리고 있다. 다시 말해서 여행이란 "인간이 어떤 목적을 가지고 어떠한 수단에 의해서 한 지점에서 다른 지점으로 이동하는 것"이라고 넓은 의미로 정의할 수 있으며, "인간이 일상 생활권을 떠나 다시 돌아올 예정으로 다양한 욕구의 충족을 위해 이동하는 행위 또는 모든 체험과정의 총체"라고 좁은 의미로 정의할 수 있다.

그러나 여행의 본질이 인간의 이동을 전제로 하더라도 모든 이동을 여행이라 말하기는 어렵다. 여행의 성립조건은 첫째, 정주지를 떠난다는 것과 다시 돌아올 예정이어야 한다. 둘째, 여행은 소비행위어야 한다. 직업적인 목적이나 반복적인 생활수단으로 이동하는 통근이나 등교 등은 여행이라 할 수 없다. 셋째, 타인에 의한 일방적인 이동이 아닌 여행자의 자유의사대로 이동하여야 여행이라고 할 수 있다.

현대 사회에서는 여가를 중요시 하는 국민들의 가치관 변화와 주5일 법제화와 징검다리 휴일의 법정 공휴일 지정과 같은 다양한 여가정책들이 맞물려 국내·외 여행 수요가 가파르게 증가하고 있다.

2. 현대사회의 여행 트렌드

1) 혼자하는 여행

1인 가구 비율이 늘어남에 따라 타인의 제약을 받지 않고 혼자 여행을 떠나는 사람들을 '혼행족'이라고 한다. 2011년 4만 6000명에 달하는 혼행족이 2016년에 26만 9000명으로 집계되며 혼행족이 가파르게 증가하고 있다는 점을 알 수 있다. 또한 혼행족이 선호하는 여행지 1위 국가는 일본으로 조사되었다.

Fig 1인 식당

Fig 1인 캡슐호텔

혼행족이 증가함에 따라 '캡슐 호텔'이 등장하였다. 캡슐호텔은 홀로 여행하는 여행자들을 위한 초소형 저가 숙박시설로써 특히 일본의 도쿄 등 숙박비가 비싼 곳에서 혼행족들의 인기를 끌고 있다.

또한 혼자 식사를 하는 사람들을 위한 1인 식당도 늘어나고 있는데 우리나라보다 1인 가구가 많은 일본에서 먼저 유행한 시스템이다. 1인 라멘집 뿐만 아니라 1인 화로구이집 등 다양하게 나타나고 있고 우리나라에서도 1인 가구가 늘어남에 따라 혼자 고기를 구워먹을 수 있는 1인 삼겹살 등 1인 식당이 늘어나고 있다.

혼행을 떠나기 좋은 여행지는 KTX를 통해 닿을 수 있는 곳으로 꼽히고 있다. 최근 혼행 초보자들에게 인기가 있는 곳은 강원 강릉 외 전남 순천만 생태공원에서 해넘이 감상하기, 경주 동궁과 월지의 야경감상하기 등이 있다.

문화체육관광부와 한국관광공사가 뽑은 '혼자여서 더 좋은 여행지'에 선정된 여행지는 영화 '신과 함께'의 배경이 되었던 화암사 신선대와 영화 '내부자들'의 배경이 되었던 담양 새한 서점이다.

혼행 시 유의할 점은 혼자 가는 여행인 만큼 비상상황에 대비해 가족이나 지인에게 여행 목적지나 숙박지 주소를 미리 알려주고 떠나는 게 좋다.

2) 공유하는 여행

공유경제를 여행에 접목시킨 여행이다. 공유경제란 물품을 소유의 개념이 아닌 서로 대여해주고 차용해 쓰는 개념으로 한 번 생산된 물품을 여러 사람들과 함께하는 협업 소비이다. 주로 SNS플랫폼을 이용하여 유휴자원을 공유하고 신뢰를 구축한다.

공유 경제를 여행 트렌드에 반영한 대표적인 기업으로 '에어비앤비'와 '쏘카'를 들 수 있다.

에어비앤비는 "여행은 살아보는 거야"라는 슬로건으로 전 세계190개국 현지인의 집에서 숙박할 수 있는 경험을 제공하는 플랫폼이다. 해당 국가의 문화가 가장 잘 스며든 숙박시설을 제공함으로써 정형화된 호텔들과는 다른 이색적인 경험을 줄 수 있어 인기를 끌고 있다. 에어비앤비의 공급자는 숙박 시설을 제공하고 이용자는 대여료를 지불하고 차별화된 공간에서 숙박할 수 있다. 그 정보를 공유할 수 있는 발판을 마련해 주는 에어비앤비는 사이에서 수수료로 수익을 얻을 수 있는 것이다.

쏘카는 "합리적이고 편리한 차셰어링 서비스"를 슬로건으로 걸고 차가 필요할 때 근처에 있는 공유 차량을 필요한 시간만큼 빌릴 수 있는 자동차 공유 서비스를 말한다.

에어비앤비(Airbnb) 비즈니스 모델

공급자 — 숙박시설 제공 → / ← 대여수익 — airbnb — 수수료 수익 — 차별화된 공간 → / ← 대여료 — 이용자

3) 가심비 여행

가심비란, 플라시보 소비 즉 가격대비 심리적 안정과 만족감을 중시하는 경향을 말한다. 사람들은 비용이 들더라도 오직 자신을 즐겁게 하는 목적으로 여행을 떠난다.

가심비를 여행 트렌드에 접목시킨 사례로써는 '스테이케이션'이 있다. 스테이케이션(Staycation)은 Stay(머물다)와 Vacation(휴가)의 합성어이다. 업무에 지친 현대인들이 멀리 떠나지 않고 근거리에서 휴가를 보내는 형태로 다른 말로 Hotel과 Vacance를 합친 용어인 호캉스라고도 한다. 비싼 호텔 비용을 지불하고도 호텔의 부대시설을 즐기거나 조식 뷔페를 즐기는 등 여유와 심리적 안정을 얻을 수 있기 때문에 선호한다.

혼밥·혼술·호캉스…호텔, 나 혼자 간다 [아주경제 2019. 02. 17]

1코노미 시대 싱글족 위한 호텔 패키지 '봇물'

#직장인 이현서씨[28]는 한 달에 한두 번 홀로 호텔에 간다. 혼자 여행을 하거나 호텔에 묵으며 오롯이 자신만의 시간을 즐기는 것이 현서씨만의 스트레스 해소법이다. 그는 "가족, 또는 친구의 취향까지 신경 쓰느라 힘들지 않고 오직 나만을 위한 시간을 보낼 수 있어 좋다"고 말했다.

바야흐로 '1코노미(1인 경제) 시대'다. 1인 가구가 증가하면서 혼밥(혼자 밥 먹기), 혼영(혼자 영화 보기), 혼술(혼자 술 마시기), 혼행(혼자 여행 떠나기)은 이제 익숙한 단어가 됐다.

퇴근 후에는 직장 동료와 시간을 보내고, 주말이면 가족·친구와 여가를 즐기던 것과 달리 요즘엔 혼자 하고 싶은 것을 하며 좀 더 여유로운 생활을 즐기려는 추세다.

실제로 지난해 통계청이 1인 가구의 현황 및 특성을 발표한 결과, 우리나라 전체 1967만 가구 중 1인 가구는 562만 가구(28.6%)로 집계됐다. 2000년 전체의 15.5%(222만 가구)를 차지했던 1인 가구 비중은 17년 만에 152.6% 증가했다. 같은 기간 일반 가구 증가율이 37.5%였던 것에 비하면 놀라운 증가세다.

특히 젊은 층의 1인 가구는 소비력이 높은 편이다. 삶의 질에 관심이 높고 가정에 대한 부담이 적은 것이 그 이유다.

호텔업계는 일찌감치 1코노미 시장에 주목했다. 추세에 발맞춰 다양한 1인 전용 투숙 패키지, 혼밥·혼술 메뉴 등을 잇달아 출시하며 프로 혼텔러들을 유혹하고 있다.

코트야드 메리어트 서울 타임스퀘어 호텔은 '나 혼자 잔다' 패키지를 판매 중이다. 타임스퀘어 몰 내에 위치한 영화관에서 나홀로 영화를 감상한 후 호텔로 돌아와 숙면을 취할 수 있도록 CGV 영화 관람권 1매와 꿀잠 안대를 제공한다.

호텔 내 레스토랑인 모모카페 및 모모바 이용 시 30% 할인혜택을 받을 수 있어 '혼밥'을 즐기기에도 제격이다. 투숙 기간 중 객실 키를 제시하는 이에 한해 타임스퀘어 몰 내 제휴 레스토랑 및 카페, 미용실 등에서 다양한 할인 혜택이 제공된다.

4) 엔터투어먼트(엔터테인먼트+투어)의 부각

관광과 문화의 융합화로 향후 한류 관광객은 더욱 증가할 것으로 전망되며, 특히 한류 관광상품화, 한류와 연계한 한국 관광 홍보, 국내 한류 관련 촬영지 팸투어 등의 홍보 및 마케팅사업의 적극적인 추진이 요구된다.

드라마, 영화, 음악, K-POP, 공연, 한글, 한식, 한옥, 쇼핑, 의료·미용·패션, 웨딩 등 한류 관광상품의 다양화를 통한 부가가치 창출이 기대됨에 따라 지역별 한류 관광객의 동향과 선호도, 소비자 특성에 맞춘 한류 관광상품 개발이 요구된다.

또한 한류관광과 관련된 다양한 관계자들의 협력을 도모하여 한류관광산업의 활성화가 지속될 수 있도록 한류관광 이해관계자들의 협력네트워크 구축의 필요성이 제기되며, 문화체육관광부, 한국관광공사, 지방자치단체, 관광협회, 관광사업체, 연예기획자, 문화콘텐츠기업, 방송사, 미디어, 언론사 등과의 협력을 강화할 필요가 있을 것이다. 특히, 신한류 관광객은 미디어 속 한류스타의 패션, 메이크업, 헤어스타일 등과 음식, 기호품 등을 선호하는 경향을 보이며, 이를 소비하기 위하여 쇼핑을 목적으로 방한하기도 한다.

롯데면세점은 한류 스타 김수현·이민호·장근석의 실물 피규어가 전시돼 볼거리를 제공하면서 중국인 관광객의 필수 방문 코스로 자리 잡았다.

한류스타 모델을 활용한 멀티미디어 인터렉티브 한류 체험 공간으로 스타의 소장품 전시와 핸드프린팅, 타로 게임처럼 직접 체험할 수 있는 콘텐츠까지 마련되어 있다.

롯데면세점은 중국 현지와 한국에 방문한 중국인을 공략하는 투트랙 전략을 추진, 중국 현지에 12개소의 사무소를 운영하며 밀착형으로 MICE(회의·관광·컨벤션·전시회) · 전세기 등의 단체고객을 직접 유치하고 개별 여행객들에게 맞는 맞춤 마케팅을 진행중이다.

5) 환경적 가치 존중의 지속적 확산

관광분야에서 환경의 중요성을 인식한 것은 1960년대부터이나, 지속가능한 관광 발전을 위한 실질적인 노력은 1995년 WTO와 UNEP, UNESCO, EU가 공동으로 '지속가능한 관광헌장(Charter for Sustainable Tourism)'을 통해 지속가능한 관광의 원칙과 역할에 관한 지침을 제시하면서부터 시작되었다.

이후 환경친화적 관광자원 개발과 관광활동, 기후변화에 대응한 녹색관광 등 환경적 가치를 존중하는 지속가능한 관광에 대한 논의가 계속되어 오고 있다.

관광진흥법에 따르면, 지속가능한 관광자원의 개발을 에너지·자원의 사용을 최소화하고 기후변화에 대응하며 환경 훼손을 줄이는 것으로 규정하고 있다.

문화체육관광부는 관광산업 전 부문의 탄소 저감을 원칙으로 하는 새로운 개념으로서 '저탄소 녹색관광(Low Carbon Tourism)'을 규정함. 저탄소 녹색관광은 저탄소화에 대한 국제적 노력에 동참하고 효율적으로 대응하면서 관광경쟁력을 높이는 성장 추구형 관광패러다임이라 할 수 있다.

지속가능한 관광에 대한 논의와 더불어 다양한 자연친화적 관광활동에 대한 관심과 수요가 늘어나고 있다. 특히 중국의 경우 급속한 도시화와 산업화로 인해 대기오염이 심각해짐에 따라 환경적 가치에 대한 관심이 점점 증가하고 있는데, 최근 맑은 공기가 있는 곳으로 여행을 떠나는 소위 '폐 세척 관광'이 인기를 얻고 있다.

또한 웰빙, 건강 등 삶의 질과 환경적 가치의 중요성에 대한 인식이 점점 더 커지면서 도보여행, 자전거 여행 등에 대한 수요가 증가할 것으로 전망된다. 환경적 가치에 대한 인식이 성숙되면서 자연지역에서의 생태관광 활동에 대한 선호와 수요 또한 지속적으로 증가할 것으로 전망된다. 생태관광이란 비교적 잘 보전된 자연이나 문화유산이 있는 지역을 방문 하여 환경을 지속가능하게 보전하고 지역사회의 경제 활성화와 주민들의 삶의 향상에 기여하면서 즐기는 여행으로 정의할 수 있다.

관광객들의 자연친화적 관광활동 증가와 더불어 공급자 관점에서 관광자원의 친환경적 개발에 대한 관심 또한 늘어나고 있다. 기존 자원 또는 유휴시설의 재생 및 재활용에 대한 관심과 수요가 지속적으로 증가하고 있으며, 특히 최근에는 재활용 차원을 넘어서서 가치 제고를 통한 창조적 활용의 업사이클링^(up-cycling) 전략이 큰 주목을 받고 있다.

 탄광이 문화예술단지로 변했다. 삼탄아트마인 [오마이뉴스. 2019. 02. 05]

삼척탄좌 정암광업소를 아시나요?

강원도 정선군 고한읍에는 삼척탄좌 정암광업소가 있었다. 삼척탄좌는 1962년 12월 주식회사로 설립되어, 탄광을 개발하고 석탄을 생산하기 시작했다. 그러나 산업연료의 중심이 석탄에서 유류로 옮겨가면서 탄광은 내리막길을 걷기 시작하면서 정암광업소는 2001년 10월 31일 폐광되는 운명을 맞는다.

그 후 10년 이상 버려지다시피 한 광산은 2012-2013년 ㈜솔로몬을 통해 문화예술공간인 삼탄아트마인으로 다시 태어났다. 삼탄은 탄광회사의 이름이고, 아트는 예술이며, 마인은 광산을 말한다. 삼탄아트마인은 정부의 〈폐광지역 복원 사업〉 지원금을 받아 창조적인 문화예술단지^(Art Theme Park)로 거듭난 것이다. 이곳은 현재 탄광역사박물관, 미술관과 갤러리, 아트 레지던시, 세계미술 수장고, 공연장, 체험관으로 리모델링되어 운영되고 있다.

삼탄아드마인은 정선군 고한읍 고한리 산 216-1에 있다. 함백산 자락에 있어 도로명으로는 함백산로 1445-44가 된다. 삼척탄좌 시절 사무공간, 300여명의 광원들이 동시에 사용할 수 있었던 2개의 공동샤워실, 장화를 닦던 세화장, 수직갱을 움직이던 운전실 등이 있던 종합사무동 건물^(4층)이 삼탄아트센터^(본관)로 활용되고 있다.

2013년 5월 개관 이후 블로거들의 입소문에 힘입어 관람객이 꾸준히 늘고 있다.

6) 사회적 가치 추구의 스펙트럼 다양화

우리나라는 복지관광(welfare tourism)에 대한 소개가 1990년대 초반에 그리고 정부 차원의 정책과 프로그램들은 2000년대 초반에 본격 도입되었다.

문화체육관광부는 2005년부터 사회적 취약계층의 여행기회를 제공하고자 경비를 지원해주는 여행바우처(이용권) 사업을 추진해 왔으며, 2014년부터는 문화, 체육, 여행을 통합한 문화누리카드(통합문화이용권) 사업을 추진해 오고 있다.

비록 경제적 장애가 해소된다 하더라도 신체적 장애나 노화로 인해 물리적 접근이 어렵거나 구체적인 관광정보 획득이 제한될 경우 관광을 영위하는 인간의 기본권이 확보되지 못한다는 점에서 '모두를 위한 관광(Tourism for all)'이라는 사회적 가치의 실현을 위한 접근 가능한 관광(accessible tourism)에 대한 관심이 증대되고 있는 것이다.

접근가능한 관광은 관광에 필요한 물리적 환경, 정보, 서비스 제공에 있어 장애적 요소를 최소화하는 무장애환경(Barrier Free) 조성이라 할 수 있다.

'모두를 위한 관광' 관점은 사회적 취약계층에 대한 관광 지원을 넘어 공정여행(fair travel)을 통한 사회적 가치 추구와도 이어지고 있다. 공정 여행은 현지의 문화와 환경을 존중하고 현지인의 삶을 체험하며 관광소비가 지역사회에 돌아가는 여행을 의미한다.

 공정여행자가 되는 10가지 방법

공정여행은 공정무역에서 따온 개념으로서 생산자와 소비자가 대등한 관계를 맺는 공정무역처럼 여행자와 여행 대상국의 국민이 평등한 관계를 맺는 여행을 말함. 책임여행, 윤리여행과 같은 맥락이다. 공정여행자가 되는 10가지 방법은 다음과 같다.

1. 지구를 돌보는 여행 : 비행기 이용 줄이기, 1회용품 쓰지 않기, 물 낭비하지 않기

2. 다른 이의 인권을 존중하는 여행 : 직원에게 적정한 근로조건을 지키는 숙소, 여행사를 선택하기

3. 성매매를 하지 않는 여행 : 아동 성매매, 섹스관광, 성매매 골프관광 등을 거부하기

4. 지역에 도움이 되는 여행 : 현지인이 운영하는 숙소, 음식점, 가이드, 교통시설 이용하기

5. 윤리적으로 소비하는 여행 : 과도한 쇼핑하지 않기, 공정무역 제품 이용하기, 지나치게 깎지 않기

6. 친구가 되는 여행 : 현지 인사말을 배우고 노래와 춤 배우기, 작은 선물 준비하기

7. 다른 문화를 존중하는 여행 : 생활방식, 종교를 존중하고 예의를 갖추기

8. 상대를 존중하고 약속을 지키는 여행 : 사진을 찍을 때 허락을 구하고 약속한 것을 지키는 여행

9. 기부하는 여행 : 적선이 아니라 나눔을 준비하자. 여행 경비의 1%는 현지의 단체에 기부하기

10. 행동하는 여행 : 세상을 변화시키는 여행

자료: 두리 공간환경연구소(2011)

7) 즐거운 불편함, OR(Outdoor Recreation) 여행

2000년대 이후 국민 소득수준 향상, 여가시간의 증대, 삶의 질에 대한 가치 부여 등으로 웰빙을 추구하고, 관광에서도 적극적인 활동을 추구하면서 레저스포츠에 대한 관심과 중요도가 점차 증가하고 있다.

미니멀 캠핑 시대 '스몰럭셔리 푸드' 인기 [여성소비자신문. 2018. 10. 10]

최근 일과 삶의 균형을 중시하는 '워라밸(Work & Life Balance)' 문화가 확산되면서 캠핑 등 다양한 여가생활을 보내는 사람들이 늘고 있다.

통계청에 따르면 국내 캠핑 인구는 지난 2011년 60만 명에서 2016년 500만 명으로 불과 5년 만에 8배 이상 증가했다. 캠핑시장 규모 역시 2008년 200억원에서 2016년 1조5000억원으로 급성장하고 있다.

캠핑을 접하는 사람들이 많아지면서 캠핑을 즐기는 트렌드도 변화하고 있다. 각종 고급 장비와 캠핑 용품을 가득 실은 자동차를 타고 캠핑장으로 향하는 '오토 캠핑'의 인기가 최근에는 최소한의 짐으로 가볍게 떠나는 '미니멀 캠핑'으로 옮겨가고 있다. 최근에는 숙박을 목적으로 하는 캠핑족이 아니라고 해도 원터치 텐트를 차에 휴대해 다니면서 공원 등 야외에서 연인이나 가족들과 여유를 즐기는 사람들도 흔히 찾아볼 수 있다.

캠핑 트렌드가 미니멀로 변화하면서 가장 두드러지는 것이 바로 '캠핑식의 변화'이다. 단순히 짐을 줄이기 위해 인스턴트 제품으로 배낭을 채우는 것이 아닌 캠핑의 감성을 그대로 살리면서 간편하게 즐길 수 있는 디저트ㆍ간편식이 인기를 끌고 있는 것.

이에 미니멀 캠핑족을 위해 작은 크기로 휴대성은 높이고 캠핑지에서 번거로운 조리과정 없이 바로 먹을 수 있거나, 간단하게 조리 가능한 '스몰럭셔리 푸드(작지만 큰 만족감을 주는 식품)'가 큰 주목을 받고 있다.

야외에서의 식사는 그 자체만으로도 색다른 감흥을 주지만 간편하게 즐길 수 있는 달콤한 디저트나 안주거리가 있다면 캠핑의 낭만은 배가 된다.

일과 레저의 구분이 뚜렷해지면서 재충전과 휴식 등을 목적으로 레저스포츠, 레크리에이션 활동이 일반화되는 추세이다. 모험관광은 젊은 층을 중심으로 급성장하고, 최근에는 대학생, 아마추어, 전문가 등을 대상으로 한 스포츠 관광이 부상하는 추세이다. 특이한 경험을 희망하는 관광객을 지칭하는 제트족 Jet-setter은 숙소에 머무르지 않고 활동하는 것을 선호한다.

최근에는 친환경·건강 레저 추구로 캠핑 및 아웃도어 시장의 지속 성장하고 있는데, 2008년 글로벌 금융위기로 인한 경기침체 이후 환경에 대한 관심 증가, 고유가와 건강을 중요시하는 소비행태의 확산으로 자전거, 등산 등 친환경 레저스포츠 인구가 지속적으로 증가하는 추세이다.

특히 자전거시장은 2008년 이후 2012년까지 연평균 22% 급성장하였고, 2018년 기준 캠핑인구는 600만을 넘어서고 있다. 캠핑시장은 2008년부터 대중의 관심을 끌면서 지속적으로 성장하였고, 오늘날 급성장의 추세가 이어지면서 대중적인 레저 활동으로 자리잡고 있다.

8) 테마여행

테마여행이란 누구나 가는 유명관광지를 최대한 짧은 시간 내에 최대한 많이 둘러보고자 하는 여행보다는 개인의 취향과 관심사에 집중된 여행을 의미한다. 국민들의 해외여행 경험이 증가하면서 여행의 목적과 상품선택 기준이 변해감에 따라 나타난 여행 트렌드라고 할 수 있다. 현대인들이 가장 선호하는 테마여행은 '식도락 여행'이고 2위는 액티비티, 3위는 취미와 연결된 여행으로 조사되었고 그 외 테마여행으로는 쇼핑여행, 출사여행, 미디어명소 여행이 있다.

가. 식도락 여행

일명 '먹방 여행'이라고 불리는 여행으로 지역의 다양하고 맛있는 음식을 먹는데에 초점을 두는 여행이다. 여행 계획에 있어 食은 빼놓을 수 없을 만큼 음식은 여행에서 중요한 비중을 차지하고 있다. TV 예능 프로그램에서 맛집을 떠나는 여행 컨셉이 대세를 이루고 있으며 SNS상에서도 식도락 여행에 대한 다양한 컨텐츠들이 쏟아져 나오며 여행욕구를 자극하고 있다. 이러한 면에서 식도락 여행은 추억도 남기고 입도 즐거운 일거양득의 컨셉이라고 할 수 있을 것이다.

나. 액티비티 여행

번지점프, 스킨스쿠버 등 현지에서 다양한 체험을 하는 액티비티를 즐기는 것을 목적으로 한 여행이다. 액티비티란,'레포츠'와 의미가 상통하는 단어로 여행에서 휴식을 취하거나 관광지를 둘러보는 것이 아니라 한가한 시간에 신체를 움직여 즐기면서 단련하는 운동 또는 활동을 일컫는다.

국내 액티비티 여행 명소로는 단양과 가평이 있다. 단양은 1년 365일 중 300일이 맑아 국내에서 패러글라이딩을 즐기기에 적합한 장소로 손꼽힌다. 1인당 가격은 코스에 따라 11만 원에서 20만원대로 책정되며 패러글라이딩 외에도 ATV,클레이 사격 등 다양한 레포츠를 즐길 수 있는 명소로 유명하다.

가평 청평호 주변은 수상레저를 즐기기에 적합한 장소이다. 수상스키, 바나나 보트, 워터 슬레이, 제트스키 등 다양한 수상 레저 시설과 업체가 있다. 가평은 수상레저 이외에도 쁘띠 프랑스, 아침고요 수목원, 남이섬 등 관광지와 숙박업체도 잘 갖춰진 곳이다.

해외의 액티비티 여행은 미국의 알래스카의 '바다 카약', 호주 시드니의 '하버 브릿지 클라이밍', 스위스의 인터라켄을 꼽을 수 있다. 미국 알래스카의 바다카약은 피오르 국립공원 빙하 근처를 돌아 카약을 타는 액티비티이다. 그림 같은 풍경을 즐길 수 있고 운이 좋으면 북극곰과 바다사자도 만날 수 있다. 호주 시드니의 하버 브릿지 클라이밍은 세계에서 네 번째로 긴 아치형 다리의 134m 정상까지 올라 도심을 조망하는 짜릿한 액티비티로 죽기전에 꼭 해봐야 할 액티비티로 큰 인기를 끌고 있다. 마지막으로 스위스 인터라켄 지역은 액티비티 활동이 활성화된 지역이다. 이 곳에서 할 수 있는 유명한 액티비티로는 캐녀닝, 패러글라이딩, 버티컬리쉬, 어드벤처 파크, 래프팅 등을 아름다운 풍경과 함께 즐길 수 있다.

Fig 알래스카 바다카약

Fig 스위스 인터라켄의 짜릿한 액티비티

다. 미디어 여행

TV에서 본 영화나 드라마의 배경이 되었던 명소를 직접 찾아가보는 여행도 특별한 추억거리와 즐거움을 준다. 대표적인 명소로는 tvn드라마 도깨비의 주배경지가 되었던 캐나다 퀘벡, 인터스텔라, 반지의 제왕의 배경이 되었을 만큼 비현실적인 배경이 특징인 아이슬란드와 뉴질랜드, tvn 예능프로그램 윤식당으로 인기를 끌었던 발리 롬복 길리 트리왕안 섬을 꼽을 수 있다.

라. 글램핑

자연과 함께 하는 글램핑은 Glamourous^(화려한)와 Camping^(캠핑)을 조합한 단어로, 호화로운 캠핑을 즐기며 자연을 만끽하는 새로운 트렌드를 말한다. 어릴 적 텐트를 치고 놀아본 기억이 있고 가족이 함께하는 경우가 많은 캠핑의 특성상 40~50대의 가장이 주고객이 되고 있다. 글램핑은 단순히 야외에서 텐트를 치고 하룻밤 잠을 자고 고기를 구워 먹고 돌아오던 것에서 음악을 듣고 영화를 보고 즐기는 휴식의 단계로 발전하였다.

글램핑을 활용한 사례로 제주 신라호텔의 '글램핑' 서비스를 들 수 있다. 제주 신라는 국내 호텔 최초로 글램핑 서비스를 실시하였다. 호텔 내 정원 옆 고급스러운 텐트를 설치하였고 내부는 호텔 객실 못지않게 벽난로, 소파침대, 풋 스파 등으로 꾸며져 있다. 호텔의 투숙객만 이용 가능하며 글램핑은 휴식 공간으로만 활용되며 숙박은 불가능하다.

🔍 제주신라호텔, "한겨울 제주를 만끽 하세요"

[스마트경제 2019. 01. 14]

제주신라호텔이 짧은 겨울 휴가를 맞아 제주의 액티비티를 함께 경험하고자 하는 고객을 위해 '윈터 판타지' 패키지를 출시했다고 14일 밝혔다.

'윈터 판타지' 패키지는 낮에는 호텔 레저 전문가 직원들과 함께 야외 액티비티를 즐기고, 밤에는 사계절 야외 온수풀에서 영화와 라이브 공연을 즐기는 마법 같은 휴가를 콘셉트로 다양한 혜택을 제공한다.

호텔에서 수영하며 휴식하는 여름 호캉스 트렌드도 제주신라호텔에서 한겨울에 즐길 수 있다. 따뜻한 야외 온수풀에 몸을 담근 채 대형 스크린을 통해 영화를 감상할 수 있는 '플로팅 시네마'는 겨울에만 만나볼 수 있는 이색 상품이다. 패키지에 포함된 어덜트 풀 쁘띠 카바나에 누워 감상하는 영화는 프리미엄 영화관 못지 않은 편안함을 제공한다.

또한 제주의 밤하늘을 환하게 밝혀주는 달빛 아래 자정까지 따뜻한 야외 수영을 즐길 수 있는 '문라이트 스위밍'을 더 흥겹게 해 줄 라이브 콘서트도 진행된다.

올해부터는 리뉴얼 더 크고 넓어진 무대로 제주신라호텔 야간 수영의 꽃인 라이브 공연을 더욱 화려하고 생동감 있게 즐길 수 있다. 수영장과 보다 가깝게 설계돼 물 속에서 몸을 담근 채로 공연자들과 호흡할 수 있으며, 조명과 음향이 업그레이드돼 여느 공연장 못지 않은 수준을 자랑한다. 업그레이드 된 풀사이드 라이브 무대에서의 첫 공연은 '윈터 원더랜드 드림 콘서트'로 펼쳐진다.

3. 죽기 전에 가봐야 할 관광지

1) 국내 여행지

가. 제주도

① 성산일출봉: 제주도 명소 중 첫손가락에 꼽히는 성산일출봉은 약 5,000년 전 바다에서 일어난 화산활동으로 생겨난 곳이다. 마치 거대한 성처럼 보인다고 해 성산(城山)이라 불리며, 이곳에서 보는 일출이 으뜸이라 성산일출봉이라는 이름이 붙었다. 성산일출봉은 유네스코가 선정한 국내 최초의 세계자연유산이다. 평소에도 관광객들이 많이 찾는 곳이지만 매년 12월 31일이 되면 늦은 밤까지 주변이 그야말로 인산인해를 이룬다. 한 해의 마지막 밤을 보내고 새해 첫 아침 일출을 보기 위해 전국 각지에서 사람들이 모여들기 때문이다.

Fig 성산일출봉

Fig 제주도 우도

② 우도: 여러 영화와 드라마, CF 촬영지로 유명한 이른바 스타 섬이다. 영화 〈연리지〉, 〈인어공주〉, 〈시월애〉를 비롯해 드라마 〈탐나는도다〉, 〈러빙유〉 등이 우도에서 촬영되었다. 그 중에서도 특히 새하얀 백사장과 에메랄드빛 바다가 일렁이는 홍조단괴 해수욕장은 로케이션 매니저들이 즐겨 찾는 단골 촬영지이다. 해조류의 일종인 홍조류의 퇴적물이 쌓여 만들어진 해변은 우리나라에서 이곳에서만 볼 수 있는 희귀한 풍경으로 2004년 천연기념물로 지정되었다.

③ 에코랜드 테마파크: 에코랜드는 북방계와 남방계 식물이 공존하는 한라산 원시림인 곶자왈을 수제작으로 만든 링컨 기차를 타고 달리는 신나는 테마파크다. 자연을 훼손시켜 만든 인공적인 공원이라는 느낌이 들지 않고 자연을 자연 그대로 느낄 수 있도록 구성된 자연스러운 공간구성이 마음에 쏙 드는 곳이다. 사계절이 모두 아름답지만 특히 봄나들이가 가장 잘 어울리는 곳이다. 편안한 옷차림에 작은 배낭 하나 둘러매고 가족들과 기차도 타도 피크닉도 즐기고 제주 특유의 곶자왈 지형을 구석구석 걸어서 탐방하는 즐거움을 함께 얻어갈 수 있다.

Fig 에코랜드

④ 한라산: 한라산 둘레길은 제주 중산간 지역 해발 600~800m 지대에 분포된 병참로와 임도, 표고버섯 재배지 운송로 등을 활용해 조성하고 있는 숲길이다. 한라산 자락을 휘감아 도는 환상숲길로서 한라산국립공원에 집중되는 탐방객 수요를 분산시키고 한라산의 역사, 생태, 산림문화를 체험하는 학습장 역할을 할 것으로 기대되고 있다. 산림청이 주관하는 한라산 둘레길은 2016년까지 전 구간이 차례로 개통될 예정이다. 숲길이 모두 연결되면 총 80km에 달하는 긴 트레일 코스가 만들어지게 된다. 현재는 무오법정사에서 돈내코계곡까지 1구간(14.2km), 거린사슴오름에서 돌오름까지 2구간(5.6km), 사려니숲길을 포함해 모두 3개 코스가 개방되어 있다.

Fig 한라산

⑤ 섭지코지: 섭지코지는 코지(코지곶을 의미하는 제주 방언)라는 지명에서 알 수 있듯 코의 끄트리 모양 비죽 튀어나온 지형이다. 위치상으로는 서귀포시 성산읍 신양리 해안에 돌출되어 있다. 외지인들에게는 찾아가기가 그리 쉽지는 않은데 대개의 경우 신양리 해안 국도변에서 마을로 진입하여 이정표를 보고 콘크리트로 포장된 길을 따라가면 코지 끝에까지 이를 수 있다.

Fig 섭지코지   Fig 서귀포 매일 올레시장

⑥ 서귀포 매일 올레시장: 서귀포매일올레시장은 1960년대 서귀포 시가지의 중심인 중앙동에 문을 열었다. 이전부터 서귀포 사람들이 삼삼오오 모여 장을 이뤘고, 부산 국제시장을 오가던 도매상들이 가세했다. 여느 시장과 마찬가지로 농축수산물, 잡화 등을 팔았다. 감귤 산업이 호황을 누리며 관광객도 일찌감치 찾아들었다. 하지만 감귤 산업이 하향세로 돌아서며 시장이 쇠퇴하기 시작하고, 1990년대 이후에는 엎친 데 덮친 격으로 대형 마트가 등장했다. 이를 타개하기 위한 방안으로 아케이드를 설치하며 시장 내부를 단장했다.

나. 서울 4대 고궁

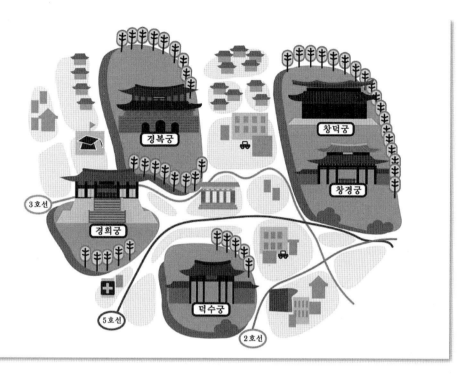

서울에서 조선 500년의 역사 여행을 즐길 수 있는 곳이다. 조선시대 임금이 머물던 궁궐로써 현재 서울에 남아있는 조선시대의 4대 궁궐은 경복궁, 창덕궁, 창경궁, 덕수궁이다.

경복궁은 조선 제일의 법궁으로 북으로는 북악산, 남쪽으로는 청계천 물길을 품은 완벽한 배산임수 지형에 자리 잡고 있으며 '하늘이 내린 큰 복'이란 뜻을 품고 있다. 경복궁의 정문은 광화문이며 내부에는 왕의 생활공간과 정무시설, 후원을 비롯해 왕비의 생활공간인 중궁, 세자의 동궁 등이 있다. 봄철 특별 야간개장을 통해 아름다운 풍경을 보여준다.

창덕궁은 경복궁이후 창건되었다. 경복궁이 정궁이었지만 자연을 끼고 있는 아름다운 후원 때문에 왕들은 창덕궁을 더 선호했다고 알려진다. 창덕궁의 후원은 왕실의 휴식처로 사랑받았다. 경복궁이 불에 타고 창덕궁이 먼저 재건되고 경복궁이 재건될 때까지 창덕궁이 법궁으로 사용됐다.

창경궁은 조선 9대 임금 성종이 창덕궁 동쪽에 세운 궁궐로써 창덕궁과 경계가 없이 하나의 궁궐로 사용하여 둘을 합쳐 동궐이라 칭했다. 초기에 많이 활용되지는 않았지만 창덕궁이 정궁역할을 하면서 이궁으로 활용도가 노파진다.

덕수궁은 대한 제국의 정궁이었다. 선조가 임진왜란때 행궁으로 사용하다 광해군이 '경운군'이라는 정식 궁호를 내렸다. 경운궁이 역사의 전면에 등장한 것은 1897년 대한제국의 출범과 함께였다. 덕수궁은 매일 야간에 관람할 수 있어 특별 관람표를 구하지 못한 아쉬움을 달랠 수 있다.

다. 춘천 남이섬

북한강에 반달 모양으로 떠 있는 작은 섬이다. 3~4시간이면 다 둘러볼 수 있을 정도로 아담한 규모이지만 이곳을 찾는 방문객 수는 어마어마하다. 섬은 남북으로 길쭉해서 고구마처럼 생겼다. 배에서 내리면 배에서 내리면 대개는 섬의 가운데를 관통하는 중앙 잣나무길을 따라 걷게 된다. 이 길을 따라 박물관, 전시장, 카페, 식당 등이 줄지어 나온다. 중앙 잣나무길의 명물은 촘촘하게 매달린 물방울 모양의 등이다. 앞길을 밝혀주듯 줄줄이 매달린 물방울 등은 왠지 보는 것만으로 기분이 좋아진다. 등이 인도하는 길 끝에 십자로가 나온다. 진행 방향으로 직진하면 요즘 가장 아름다운 송파은행나무길이고, 서쪽으론 드라마 〈겨울연가〉의 명소인 메타세쿼이아길, 동쪽으론 산딸나무길이다. 이 십자로를 중심으로 호텔 정관루를 비롯해 남이섬의 주요 시설이 몰려 있다.

Fig 춘천 남이섬

라. 부산 감천문화마을과 태종대

• 감천문화마을은 1950년대 6.25 피난민의 힘겨운 삶의 터전으로 시작되어 현재에 이르기까지 부산의 역사를 그대로 간직하고 있는 곳이다. 산자락을 따라 질서정연하게 늘어선 계단식 집단 주거형태와 모든 길이 통하는 미로 같은 골목길의 경관은 감천만의 독특함을 보여준다. 감천문화마을에서는 아름다운 자연과 어우러진 그림 같은 마을의 풍경을 즐기면서, 골목골목 설치된 다양한 형태의 작품을 감상할 수 있으며, 감천문화마을 내 입주 작가들의 공방을 통해 다양한 공예 체험도 가능하여 관광객들이 끊임없이 찾고 있다.

Fig 부산 감천문화마을

• 국제시장&부평깡통시장은 해방 이후 지금의 국제시장 공터(신창동 일대)에 '도떼기시장'이라는 노점이 생겨나기 시작했다. 일제가 철수하면서 이른바 전시 통제 물자가 쏟아져 나왔고, 일본인에게 압수한 짐 보따리가 경매를 통해 무더기로 거래되기도 했다. 국제시장은 한국전쟁을 거치면서 밀수품은 물론 유엔군 군수물자까지 흔히 거래되었고, 부산에서 가장 규모가 큰 만물 시장으로 성장했다. 흔히 국제시장을 이야기할 때 빼놓을 수 없는 것이 먹자골목이다. 국제시장이 생기면서 아리랑거리를 중심으로 자연스럽게 형성된 먹자골목은 과거 노점에서 시작되었는데, 지금도 비빔당면 골목(충무김밥을 함께 판다)과 팥빙수 골목, 떡볶이 골목 등에서는 좌판을 놓고 길거리 음식을 판다.

• 태종대는 오륙도와 함께 부산을 대표하는 암석해안의 명승지로, 롯데백화점(구, 부산 광역시청) 앞에서 영도해안을 따라 약 9.1km의 최남단에 자리 잡고 있다. 54만 2천 3백 90평의 면적에 해발 250m의 최고봉을 중심으로 해송을 비롯하여 난대성 활엽수인 생달나무, 후박나무, 동백나무, 사스 레피나무 등 120여 종의 수목이 우거져 있다.

마. 전주 한옥마을

전주한옥마을 여행은 태조로를 걷는 데서 시작한다. 태조로는 풍남문에서 오목대 방면 약 550m 도로다. 한옥마을의 가장 큰 길이자, 경기전과 전동성당이 조선의 시간을 잇는다. 풍남문 쪽에서 태조로로 들어서면 전동성당이 먼저 반긴다. 전동성당은 로마네스크와 비잔틴 양식이 돋보이며, 1914년에 완공했다. 영화 〈약속〉의 촬영지로 소문이 나며 그 명성이 전국에서 손꼽힌다. 하지만 그 이전에 천주교의 성지다. 1791년 우리나라에서 처음 순교한 윤지충과 권상연의 순교지 위에 세웠다.

전동성당 건너편에 경기전이 있다. 경기전은 전주의 중심이 되는 문화재라 해도 과언이 아니다. '경사스런 터에 지은 궁궐'이라는 뜻으로, 태조의 어진(조상화)을 모신 건물이다. 전주이씨 시조인 이한과 그 부인의 위패를 모신 조경묘, 조선의 실록을 보관하던 전주사고 등으로 구성된다. 특히 전주사고의 실록은 임진왜란을 거치며 유일하게 지켜졌다. 내부는 전시관으로 개방한다.

Fig 전주한옥마을

바. 대관령 양떼목장과 강릉 커피거리

- 양떼목장 : '대관령의 알프스'라는 홍보 문구가 결코 과장이 아니다. 오히려 이곳만이 간직한 아름다움은 알프스보다 친근하게 다가온다. 동고서저로 이어지는 동해안의 아름다움을 하늘에서 내려다보듯 두 눈에 담을 수 있는 장소다. 풍경을 바라보며 산책을 하는 것도 좋지만 양들에게 직접 먹이주기 체험을 할 수 있어 어른도 아이들도 신기함으로 웃음 짓게 만드는 이곳만의 프로그램이다.

Fig 대관령 양떼목장   Fig 강릉커피거리

- 강릉커피거리 : 강원도 강릉시는 국내 지방자치단체 단위에서는 최초로 커피 축제를 개최한 곳으로 1세대 바리스타인 커피 명장, 커피 박물관, 커피 거리, 커피 공장, 바리스타 아카데미 등 다양한 커피 콘텐츠를 구축하고 있을 뿐만 아니라 커피 전문점 대부분이 로스팅을 하는 로스터리 카페로 성업 중인 명실상부한 커피도시다.

2) 해외 여행지

가. 〈미국〉 그랜드 캐니언

BBC에서 선정한 죽기 전에 꼭 가봐야 할 여행지 1위로 선정되었다.

미국 애리조나 주 북서부 고원지대가 콜로라도 강에 침식되어 생긴 협곡이다. 굉장히 유명한 곳이라 미국하면 떠오르는 관광지 중 하나다.

이 계곡이 유명한 이유는 엄청난 규모와 아름다움이기도 하지만 지질학적으로 지구의 역사를 알려주는 장소이기 때문이다. 콜로라도 강의 빠른 물살과 엄청난 유류량이 많은 양의 진흙과 모래, 자갈 등을 운반했고 비가 거의 내리지 않는 지역 특성상 건조한 날씨가 유지되어 빠른 협곡 생성이 가능했다.

Fig 미국 그랜드 캐니언

나. 〈호주〉 그레이트 배리어 리프

BBC선정 죽기 전에 꼭 가봐야 할 여행지 2위로 선정되었다.

그레이트 배리어 리프는 오스트레일리아 북동쪽 해안에 있는 매우 다양하고 아름다운 산호초 지역이다. 세계에서 최대의 산호초 지대이며, 아마도 동물의 다양성이 가장 풍부한 지역일 것이다. 이 지역의 엄청난 동물의 다양성은 오스트레일리아의 북동쪽 대륙붕에서 수백만 년 넘게 진화해 오면서 발달한 생태계 덕분이다. 유산 지역에는 1,500종의 어류, 360여 종의 경산호(硬珊瑚, hard coral), 5,000종의 연체동물, 175종이 넘는 조류, 매우 다양한 종류의 해면, 말미잘, 해양 연충류(marine worms), 갑각류 등이 살고 있다.

반 잠수정을 타고 스쿠버 다이빙, 스노클링 등 다양한 액티비티를 즐기며 아름다운 바닷속 풍경을 볼 수 있다.

Fig 그레이트 배리어 리프

4. 죽기 전에 가봐야 할 축제

1) 국내 축제

가. 강원 화천 얼음나라 산천어 축제

화천 산천어축제는 2013년 대한민국 대표 축제로 선정되었을 뿐 아니라 미국 CNN이 선정한 겨울철 7대 불가사의 중 하나로 한국의 대표적인 축제로 자리매김했다. 산천어 체험행사에서는 얼음낚시와 루어 낚시, 산천어 맨손 잡기를 할 수 있어요. 40센티미터가 넘는 두툼한 얼음을 깨고 산천어를 낚는 얼음낚시는 온 가족이 즐길 수 있으며, 잡은 산천어는 구이터나 회 센터를 찾아 직접 맛 볼 수도 있다.

Fig 화천 얼음나라 산천어 축제

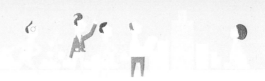

나. 전북 김제 지평선 축제

　김제 지평선 축제는 매년 9월 말~10월 초 전라북도 김제시 벽골제에서 개최하는 축제로 국내 축제 중 최초로 5년 연속 문화체육관광부 지정 대한민국 대표축제로 선정 되었다. 또한 대표 등급을 연속으로 유지해 대표 축제에서 명예 졸업한 축제이다.

　축제는 한국 전통 농작문화와 도작문화를 계승하고 김제 주민의 소득 증대를 위해 개최한다. 축제가 열리는 김제는 국내에서 가장 큰 곡창지대이며, 벽골제는 신라 시대에 축조돼 우리나라에서 가장 오래된 최대의 수리시설이다. 축제에서는 한국의 농경문화를 이해하고 직접 체험할 수 있어 내국인뿐만 아니라 외국인도 다수 참여한다.

Fig 김제 지평선축제

다. 보령 머드축제

　보령에서 생산되는 머드를 주제로 하는 관광객 체험형 이벤트로, 머드 마사지 뿐 아니라 다양한 놀이를 즐길 수 있다. 1998년 7월 처음으로 축제를 개최한 이래 매년 7월 중순경에 시작되어 10일간 열린다.

　보령시에는 136km에 이르는 기다란 해안선을 따라 고운 진흙이 펼쳐져 있는데, 성분 분석 결과 원적외선이 다량 방출되고 미네랄·게르마늄·벤토나이트를 함유하고 있어 피부 미용에 효과가 뛰어난 것으로 알려졌다. 또한 이스라엘의 사해 진흙보다 품질이 더 뛰어난 것으로 밝혀졌다. 이에 따라 보령시는 머드의 본격적인 상품화에 들어가 대천해수욕장에 머드팩 하우스를 설치하고 매년 해수욕장 개장과 함께 이 축제를 개최하고 있다.

　축제 기간에는 머드게임 경연(슬라이딩 멀리하기, 미끄럼틀 오르기, 외나무 다리 건너기 등), 개막축하공연, 민속굿놀이, 머드 분장 콘테스트, 보령머드 홍보전, 축하공연, 머드 마사지 체험, 해상레포츠 체험, 머드 인간 마네킹, 관광상품 판매 등 다채로운 행사가 펼쳐진다.

Fig 보령 머드축제

2) 해외 축제

가. 스페인 토마토 축제 'La Tomatina'

에스파냐 남동쪽, 지중해 연안 발렌시아 주의 작은 마을 '부뇰'에서 매년 8월 마지막 주 수요일에 열린다. 에스파냐의 대표적인 민속 축제인 토마토 축제는 1940년대 중반에 시작된 것으로 역사가 길지는 않지만 강렬한 붉은 토마토의 색채와 역동감 넘치는 축제 풍경이 여러 영화, 광고, 방송에 등장하면서 전 세계적으로 유명해져 3만여 명이 함께하는 축제로 발전했다.

마을 광장에서 토마토를 던지며 즐기는 축제로 즐거운 전쟁이라고 불리며 축제기간이 되면 전 세계인들이 몰리는 인기축제이다. 지역민이 함께 한다는 점에서 의미가 있으며 축제 프로그램으로는 토마토 던지기뿐만 아니라 발렌시아 음식 잔치, 파에야 만들기 체험도 할 수 있다.

Fig 스페인 토마토 축제

나. 브라질 카니발 축제 '리우데자네이루 카니발'

브라질의 항구도시 리우데자네이루에서 매년 사순전 전날까지 열린다. 도시 전체가 축제기간 동안 밤낮으로 축제가 진행되며 도시민들의 열정으로 가득해진다. 그중 리우 카니발은 그 규모와 화려함에 있어서 전 세계 최고라는 평가를 받는다.

브라질 카니발의 상징이자 카니발을 이끄는 춤 삼바^(samba)는 바로 리우데자네이루에서 태동했다. 따라서 번쩍이는 의상을 입고 골반을 전후좌우로 격렬하게 흔드는 삼바 무용수들, 화려하게 장식한 축제 차량, 노래를 부르고 음악을 연주하는 악단이 펼치는 삼바 퍼레이드는 리우 카니발의 하이라이트를 이룬다. 리우 카니발의 삼바 퍼레이드는 리우데자네이루 지역에 결성되어 있는 200여 개 삼바 스쿨들이 일 년 동안 준비해 조직적이고 체계적으로 벌이는 행사라는 특징을 지닌다.

유럽인의 카니발 문화는 브라질 원주민의 전통과 풍습, 아프리카인 노예들의 흥취가 어우러지며 브라질만의 독특한 문화로 재탄생했다. 사순절 전날까지 브라질 전역에서 펼쳐지는 카니발 중에서도 리우 카니발은 정열적인 춤 삼바가 시작된 지역다운 화려함과 규모를 갖추어 세계적인 명성을 얻고 있다.

🔵g 브라질 리우카니발

다. 독일 맥주 축제 '옥토버 페스트'

옥토버페스트는 독일어로 '10월 축제'라는 의미다. 옥토버^(Oktober)는 10월, 페스트^(Fest)는 축제를 뜻한다. 옥토버페스트는 독일 남부 바이에른^(Bayern)주의 주도^(州都) 뮌헨에서 개최되는, 세계에서 가장 규모가 큰 민속 축제이자 맥주 축제다. 매년 9월 15일 이후에 돌아오는 토요일부터 10월 첫째 일요일까지 16~18일간 진행되며 민속 의상을 차려 입은 시민과 방문객 8,000여 명이 어우러져 뮌헨 시내 7킬로미터를 가로지르는 시가행진으로 흥겨움을 더한다.

옥토버 페스트는 19세기 중반부터 뮌헨을 대표하는 6대 맥주 회사의 후원을 받음으로써 세계 최대 맥주 축제로 발돋움할 수 있는 계기를 마련했다. 축제에 참여하는 맥주 회사들은 시중에 유통되는 맥주보다 알코올 함량을 높인(5.8~6.3퍼센트) 특별한 축제용 맥주를 준비한다.

축제의 유래는 1810년 10월 12일, 바이에른 왕국의 황태자 루트비히와 작센의 테레제 공주의 결혼식이 뮌헨에서 거행됐다. 이 왕실 결혼을 기념해 1810년 10월 12일부터 10월 17일까지 축하 연회와 민속 스포츠 경기가 벌어졌고, 바이에른 근위대는 축제 마지막 날인 10월 17일에 대규모 경마 경기를 개최해 새로운 왕족 부부의 탄생을 경축했다. 근위대 소령이 기획한 경마 경기는 왕족이 함께한 가운데 많은 관람객의 환호를 받으며 결혼식 기념 축제의 마지막을 장식했다. 이에 열광한 시민들이 매년 이 축제를 진행했고 이로써 10월에 열리는 축제, 옥토버 페스트의 전통이 시작됐다. 가을 맥주 축제가 매년 10월에 경마 경기를 중심으로 떠들썩하게 즐기는 축제와 결합하면서 그 규모가 확대되어 19세기 말, 오늘날 우리가 알고 있는 민속 축제이자 맥주 축제로서의 옥토버페스트가 그 모습을 갖추었다.

Fig 독일 옥토버페스

강신겸(2005) 동북아 관광지도와 한국의 선택, 삼성경제연구소

강철근(2006), 한류 전문가 강철근의 한류 이야기, 이채.

경남발전연구원(2009.04) 종교관광과 경남의 정책과제

고디니어(Gordinier, J.) 제프(2009).『X세대가 세상을 구한다』, 홍익출판사. 윤서

고상현(2015), 불교축제의 현황과 발전 방안

고정민(2005), 한류 지속화를 위한 방안, 삼성경제연구소

과학기술정보방송통신위원회(http://science.na.go.kr/)

교육과학기술부(2012) 더워지는 지구 그 원인과 대책

김규찬 외(2017), 4차 산업혁명과 문화 · 관광 산업 정책방향, 한국문화관광연구원

김승택(2018) 제4차 산업혁명 도래에 대한 시각, Deloitte Anjin Review | No.9

김우성, 허은정(2007), 베이비붐 세대, X세대, Y세대 소비자들의 소비관련가치관과 라이프스타
    일의 비교, 소비문화연구, 10(4).

김우성 · 허은정(2007), 베이비붐세대, X세대, Y세대 소비자들의 소비관련 가치관과

김장호 외(2010), 음식관광, 대왕사

김장호 · 최영민 · 전지영(2010) 음식 관광, 대왕사

김정숙 · 정경임(2011) 남해향토음식, 백산출판사

김정준 외(2017), 세계문화와 관광, 한올출판사

김종옥 외(2014), 다문화시대의 식생활문화, 백산출판사

김주삼(2001) 문화재의 보존과 복원, 책세상

김진(1998) 종교문화의 이해, 울산대출판부

김혜인 · 김연진(2018). 2020 문화예술 트렌드 분석 및 전망. 문화관광연구원

김희재(2004).『한국사회 변화와 세대별 문화코드』, 신지서원.

네이버 지식백과

노영순, UN 지속가능발전목표(UN SDGs)와 문화정책의 대응 방안. 2017.

대학 내일 20대 연구소(2016), 20대 연애, 어디까지 알고 있니?

대학 내일 20대 연구소(2016), 20대의 새로운 연애 트렌드는?

대학 내일 20대 연구소(2016), 대한민국 20대 청춘 연애백서

대한민국 정책브리핑 (http://www.korea.kr/)

대한민국구석구석 여행이야기 (http://korean.visitkorea.or.kr/)

돈탭스콧(1998).『N 세대의무서운아이들』, 블푸레. 허운나, 유영만번역.

두산백과 (http://www.doopedia.co.kr)

라이프스타일의 비교, 소비문화연구, 10(4).

무료 사진사이트 픽사베이(https://pixabay.com)

문화과학37호., pp. 135~153.

문화관광연구원 (www.kcti.re.kr)

문화재청(2015), 2015년 문화재연감, 문화재청

문화체육관광부 & (재)한국문화산업교류재단(2012) 국내 한류 조사 결과 보고 -국내 기업체 대상-

문화체육관광부 & (재)한국문화산업교류재단(2012) 해외 한류 조사 결과 보고

문화체육관광부 & (재)한국문화산업교류재단(2015) 국내 한류 조사 결과 보고 -국내 거주 유학
    생 대상-

문화체육관광부 & 한국문화관광연구원(2010) 한류스타 거리 조성방안 연구

문화체육관광부 (www.mcst.go.kr)

문화체육관광부(2017), 2016년기준 관광동향에 관한 연차보고서

문화체육관광부(2018), 2017년기준 관광동향에 관한 연차보고서

문화체육관광부(2018), 국민여가활성화 기본계획. 문화체육관광부

문화체육관광부. 2017 관광동향에 관한 연차보고서. 2018. 문화체육관광부

방송통신위원회(2008), 한류 확산을 위한 로드맵 구축 연구, 방송통신위원회

손병호 외(2017). 4차 산업혁명 대응을 위한 주요 과학기술혁신 정책과제, KISTEP ISSUE PAPER

안대희외(2014) 문화관광론, 백산출판사

양위주(2015) 글로벌 문화관광론, 한올

여성가족부 (www.mogef.go.kr)

연번역

예지은, 진현 (2009). 신세대 직장인의 특성에 관한 연구.『인적자원개발연구』, 12(2):   67-86.

오훈성(2018), 고령층 국내관광 활성화 방안 연구. 한국문화관광연구원

원종욱·이연희(2017), 인구구조 변화와 사회보장재정의 사회경제적 파급효과(Ⅲ)

유경희(2015) 문화재 보따리 한국사, 한림출판사

유재순(2014) 일본의 한류는 살아있다, 주간조선 조선뉴스프레스

윤소영 외(2008), 2008 여가백서, 문화체육관광부

윤소영 외(2009), 생애주기별여가활동모형개발. 한국문화관광연구원

이건웅(2014) 한중출판과 출판한류, 차이나하우스

이광원(2012) 관광자원론, 기문사

이동연(2004), "세대문화와구별짓기와주체형성: 세대담론에 대한 비판과 재구성"

이동연(2004). 〈특집: 위기의 청년〉 세대문화의구별짓기와주체형성- 세대담론에 대한 비판과 재구성.『문화과학』, 37호:135-153.

이봉석(2001) 관광자원론, 대왕사

이삼식 외 (2015), 2015년 전국 출산력 및 가족보건 · 복지실태조사, 한국보건사회연구원

이삼식 외(2016), 결혼 · 출산 행태 변화와 저출산 대책의 패러다임 전환, 한국보건사회연구원

이삼식(2016), 2015년 전국 출산력 및 가족보건 · 복지 실태조사, 보건복지부

이상섭(2009.04.16) 문화비평 용어사전, 민음사

이상춘(2015) 관광자원론, 백산출판사

이상훈 외(2015) 한류 그 이후 한류의 저력과 향후 과제, 한국학중앙연구원출판부

이윤경 외(2009), 반한류 현황분석 및 대응방안 연구

이윤경(2009), 반한류 현황분석 및 대응방안 연구, 한국문화관광연구원

이지현 외(2015), 글로벌시대의 음식문화, 기문사

이호영 외(2012), 디지털세대와 기성세대의 사고 및 행동 양식비교연구, 방송통신정책연구, 방송통신위원회

이호영 외(2013), "소셜플랫폼의 확산에 따른 한국사회의 변화와 미래정책(II)" 정보통신정책연구원

임윤정(2013), 문화관광론, 대왕사

장 훈(2018) 국민여가활성화를 위한 문화서비스 개선 연구, 한국문화관광연구원

전범수(2010), 소셜 네트워크 서비스(SNS)와 문화예술 체험방식의 변화, 한국문화관광연구원

전상진(2004). 세대개념의 과잉, 세대연구의 빈곤: 세대 연구방법에 대한 고찰.『한국사회학』, 38(5):31-52.

전통향토음식 용어사전 (https://terms.naver.com/)

정대하(2018),"실패해도 괜찮아!" … '괜찮은 마을' 실험하는 청년들의 꿈, 한겨레.

정보통신부.

조광호 · 연수현(2018), 문화청년들이 청년문화정책에 바란다, 「한국문화관광연구원 웹진」, 2018. 2월호

조병철 · 심희철(2013), K-POP 한류의 성공요인분석과 한류 지속화 방안연구, 한국콘텐츠학회 논문지, 한국콘텐츠학회

채지영 외(2005), 한류연구과제 개발을 위한 기초조사, 한국문화관광연구원

채지영(2001), 신한류 발전을 위한 정책방안 연구, 한국문화관광연구원

최인수(2017), 「2018 대한민국 트렌드」, 한국경제신문.

통계청 (kostat.go.kr)

한국고용정보원(2015) 한류 문화산업의 인력 수요 전망, 진한엠앤비

한국관광공사 (www.visitkorea.or.kr)

한국관광공사(2012) 한류관광 장기화 방안마련을 위한 연구 - K-pop 콘서트 참가자를 중심으로

한국관광공사(2014) 한류관광시장 조사연구

한국국제문화교류진흥원(201), 2017 한류백서.

한국국제문화교류진흥원(2018), 2018 해외한류실태조사 보고서.

한국문화유산답사회 외 6인(2000), 답사여행길잡이, 돌베개.

한국전자통신연구원(2018), 「MCN 산업동향 분석」, 서울 : 한국전자통신연구원.

한국정보화진흥원(2018), 「2017년 스마트폰 과의존 실태조사」, 서울 : 과학기술

한국향토문화전자대전

한금윤(2015), 대학생의 연애, 결혼에 대한 의식과 문화 연구, 가톨릭대학교 인간학연구소 「인간 연구」, 제28호(2015/봄)

한희정 · 박상곤(2018), 4차 산업혁명에 따른 관광안내소 역할 재정립, 한국문화관광연구원

현택수(2003), 일상 속의 대중문화 읽기, 고려대학교 출판부.

홍진숙 · 박란숙 · 박혜원 · 신미혜 · 최은정(2015) 기초 한국음식, 교문사

환경부 (www.me.go.kr)

황혜성(2005) 우리가 정말 알아야 할 우리음식 백가지1, 현암사

황혜성 · 한복려 · 정길자(2007) 조선왕조 궁중음식, 사단법인 궁중음식연구원

황혜성 · 한복려 · 한복진(2001) 한국의 전통음식, 교문사

Greg Richards(2000), 문화관광론, 역자 조명환, 백산출판사

Jukes, Ian et al. (2010). Understanding The digital Generation: Teaching and Learning in the New Digital Landscape.

KOFICE (재)한국문화산업교류재단(2015.03) 한류 스토리 no.13

KOREA KF FOUNDATION 한국국제교류재단(2013) 지구촌 한류현황 II

KOREA KF FOUNDATION 한국국제교류재단(2014) 지구촌 한류현황 개요

Lusk, B (2007). "Study Finds Kids Take Longer to Reach Adulthood." Provo Daily Herald. Retrieved from Heraldextra.com

OECD(2008), OECD Environmental Outlook to 2030 Summary in Korean

Palfrey, John and Gasser, Urs (2010). Born Digital: Understanding the first Generation of Digital native.

Philip J Landrigan (2017), The Lancet Commission on pollution and health. The Lancet, DOI: 10.1016/S0140-6736(17)32345-0

SBS 뉴스 2017. 10. 25일자

SD 관광교육연구소(2016) 관광 자원해설, 시대고시기획

Yvette Reisinger(2014), 국제문화관광론, 역자 윤병인 · 김민수 · 박혜윤, 한올

저자 소개 **김정준**

tourism@seowon.ac.kr
현) 서원대학교 항공서비스학과 조교수
관광경영학회 사무처장
제주항공 - 경기대학교 여행문화연구소 연구위원
한국관광개발연구원 책임연구원

현대 사회와 문화

초판 1쇄 인쇄	2019년 2월 20일
초판 1쇄 발행	2019년 2월 25일
저 자	김 정 준
펴낸이	임 순 재
펴낸곳	**(주)한올출판사**
등 록	제11-403호
주 소	서울시 마포구 모래내로 83(성산동 한올빌딩 3층)
전 화	(02) 376-4298(대표)
팩 스	(02) 302-8073
홈페이지	www.hanol.co.kr
e-메 일	hanol@hanol.co.kr
ISBN	979-11-5685-763-1